아이와 함께하는
엄마 철학

두려움과 불안을 잠재우는 기적의 수업

아이와 함께하는
엄마 철학

이바로 지음

무한

철학자란, 특별하거나 대단한 사람이 아닙니다.

대학에서 철학을 전공하거나

철학서를 집필해야만 철학자가 되는 것도 아닙니다.

사실 늘 문제를 해결하기 위해

고민하며 사는 우리 모두는 이미 철학자입니다.

2가지만 고르시오

물론 이런 일이 실제로 일어날 확률은 없겠지만, 어느 날 갑자기 신이 나타나 여러분께 제안을 하는 겁니다. 그는 아이를 위한 선물을 주고 싶어 합니다. 그러면서 3가지 선물을 앞에 내놓습니다.

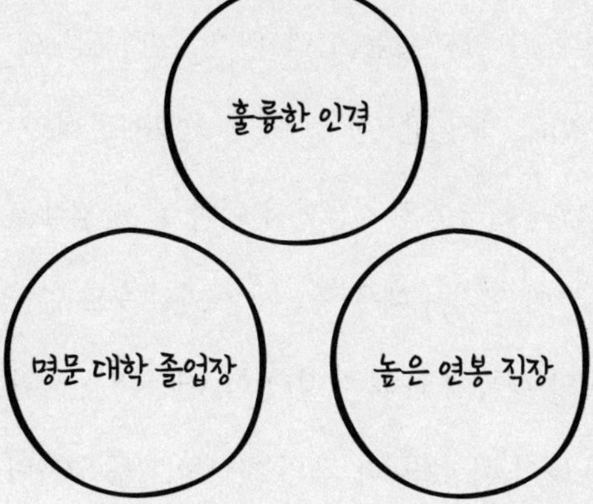

이 3가지 모두 정말 탐이 납니다만, 신은 자신의 조건을 말합니다. 안타깝게도 이 가운데 오직 2가지만 선택할 수 있다는 것입니다. 이 문제의 핵심은 결국 무엇을 선택할 것인지보다 어떤 하나를 포기할 것인가에 대한 고민입니다.

조금 도움을 드리자면, 이 선택의 기준은 여러분이 생각하시는 아이의 행복이 무엇이냐에 달려 있습니다. 그러니까 이 선택은 우선순위의 문제입니다.

무엇이 아이의 행복에 가장 필요한 것일까요? 훌륭한 인격일까요, 좋은 대학의 졸업장일까요, 아니면 경제적 안정일까요? 과연 무엇이 아이의 삶에 행복을 가져다 줄까요? 분명 쉽지 않은 선택이지만, 여러분은 이 3가지 조건 가운데 아이의 행복을 위해 가장 필요한 2가지만 선택하고 나머지 한 가지는 포기해야만 합니다. 어쩌면 여러분은 지금까지 이와 같은 생각을 진지하게 해보지 않았기 때문에 지금 이 고민이 매우 낯설게 느껴질 수도 있습니다.

여러분이 아이의 행복에 대해 어떤 철학, 어떤 우선순위를 가지고 있는지에 따라 아이 삶의 질이 결정됩니다. 책의 첫 페이지를 열자마자 느닷없이 만나게 된 이 짓궂은 선택은 여러분에게 있어 어쩌면 이 세상에서 가장 가치 있는 고민일 수도 있습니다. 아이의 행복은 엄마의 삶에서 그 무엇과도 바꿀 수 없는 가장 소중한 꿈이니까요.

이 선택에 대한 이야기는 책의 마지막 부분에서 다시 하도록 하겠습니다.

이제 막 책을 펼쳤는데 벌써부터 어려운 문제로 머리를 아프게 했다간, 너무 일찍부터 독자를 잃어버리게 되는 건 아닌지 걱정이 되어서 말입니다. 단, 만약 제가 이 책을 통해 전달하고 싶은 이야기들이 잘 전달되었다면, 아마도 책 마지막에서 우리가 다시 이 문제를 만났을 때 여러분은 확신에 찬 목소리로 신의 제안에 대답할 수 있을 것입니다. 마치 밝은 형광펜으로 칠해진 것처럼 여러분의 아이에게 필요한 그 2가지가 분명하게 보일 것입니다. 무엇이 아이의 행복을 위해 최선인지 명확히 알고 있는 그런 엄마는 아이를 위해 선글라스를 준비해 두어야 할지도 모르겠습니다. 왜냐하면 아이의 미래가 너무 밝아 눈이 부실지도 모르기 때문입니다.

– 이바로

contents

2부 행복한 아이에겐 특별한 엄마가 있다

3부 진정한 상위 1% 교육

4부 미국 명문 사립학교 이야기

When mother's love meets philosophy

1부

내 아이에게 필요한 진짜 스펙

누더기를 입든 비단 옷을 입든 행복한 아이

1

고난을 두려워하는 아이들

전 세계의 인재들이 일하고 싶어하는 실리콘밸리의 유명한 기업들에서는 인재를 뽑기 전에 그들은 이력서에서 'P.S.D.'라고 해서 3가지를 봅니다. 이것은 Poor, Smart, Driven의 약자로서, 가난과 명석함 그리고 추진력입니다.

이 중에서 그들이 특히 유심히 보는 것이 바로 그 첫 번째 조건인 가난입니다. 가난을 경험한 사람들은 주어진 기회를 소중히 생각하고, 더 적은 재료를 가지고도 더 많은 것을 만들어내는 능력이 있기 때문입니다. 가난이라는 경험, 그 고생의 경험은 그 자체로 다른 어떤 것으로도 대체할 수 없는 강력한 경쟁력이라는 사실을 그들은 경험으로 잘 알고 있습니다.

요즘 아이들은 고난을 피하려고만 합니다. 고난이 무엇인지도 모르는 아이들이 수두룩합니다. 프랑스인들이 사랑하는 양육서인 《에밀》을 쓴 철학자 루소는, 만약 자신에게 학생을 받아들여 가르칠 수 있는 기회가 주어진다면 그는 가난한 집안의 아이가 아닌 부잣집 아이를 가르치겠다고 말한 적이 있습니다. 그 이유는 가난한 집 아이는 가난이라는 고난으로부터 이미 삶에 대한 훌륭한 교육을 받았을 것이기 때문에 걱정이 없지만, 부유한 집안에서 자란 아이는 실제로는 삶을 살아가는데 필요한 도구를 아무것도 갖추지 못한 약점투성이일 것이기 때문이라는 것이 그의 설명입니다.

만약 아이 앞에 놓여진 삶의 날씨가 언제나 화창하고 맑은 날뿐이라면 어쩌면 그 아이는 애써 고난에 익숙해질 필요가 없습니다. 또한 고난을 대하는 강한 태도 역시 배울 필요가 없을지도 모릅니다. 그러나 삶의 날씨라는 것은 모두가 잘 알다시피 결코 늘 맑을 수가 없습니다. 그럼에도 불구하고 엄마들은 아이 앞에 놓여진 모든 고난을 치워주거나 대신 짊어지려고 합니다. 그것은 분명 엄마의 입장에서는 아이를 사랑하는 마음에서 하는 행동이지만, 그것은 결국 아이들이 삶에 대해 배우고 준비할 수 있는 기회를 앗아가는 실수이며, 삶을 살아낼 수 있는 강한 내성을 기를 기회를 놓쳐버릴 수도 있는 위험한 선택입니다.

《에밀》에서 그는 이렇게 말합니다.

"나는 좋은 일이든 나쁜 일이든, 슬픈 일이든 기쁜 일이든 그것을 잘 견뎌낼 줄 아는 사람이야말로 가장 훌륭한 교육을 받은 사람이라고 생각한다. 온실 속에서 화초로 키운다면, 그 아이는 환경이 바뀌는 순간 곧 파멸에 이르고 말 것이다. 그런 식의 교육은 고통을 극복하도록 하기보다는 고통을 느끼도록 가르치는 셈이다. 인간의 운명은 끝없는 고통의 연속이다. 육체적 고통도 있지만 정신적 고통도 있다. 육체적 아픔만 겪어도 되는 어린 시절의 고통은 그나마 나은 편이다. 그들이 자라서 맞이할 운명의 고통을 생각해보라."

삶은 누구에게나 공평합니다. 우리들 모두 각자 자신만의 고난과 십자가가 있습니다. 이것에 면제가 되는 사람은 아무도 없습니다. 그렇기 때문에 아이들은 엄마의 품 안에 있을 때 스스로를 강하게 단련해야 합니다. 지금 아이들이 배워야 할 것을 배우지 못하면, 장차 너무 늦어버렸을 때 아이들은 가장 고통스러운 방법으로 그 교훈을 다시 배워야만 합니다.

아이들을 아끼고 사랑한다는 명목 아래 엄마들이 아이들의 고난을 모두 차단하는 바람에 요즘 아이들은 너무나도 약합니다. 아주 작은 고통이나 실패에도 마치 세상이 끝나기라도 한 것처럼 호들갑을 떱니다. 그들은 작은 시험에서 좋지 못한 성적을 받았거나 친구들과 사소한 다툼이 있었거나 원하는 운동화를 가지지 못하게 되면 너무도 쉽게 평정심을 잃어버립니다. 그리고 좌절합니다.

그 아이들이 앞으로 살아가야 하는 인생에서 그런 실패는 (사실 그런 것을 실패라고 부를 수도 없지만) 아주 미미한 것에 불과합니다. 고난이라고 부르기에도 우스운 것들입니다. 그들은 앞으로 한 가정을 책임져야 하고, 사업을 운영하다 모든 것을 잃어버릴 수도 있으며, 어쩌면 세상으로부터 버림받은 듯한 가혹한 비난을 감내해야 하는 상황에 놓이게 될 수도 있습니다. 그런 진짜 고난에서도 의연하게 자신을 지켜낼 수 있어야 하는데, 시험 성적이나 친구들과의 다툼 또는 원하는 물건을 얻지 못하는 것 따위의 작은 좌절에도 쉽게 흔들리고 평정심을 잃는다면, 아이는 그보다 더 큰 진짜 고난을 아마도 감당할 수 없을 것입니다.

고난을 감당할 수 없다는 것은 다시 말하면 무너진다는 뜻입니다. 무력한 상황 속에서 그 모든 고통에 고스란히 노출되어 괴로워해야 한다는 뜻이며, 그래서 어쩌면 다시 일어날 힘을 낼 수 없을지도 모릅니다. 그런 절망적인 상황에서 사람들은 종종 극단적인 선택을 하기도 합니다. 따라서 엄마는 아이가 고난을 경험할 수 있는 기회를 막아주려 할 것이 아니라, 아이가 그 경험을 통해 더 강하고 현명해질 수 있도록 해주어야 합니다. 특히 어릴 적에 고난을 경험할 수 있는 기회는 아이의 미래를 위해 매우 소중한 기회입니다.

마키아벨리 이야기

철학에 관심이 없는 사람들도 한 번쯤은 들어보았을 이름 마키아벨리,

그는 지금으로부터 약 500년 전 이탈리아에서 활약했던 유명한 철학자이자 정치인입니다. 그가 쓴 〈군주론〉은 언제나 가장 인기 있는 철학서 중 하나로 꼽히며 미국 대학의 철학 수업에서 빠지지 않는 인기 철학서입니다.

어떤 통계에 의하면 〈군주론〉은 성경 다음으로 많이 읽힌 책이라고도 합니다. 그런 책의 명성에 어울리게 마키아벨리의 묘비에는 '그 어떤 묘비명도 이 위대한 이름에 어울리지 않는다'라는 문구가 적혀있습니다. 아이와 고난에 대한 이야기를 나누는 이 장에서 마키아벨리를 소개하는 이유는 그의 삶이 고난을 대하는 태도를 배우는 데 있어 아주 훌륭한 교과서가 되어주기 때문입니다.

전성기 때 그는 조국 피렌체 공화국의 제2서기장이었습니다. 지금으로 말하자면 외교부와 국방부의 절반을 통합한 부서의 수장이었습니다. 대단한 지위였습니다. 그가 주로 만난 이들은 이웃 국가들의 왕들과 신성로마제국의 교황같이 매우 높은 사람들이었습니다. 그가 이처럼 높은 위치에 오른 것은 일종의 기적이었습니다.

왜냐하면 당시의 피렌체에서 고위 공직에 출세하기 위해서는 학벌과 출신 그리고 경제적 발판과 좋은 인맥이 매우 중요했기 때문입니다. 마키아벨리에게는 그중 아무것도 없었습니다. 그의 환경은 처음부터 아주 열악했습니다.

아버지 베르나르도에게는 '스페키오'라는 주홍글씨가 붙어있었는데, 그것은 '세금을 내지 못한 자'라는 뜻입니다. 그 낙인으로 인해 마키아벨리 가족이 받아야 했던 멸시와 차별도 가혹했지만, 그 낙인의 의미 그대로 가족은 매우 가난했습니다. 이런 환경의 보통 아이들 같았으면 어쩌면 좋지 않은 길로 빠졌을지도 모릅니다. 그렇지 않았더라도 공부에 전념하기는 매우 어려웠을 것입니다.

그러나 마키아벨리는 자신의 어려운 환경을 극복하기로 마음 먹었습니다. 그래서 아주 어릴 적부터 고전 공부에 몰두했습니다. 돈이 없어 학교를 오래 다닐 수 없었기에, 그는 대부분 집에서 독학을 했는데 다행히도 변호사이자 애서가였던 아버지 베르나르도에게는 많은 책이 있었습니다.

29세가 되었을 때 마키아벨리는 '스페키오의 아들'이라는 장애를 딛고 보란 듯이 피렌체의 외교장이 되어 종횡무진 활약합니다. 그는 실제로 외교에 있어 거의 천재적인 실력을 발휘했는데, 그 비밀은 어릴 적부터 읽어 온 고전 덕분이었습니다. 과거 로마의 정치 사례들과 영웅들의 일대기를 외우다시피 했기 때문에, 그 교훈을 실전에 잘 적용하여 조국 피렌체를 몇 번이나 위험에서 구해냈습니다. 힘든 바닥에서 시작했던 그의 삶이 이제 구름 위로 올라와, 그 이후의 삶은 평안할 것만 같았습니다.

하지만 10년 정도가 지나자 피렌체의 주인이 바뀝니다. 메디치가가 다시 정권을 잡게 된 것입니다. 정권이 바뀌며 그는 투옥되어 혹독한 고문을 받게 됩니다. 어제까지 전 유럽을 제 집처럼 누비며 활약하던 외교수장이 오늘은 자신의 목숨이 내일 어떻게 될지도 알 수 없는 처지에 놓이게 된 것입니다. 그는 가장 강한 정신력을 가진 죄수도 단 두 번이면 없는 죄도 자백

한다는 고문을 무려 여섯 번이나 견뎌냅니다. 간신히 목숨은 건지고 풀려난 그는 고향으로 유배를 떠납니다. 그에게는 이제 아무것도 남은 것이 없었습니다. 하지만 마키아벨리는 자신에게 닥친 고난에 쉽게 굴복하는 사람이 아니었습니다.

그는 유배지 산탄트레아에서 지독한 고독과 싸우며 자신의 대표작 〈군주론〉을 씁니다. 외교관으로서 그동안 활동한 경험을 총동원하여 인간 본성과 정치에 대해 집필한 완벽한 작품이었습니다. 그는 그것을 메디치가에 헌사하여 재기할 생각이었습니다. 그러나 메디치가는 그가 바치러 온 〈군주론〉보다 그곳에 함께 있던 개에게 더 많은 관심을 보이며 그를 외면했습니다.

이로써 재기의 기회는 완전히 사라져버렸습니다. 그는 스스로 '모든 것이 끝나버린 해'라고 선언하고 다시 고향으로 돌아갑니다. 많은 역사서들은 이후 마키아벨리는 고향에서 다시는 재기하지 못하고 외롭게 죽었다고 적고 있습니다만, 그건 사실이 아닙니다. 그의 정치적 생명이 끝났던 것뿐입니다.

고향에 돌아온 마키아벨리는 다시 한 번 자신의 삶을 일으킬 기회를 만들어냅니다. 바로 코미디 작가로 변신한 것입니다. 오늘날로 말하자면 일종의 방송작가인데, 연극을 위한 작품을 쓰는 것이었습니다. 너무도 지적이었으며 고상한 성품을 가졌던 그로서는 의외로 아주 외설스러운 작품들을 썼는데, 그만 그 작품들이 이탈리아 극장가의 초베스트셀러가 되어버립니다. 그의 작품들은 시장 잡부부터 교황까지 모두가 좋아하는 인기 작품이 됩니다. 오히려 그가 높은 곳에서 일하는 외교수장이었을 때보다 더 큰 인기와 부를 작가로써 얻게 됩니다. 감히 누가 상상이나 했겠습니까, 프랑스의 왕과 신성로마제국의 교황과 대면하던 피렌체의 외교수장이 모든 걸 잃고 낙향한 후 코미디 작가로 성공할 줄은.

일본의 국민 작가 시오노 나나미가 사랑한 남자 마키아벨리는 오늘날까지도 자주 언급되며 가장 존경받는 철학자 중 한 사람으로 기억됩니다. 그의 성공에는 물론 어릴 때부터 꾸준히 노력해온 고전공부가 중요한 역할을 했습니다만, 그 이상으로 고난을 대하는 그의 긍정적인 태도가 결정적인 역할을 했습니다.

누구는 위험 속에서 공포와 좌절을 보기도 하지만 다른 이는 그 속에서 기회를 찾아내려고 합니다. 세상은 마음의 거울입니다. 관점이 바뀌면 세상도 바뀝니다. 만약 아이가 어릴 적부터 고난을 대하는 올바른 태도를 기를 수 있다면, 아이 삶의 그 어떤 고난도 두려움과 좌절의 대상이 아닌 기회가 될 수 있습니다.

처음부터 끝까지 좋은 인생은 없다

세상의 엄마들에게는 자신의 아이가 반드시 가졌으면 하는 자질들이 있을 것입니다. 어떤 분들은 명석한 머리나 유창한 영어 실력처럼 '학업과 관련된 자질'을 기대하는 분들도 계실 것이며, 온화한 성격, 품위 있는 예절, 성실함과 용기 그리고 인내심 등 '인격적인 자질'을 바라는 엄마들도 계실 것입니다. 하지만 만약 엄마가 아이를 위해 선택할 수 있는 자질이 단 하나밖에 없다면 그것은 단연 '고난을 두려워하지 않는 태도'가 되어야 할 것입니다. 왜냐하면 바로 그런 태도야말로 앞으로 아이가 홀로 삶을 살아가는 데 있어 가장 유용한 도움이 되어줄 것이기 때문입니다.

이 세상에서 처음부터 끝까지 편안하고 만족스러운 삶은 없습니다. 모든 삶에는 굴곡이 있고 위기가 있습니다. 삶을 살다 보면 본인의 부주의함이나 실수로 인해 겪어야 하는 어려움 외에도 자연재해나 교통사고 또는 예기치 못한 질병 등 인력으로 어찌할 수 없는 종류의 고난들에 대한 위험이 늘 존재합니다. 우연은 누구에게나 동일하게 행운을 시험하기 때문입니다.

어떤 종류의 고난은 아이들이 무언가를 이루려고 노력하는 과정에서 맞닥뜨리게 됩니다. 아무것도 이루려 하지 않고 아무런 성장도 또 도전도 하지 않으려 한다면 이런 종류의 고난을 겪지 않아도 될지 모르지만, 그런 경우라면 어쩌면 살 가치도 없는 삶을 살아가는 무기력한 모습 자체가 또 다른 고난이라고 할 수 있습니다. 하지만 그런 특수한 경우를 제외하고는, 제가 아는 모든 사람들 그리고 제가 상상할 수 있는 모든 사람들은 각자 자신의 삶에서 바라는 것이 있습니다. 그것이 돈이든 사랑이든 아니면 명예나 또는 그 무엇이든 그들이 원하는 것을 얻기 위해서는 도전과 마주서야 하고 거기서 승리해야만 합니다.

미국의 경제학자들은 이런 말을 자주 합니다. "세상에서 공짜 치즈는 쥐덫 위에만 있다"라고 말입니다. 세상에 공짜는 없습니다. 모든 것이 시간과 노력이라는 대가를 통해 얻어지는 것입니다. 따라서 삶에서 무엇인가를 원한다면 도전을 피할 수 없으며, 그중 일부는 반드시 실패할 것이기 때문에 우리는 살아가면서 고난을 피할 수가 없습니다. 인간처럼 높은 수준의 지성을 가진 존재에게는 다양한 정신적 고통과 고난은 불가피한 것입니다. 하지만 지능이 높은 만큼 그런 고난들을 능숙하게 헤쳐 나갈 수 있는 능력도 함께 가지고 있다는 사실이 바로 우리가 주목해야 할 점입니다.

영화 속 주인공들이 겪는 인생 스토리는 매번 그 형태만 바뀔 뿐 거의 동일한 구조를 가지고 있습니다. 우선, 주인공이 행복한 삶을 살고 있습니다. 그러다가 불행한 사건으로 그의 삶이 나락으로 추락합니다. 이때 주인공은 잠시 방황을 합니다. 하지만 그는 삶을 포기하지는 않습니다. 그는 이내 자신을 추스르고는 자신의 고난을 정면으로 응시하고 끝내 다시금 성공을 이루어 냅니다.

이런 구성은 세상의 모든 스토리 중 가장 오래된 것이라고 할 수 있는 호메로스의 〈오딧세이아〉에서도 역시 발견됩니다. 트로이 전쟁에서 목마의 계략을 생각해내어 전쟁을 승리로 이끌어 영웅이 된 오딧세이는, 바다의 신 포세이돈의 노여움을 사 무려 10년 동안이나 이곳저곳을 떠돌며 심지어 저승까지 다녀오는 등 이루 말할 수 없는 온갖 고난을 겪게 됩니다. 하지만 현명함과 용기로 끈질기게 자신의 운명과 맞서 싸운 결과 마침내 집으로 돌아와, 지난 10년 동안 그를 잊지 않고 기다려준 사랑스러운 아내 페넬로페와 재회를 합니다.

영화나 소설들의 소재는 모두 진짜 삶에 바탕을 둔 것들이 많습니다. 그래서 실제 삶은 때로는 영화에서 그려지는 모습보다도 더 극적인 경우가 많습니다. 성공한 사업가들의 이야기를 들어보면 하나같이 이전에 커다란 실패를 경험하지 않은 사람들이 없습니다. 국민 모두가 그 이름과 얼굴을 아는 유명인이나 영화배우들의 이야기에서도 오딧세이가 겪었던 10년의 방황처럼 길고도 어두운 무명의 시간을 견뎌냈던 이야기로 가득합니다. 실패했다는 것은 하나의 교훈을 배웠다는 뜻이고, 성공했다는 것은 그 교훈을 적절히 활용했다는 뜻입니다. 실패는 성공의 어머니라는 격언은 진부할지언정 문자 그대로 진실입니다.

삶을 살아감에 있어 실패나 고난은 필연적인 과정입니다. 그것은 인간 본성과 삶이라는 여행의 본질 속에 깊이 포함되어 있는 것입니다. 그렇기 때문에 고난을 피하려고만 하거나 고난에 굴복하여 쉽게 좌절하거나 삶을 포기하려는 약한 마음을 가진 아이는 결코 온전한 삶을 살아내기 어렵습니다. 그것은 마라톤 선수가 되려는 아이가 숨이 차는 것을 두려워하는 것과 마찬가지로 모순된 모습입니다.

삶의 질이란 우리에게 어떤 일이 일어나는지가 아닌, 그것에 대해 우리가 어떻게 대처하는지에 의해 결정됩니다. 아이의 삶이 평탄하기를 바라서는 안 됩니다. 그것은 불가능한 바람입니다. 대신 아이가 자신에게 닥친 고난을 의연하고 능숙하게 헤쳐 나갈 수 있는 태도를 갖출 수 있도록 바라야 합니다.

고난을 바라보는 태도에 있어, 우리는 고대 그리스의 위대한 시인 호라티우스가 남긴 한 편의 오래된 시를 기억할 필요가 있습니다.

“누더기를 입든 비단 옷을 입든 태연히 그때그때의 환경의 변화에 순응하며, 이 두 역할을 소홀함 없이 연기해낼 자를 나는 찬양하리.”

고난은 경쟁력이다

위기를 겪을 때 우리는 가장 살아있습니다. 위기의 고통과 그 절박함으로 인해 우리의 생명력은 극대화됩니다. 이 사실은 이제 어느 정도 삶을 살아보았고, 그 과정에서 몇 번의 위기를 겪어본 엄마들이라면 모두 공감할 것입니다. 실제로 경험하지 않고 책을 통해서만 무엇을 배우는 것이 전혀 불가능한 것은 아닙니다. 수학 같은 것은 어쩌면 그런 방식으로 배울 수 있는 듯합니다.

하지만 삶이라는 것은 다릅니다. 우리는 직접 그것과 부딪쳐 보아야만 그 경험을 통해 필요한 지혜와 깨달음을 배울 수 있습니다. 그것은 마치 권투를 배우는 것과 같습니다. 책으로 권투를 배워 세계 챔피언이 된 사람은 이 세상에 아무도 없습니다. 권투는 직접 몸으로 뛰고 땀을 흘려보아야 합니다. 그리고 무엇보다 실제로 때리고 맞아 보아야 하며 또 많이 쓰러져 보아야 합니다. 맞을 때의 느낌은 아마 머릿속에서 상상하던 느낌과는 큰 차이가 있을 것이며, 수련자는 실제로 맞아 보는 그 경험을 통해 육체적으로뿐만 아니라 정신적으로도 강해지고 준비가 됩니다.

고난은 성장을 위한 필수 과정입니다. 도전과 실패는 아이가 평생을 걸쳐 올라가야 할 계단들의 이름입니다. 도전의 끝에 아이는 2가지 가운데 한 가지를 경험하게 됩니다. 성공하거나 아니면 무언가를 배우거나. 그 어느 쪽도 손해는 없습니다. 오히려 너무 일찍 성공하게 되면 자만과 안일함에 빠져 앞으로 더 이룰 수 있었던 성장의 기회를 놓쳐버리는 경우도 많습니다. 현명한 엄마라면 아이가 고난을, 그리고 실패를 기회로 볼 줄 알고 결코 두려워하지 않도록 가르쳐야 합니다. 중요한 것은 언제나 실패 그 자체가 아닌, 바로 그 다음 순간 아이가 어떻게 처신하느냐 입니다.

또한 고난은 아이로 하여금 자신의 숨겨진 재능을 발견하는 기회를 제공하기도 합니다. 아이는 고난을 통해 많은 것을 배우고 또 발견하게 되는데, 그중에는 자신의 또 다른 모습도 있기 때문입니다. 아이는 안일한 생활 속에서는 결코 발견할 수 없을 자신 깊숙이 숨어있는 의지력이나 끈기 또는 특별한 재능을, 고난을 극복하는 과정에서 발견하기도 합니다. 현명한 아이는 그 소중한 정보를 잘 활용하여, 단순히 머리로 생각한 자신의 재능이 아닌, 실제로 자신이 무엇에 재능이 있고 또 재능이 없는지를 가늠할 수 있습니다. 따라서 자신에 대한 더 정확한 이해를 얻기 위해서는 아이는 더 많은 실패와 더 깊은 고난의 수렁을 경험해 보아야 합니다. 그 모든 고생이 결국 아이에게는 가장 값진 재산이 될 것이기 때문입니다.

나중에 아이가 자라서 자신만의 사업을 한다면 아마도 그 첫 사업은 실패할 확률이 높습니다. 첫 사업이 성공하는 경우는 극히 드물기 때문입니다. 많은 사업가들이 여기서 멈춥니다. 그러나 두 번째 그리고 세 번째 시도를 하는 사업가들이 있습니다. 어쩌면 그들은 다시 또 실패를 경험할지도 모릅니다. 그러나 또다시 시도하는 네 번째 그리고 다섯 번째의 시도에서는 아마도 성공할 확률이 높습니다. 왜냐하면 그동안의 실패를 통해 고난에도 어느 정도 단련이 되어 몸도 마음도 더 강해졌으며, 몇 번의 실패를 통해 자신의 강점과 약점에 대해 더 잘 알게 되었을 것이고, 자신의 사업에 대해서도 많은 정보를 가지게 되었을 것이기 때문입니다. 앞서도 이야기했지만, 실패의 경험 없는 성공이란 없습니다. 그리고 실패를 의연하게 견뎌내고 지혜롭게 다루는 사람일수록 성공에 더 가까워집니다.

아이를 강하게 길러야 하는 이유

단순하게 표현하자면, 아이는 강하게 키워야 합니다. 세상이 그리고 삶이 거칠기 때문입니다. 물론 오늘날 우리는 동굴에 살며 초원의 맹수들과 목숨을 건 싸움을 하지 않아도 됩니다. 그것은 분명 참 감사할 일입니다. 예전에 읽었던 어떤 책의 내용에 보면 과거 원시인들은 사냥에 성공을 하면 한 번에 많게는 30kg에 가까운 음식을 먹었다고 합니다. 언제 다시 식사를 할 수 있을지 모르기 때문입니다.

조금 이상한 비교이긴 하지만, 당시 원시인들과 오늘날 아이들이 배고픔을 대하는 태도는 하늘과 땅만큼의 차이가 날 것입니다. 같은 배고픔에서 오늘날 아이들이 당시 원시인들이 느꼈던 고통보다 훨씬 더 큰 고통을 느낀다는 의미입니다. 다시 말하면 요즘 아이들은 한 끼만 거르게 되도 불평하고 평정심을 잃는데 반해, 과거 원시인들은 며칠씩 아무것도 먹지 못해도 흔들리지 않고 그 배고픔을 태연하게 대할 수 있었던 것입니다. 그래야만 다음 사냥에서 성공할 수 있었기 때문입니다.

이렇게 쓰고 보니 확실히 그 비교가 과연 적절했는지 조금 의심이 들긴 합니다만, 제가 하고 싶은 이야기는 살아가면서 어느 정도의 고통은 필연적으로 경험해야만 하는 것이고, 그 고통에 대한 내성이 강할수록 자신의 집중력과 평정심을 더 오래 그리고 더 제대로 유지할 수 있다는 것입니다.

약한 아이일수록 불평이 많습니다. 그런 아이의 머릿속에는 이상적인 상황이 그려져 있기 때문에, 그것보다 부족한 상황은 모두 고통이며 불평의 대상이 됩니다. 장차 그런 아이의 삶은 고통과 불만족으로 가득하게 될 확률이 높습니다. 상황에 대해서 불평하는 것은 아무에게도 도움이 되지 않습니다. 그보다는 현명하게 상황을 판단해서 그 불만스러운 상황을 개선시킬 수 있는 행동을 최대한 신속하게 해내는 것이 아이 자신에게 가장 이롭습니다.

하지만 요즘 아이들은 조그만 불편에도 스스로 견디거나 상황을 개선하려는 노력 대신 그저 불평하기만 하면 언제나 누군가(주로 엄마가) 나서서 상황을 개선해주기 때문에, 고통에 대한 내성이 전혀 개발되어 있지 않습니다. 그래서 나중에 진짜 고통을 어쩔 수 없이 견뎌야 하는 상황에 닥치고 나면, 그들은 내성이 있는 다른 사람들보다 훨씬 더 큰 고통을 겪어야 하며, 도움을 받지 못한다는 사실에다 정신적인 좌절까지 더해져 고통은 절망적일 정도로 깊어지고 말 것입니다.

일본의 겨울은 우리나라의 겨울보다 덜 춥지 않습니다. 대신 상의는 따뜻한 점퍼로 두툼하게 입혀줍니다만, 하의는 철저히 반바지만 입어야 하며 별도로 스타킹을 신는 것은 학교의 복장 규정상 금지되어 있습니다. 그들이 이렇게 하는 이유는 잦은 지진으로 인해, 집안 거실에 있는 고타쯔라는 일종의 탁상 난로 외에는 별도의 난방 시설이 없는 곳이 많기 때문에 미리부터 아이들에게 추위를 단련시키려는 것입니다.

만약 이것이 한국의 상황이었다면 아이들을 추위에 단련시키는 대신, 아마도 어떻게 해서든 아이들을 따뜻하게 해줄 수 있는 각종 장비들을 마련하기 위해 노력하지 않았을까 싶습니다. 어떻게 보면 아이들을 위해 난방 장비를 마련해 주는 것이 더 나은 배려라고 생각될 수도 있습니다만, 만약 그것이 일시적인 상황이 아니고 일본처럼 그들이 살아가야 하는 나라 전체가 겨울 동안 이렇다 할 난방장비 없이 버텨야 하는 곳이라면, 일찌감치 추위에 대한 내성을 길러주는 것이 어쩌면 더 긴 안목에서의 배려라고 볼 수 있습니다.

지금 당장의 환경은 어찌해 볼 수 있을지도 모릅니다. 하지만 아이의 삶이라는 길고도 험한 환경을 모두 대비해 줄 수는 없습니다. 대신 그 어떤 환경에서도 아이가 잘 견뎌낼 수 있도록 훈련시켜 주는 것이 장기적으로 보았을 때 보다 현명한 안목이라고 할 수 있습니다.

프랑스의 경우를 한 번 보겠습니다. 프랑스에서는 어릴 때부터 아이에게 실망감을 경험하도록 교육합니다. 이런 교육은 주로 기다림을 통해 이루어지는데, 젖을 먹어야 하는 아기 때부터 자신이 젖을 먹고 싶을 때가 아닌 엄마가 정한 시간에 수유를 받습니다. 한국 그리고 미국에서조차 수유 시간이나 빈도에 대한 여러 가지 의견들이 많은데 반해 프랑스에서는 그런 논란이 거의 없습니다. 왜냐하면 그들은 아이들이 부모가 정해준 스케줄에 자신들이 맞추어 기다려야 한다는 것을 당연한 문화로 생각하기 때문입니다.

이런 문화는 아이들이 학교를 다니는 나이가 되어서도 마찬가지입니다. 프랑스 엄마들은 아이들이 사달라고 하는 물건이나 요청하는 어떤 요구들에 대해 즉각적으로 반응하는 경우가 드뭅니다. 그런 모든 상황들이 아이들의 인내심과 자제력을 기를 수 있는 기회이기 때문에, 엄마들은 그 기회를 적극적으로 활용합니다. 그 결과 프랑스 아이들은 쉽게 좌절하거나 조급해 하지 않는 인내심과 자제력이 있는 강한 아이들로 자라납니다.

아이가 고난을 의연한 태도로 견뎌낼 수 있다는 것은 아이가 앞으로 삶을 살아가는데 가장 유용하고 튼튼한 갑옷이 될 것입니다. 아이는 누구에게도 기대지 않고 스스로 위험에 맞설 수 있을 것이며, 설령 그 과정에서 실패한다 하더라도 아이는 결과를 감당하는 태도에서도 건설적인 모습을 보여줄 것입니다. 다시 말하면 아무런 도움도 되지 않는 불평이나 자기 비하를 하거나 좌절하여 무기력해지는 대신, 이미 고난에 대한 내성을 충분히 가지고 있기 때문에 툭툭 털고 일어나 자신이 경험하고 있는 고난으로부터 무엇을 배울 것인지에 대해 집중할 것입니다.

물론 양육에 관한 거의 모든 조언들이 이중성을 가지고 있듯, 과연 엄마의 역할이 아이를 보호하고 돕는 것인지 아니면 스스로 고난을 극복하며 자제력과 인내심을 기를 수 있도록 내버려 두어야 하는 것인지 판단이 쉽지 않을 수 있습니다. 그런 판단은 엄마들 각자의 재량입니다. 모두에게 적용될 수 있는 만능 메뉴얼은 없습니다. 아이의 성향에 대해 가장 잘 알고 있는 엄마가 케이스 바이 케이스 개념으로 그때그때의 상황에 따라 현명하게 판단해야 합니다.

한 가지 분명한 것은 아이들은 고난을 경험할 기회가 충분히 있어야만 강하게 클 수 있으며, 그들이 도움을 요청할 때마다 재빨리 달려가 도움을 주는 것은 아이로 하여금 '혼자서는 할 수 없다'는 메시지를 반복적으로 주게 된다는 점입니다. 그보다는 아이 혼자 문제를 해결할 수 있도록 스스로 크고 작은 고난을 이겨낼 수 있는 기회를 제공해 주고, 곁에서 아이를 격려

하면서 그 과정을 함께 지켜봐 주는 것이 아이에게 더 큰 도움이 될 것입니다. 스페인의 유명한 속담처럼 아이에게 행운을 빌어 주고 그를 바다에 내던지십시오. 왜냐하면 아이는 언젠가는 어차피 바다에 내던져질 것이기 때문입니다.

진정한 친구를 가진 아이

2

친구라는 존재의 의미

친구는 중요합니다. 삶이 전쟁터라면 친구는 아군과도 같은 존재입니다. 삶이라는 전쟁을 홀로 치르는 것과 단 한 명이라도 진정한 전우애를 나눌 수 있는 아군이 있는 것은 하늘과 땅만큼의 차이가 있습니다. 사람들이 친구에 대해 오해하고 있는 것이 한 가지 있다면, 그것은 친구란 많으면 많을수록 좋다는 생각입니다.

친구는 많을 수가 없습니다. 그것은 사랑하는 연인이 많을 수가 없는 것과 같은 이치입니다. 우리가 살면서 '진짜 친구'라고 부를 수 있는 사람은 많아 봐야 손가락으로 꼽을 수 있을 정도입니다. 하지만 그것이 진정한 우정이라면 단 한 명으로도 족합니다.

아이가 진정한 친구를 가지고 있다는 것은, 아이가 잘 알고 좋아하며 또 믿을 수 있는 사람을 가지고 있다는 뜻입니다. 다시 말하면 내 밖에 또 다른 나를 가지고 있다고도 표현할 수 있습니다. 이런 친구를 가지고 있는 아이는 어쩌면 세상에서 제일 값진 재산을 가지고 있다는 뜻이기도 합니다. 이 세상에서 제일 소중한 것은 나인데, 그런 나를 또 한 명 가지고 있다는 뜻이니까요.

실제로 아이들은 친구들과 있을 때, 엄마와 함께 있을 때보다 더 자신의 본모습에 가까운 자연스러운 모습을 드러내는 경우가 많습니다. 이처럼 친구란 아이로 하여금 자기 본연의 모습으로 삶을 살아갈 수 있도록 해주는 사람입니다.

이렇게 서로를 또 다른 자신으로 여길 수 있는 친구들끼리는 말할 필요도 없이 서로에게 필요한 도움을 기꺼이 줄 것입니다. 그런 과정에서 아이는 친구에게 도움을 받을 수 있는 혜택 외에도 어쩌면 그것보다 더 중요한, 내가 누군가에게 반드시 필요한 사람이라는 행복감을 느끼게 됩니다. 이런 만족감은 아이가 스스로 존재에 가치를 부여할 수 있는 소중한 근거가 됩니다. 자신이 누군가에게 반드시 필요한 사람이며, 신뢰를 받고 있다는 사실은 아이가 스스로에 대한 존중감을 가지도록 해주기 때문입니다.

친구란 이처럼 유용하고 소중한 존재임에도 불구하고 오늘날 아이들은 우정에 대해 배울 곳이 마땅치 않습니다. 오히려 친구를 경쟁자로 보고 반드시 이겨야 하는 대상으로 가르치는 경우가 더 많습니다. 그런 가르침을 받은 아이가 보는 세상은 정말이지 살벌하고 적대적일 것입니다.

진정한 경쟁은 오직 자기 자신과 하는 것입니다. 그것만이 유일하게 의미 있는 것이며, 결과도 더 좋습니다. 우정에 대해 배우지 못한 채로 다른 또래들과 어울리며, 아이들은 종종 진짜 우정보다는 무엇이 진짜 우정이 아닌지에 대해 먼저 배우게 됩니다. 순진하게도 우정은 영원한 것이고 친구들이 어떠한 상황에서도 끝까지 자신의 편에 서줄 것이라고 믿고 있다가, 실제 세상은 그렇지 않다는 것을 배우는 것은 때로는 아이의 마음에 깊은 상처를 남기기도 합니다.

좋은 날씨 친구들

우선 아이들이 알아야 하는 것은 반짝이는 모든 것이 금은 아니라는 사실입니다. 다시 말하면 지금 내 곁에서 함께 웃고 장난치며 내 편에 서준다고 해서 그들이 반드시 항상 그렇게 해줄 것은 아니라는 사실 말입니다.

많은 사람들이 진심이 아닌, 상황에 따라 친구를 사귑니다. 다시 말하면 나에게 얼마만큼 도움이 되는가 하는 기준에 따라 우정을 선택하는 것입니다. 이런 우정은 그 대상이 더 이상 나에게 도움이 되지 않게 되면 사라지고 맙니다. 그런 우정을 추구하는 사람들을 '좋은 날씨' 친구들이라고 합니다. 아이의 삶의 날씨가 좋을 때는 옆에 있다가 날씨가 나빠지면 사라지는 그런 친구들 말입니다.

물론 이런 사람들에 대해 꼭 배신감을 느끼거나 적대적으로 생각할 필요는 없습니다. 나중에 아이가 사회생활을 시작하고 직장에 들어가서 매일같이 만나게 될 사람들의 대부분은 이런 사람들이니까요. 이해관계로 얽힌 관계들도 소중히 생각하고 그 관계의 특성에 맞게 잘 관리하면 됩니다. 단, 그것을 진짜 우정과 혼동해서는 안 되는 것이지요.

우리에게는 자아가 둘 있다고 합니다. 하나는 진짜 자아 그리고 다른 하나는 남들에게 보여주기 위한 자아.

이제 어른이 되었거나 사회생활을 해본 사람들은 우리가 대부분의 시간을 그 두 번째 자아로서 살아간다는 사실을 잘 알 것입니다. 말하자면 우리는 연극을 하며 살아가고 있는 것입니다. 그 연극은 때로는 매우 피곤합니다. 자신이 아닌 다른 사람으로 살아간다는 것은 정말 힘든 일이니까요.

집에 돌아왔을 때 편안함을 느끼는 이유도 바로 우리 자신으로 돌아갈 수 있기 때문입니다. 아이의 인성이 올바르게 자라나기 위해서는 그런 편안함과 자연스러움을 자주 느낄 수 있어야 합니다. 왜냐하면 아이가 건강한 자존감을 가지고 강하고 행복한 사람으로 성장하기 위해서는 우선 자기 자신을 잘 알아야 하기 때문입니다. 매일 연극만 하며 살다가는 언젠가부터 더 이상 자기 자신이 어떤 사람인지도 모르는 사람이 되어버릴 수도 있습니다. 진정한 친구를 가진다는 것은 그렇게 아이가 자기 자신으로 존재할 수 있는 기회를 주는 소중한 기회를 많이 가질 수 있다는 뜻입니다.

엄마들이 어릴 때부터 아이를 좋은 사립학교에 보내려고 하는 여러 가지 이유 가운데 하나가 소위 좋은 친구들을 사귀도록 해주고 싶어서이기 때문일 것입니다. 여기서 '좋은 친구'란 표현은 아마도 집안의 경제력이나 학벌 또는 사는 곳 같은 조건들도 포함이 되어 있을 것이라고 생각합니다. 하지만 엄마들이 생각해 보아야 할 점은 어릴 적 우정이 평생 동안 지속되는 경우는 많지 않다는 사실입니다. 게다가 그런 조건들로 맺어진 친구들의 경우, 그들이 고등학교로 진학하고 대학교 그리고 사회로 진출하면서 서로의 조건들에 변화가 생기기 때문에, 처음의 관계가 끝까지 유지되는 경우는 극히 드뭅니다. 아이에게 필요한 친구는 조건이 아닌 서로의 모습 그대로, 다시 말하면 각자의 날씨가 맑을 때나 궂을 때나 곁을 지켜주는 친구입니다.

친구는 또 다른 엄마

요즘 왕따 문제가 심각한 사회문제로 거론되고 있습니다. 왕따 당하는 학생은 주로 혼자입니다. 만약 그에게 단 한 명이라도 진정한 친구가 있다면 그 학생이 왕따의 피해자가 되는 일은 아마 없을 것입니다. 가해자 학생들도 그 아이를 괴롭힐 때마다 어디선가 나타나 격렬하게 항의하는 다른 아이가 있다면 괴롭히고 싶은 의지가 많이 꺾일 것입니다.

동물들도 그렇지만 사람들의 세계에서도 뭉치면 더 강해집니다. 물론 뭉치는 그 숫자가 많으면 더 힘이 세지겠지만, 왕따의 피해자가 되지 않기 위해서는 내가 부당한 피해를 당하고 있을 때, 마치 그것이 자신에게 행해진 부당함이듯 나서서 함께 싸워줄 단 한 명의 진정한 친구만 있어도 충분할 수 있습니다.

왕따 문제뿐만 아니라 삶의 다른 문제들, 그러니까 자신감을 가질 수 없는 커다란 도전을 앞둔 경우에도 이런 친구의 존재는 커다란 힘이 됩니다. 삶은 도전과 고난의 연속입니다. 그중에는 아이가 도저히 극복해내지 못할 것처럼 여겨지지만 그렇다고 피해서는 안 되는 종류의 도전들도 있습니다. 이때 아이의 친구가 그 부족한 용기를 메워줍니다. 누군가 단 한 명이라도 자신을 믿어준다는 사실에 아이는 도전을 마주할 힘을 낼 수 있습니다. 물론 그것은 원래는 엄마의 역할입니다만, 엄마가 함께 있어주지 못할 때에는 친구로부터 그 도움을 받을 수 있습니다.

'친구란 비 오는 날 우산을 빌려주는 사람이 아닌, 함께 비를 맞아주는 사람'이라는 말이 있습니다. 그처럼 진짜 친구는 단지 아이를 응원하고 필요한 지원을 해주는 것뿐만이 아니라, 아이와 함께 그 도전의 과정에 함께 참여해주는 사람입니다. 그럼으로써 아이는 도전을 마주하고 이겨낼 용기와 힘을 얻게 되고, 최선을 다해 싸워 결국 한 단계 더 성장하게 됩니다. 그렇게 진짜 친구는 서로에게 휴식처가 되어줌과 동시에 서로를 성장하도록 해주는 삶의 동반자입니다. 따라서 굳이 사족을 달지 않아도 아이의 삶에서 좋은 친구가 얼마나 중요한지는 자명합니다.

좋은 친구를 사귀는 방법

좋은 날씨 친구들이야 아이의 조건이 좋으면 아이가 싫다고 해도 아주 많이 생길 것이기 때문에 따로 생각할 필요는 없습니다. 하지만 아이가 진짜 친구를 사귈 수 있는 방법은 간단하지만 단 한 가지 방법밖에 없습니다. 바로 아이 자신이 다른 누군가에게 훌륭한 친구가 되어주는 것입니다. 이런 종류의 친구는 조건이 아닌, 서로의 영혼에 대한 호감과 신뢰를 바탕으로 아주 천천히 자라나는 것이기 때문에 노력과 시간이 필요합니다. 그리고 친구는 그 과정을 통해 서로 닮아갑니다. 그리고 비록 서로가 닮아간다고 하더라도, 그것은 발전적인 형태를 가집니다.

다시 말하면 서로의 장점을 나누게 된다는 뜻입니다. 그렇기 때문에 친구를 선택하는 것은 신중해야 합니다. 친구란 많은 노력과 오랜 시간을 투자해야 하는 대상이기 때문에 그만한 가치가 있는 사람이어야 하며, 또한 나를 성장시켜 줄 수 있는 거울이기 때문에 무엇인가 배울 것이 있는 사람이어야 합니다. 물론 여기에서 '그만한 가치'가 있는 사람이라는 뜻은 상대가 가진 무엇이 아닌, 그의 인격을 말하는 것입니다. 아이가 좋아하고 또 신뢰할 수 있는 안정적인 인격을 가진 사람이어야 한다는 뜻입니다. 이것은 다시 말해, 아이 자신도 자기가 가지고 싶어 하는 그런 친구의 인격에 부끄럽지 않은 인격을 가지고 있거나, 최소한 그러기 위해 늘 노력하는 사람이 되어야 한다는 의미입니다.

엄마는 아이에게 말해주어야 합니다. 이 세상에서 아이를 실망시키지 않을 사람은 없다고 말이죠. 때로는 엄마조차도 아이를 실망시킬 것이기 때문입니다. 그리고 아이 역시도 엄마나 자신의 친구에게 실망감을 안겨 줄 실수를 할 수 있습니다. 사랑이나 우정이라는 것은 이처럼 우리에게 실망을 안겨주는 그 사람들 가운데 누구를 용서하고 누구를 끌어안느냐에 대한 문제입니다.

따라서 아이는 우리 인간이 가진 이런 한계를 미리 알고, 친구에게 실망감을 안겨주지 않도록 늘 조심하고 노력하는 한편, 자신이 친구라고 여기는 이가 혹시라도 실수를 저질렀을 때에는 넓은 마음으로 용서할 수 있는 포용력을 길러야만 합니다. 그것 역시 우정을 통해 길러지는 소중한 자질 중 하나입니다. 그렇게 서로의 흠을 끌어안고 감추어주는 과정에서 우정은 더욱 굳어지며, 서로에 대한 신뢰는 더욱 강해집니다. 오랜 기간 이런 과정을 거쳐 진짜 친구가 된 사이는 서로의 삶에 있어 그 무엇으로도 대체할 수 없는 가장 소중한 재산이자 또 다른 엄마와 같은 존재가 되어줄 수 있습니다.

앞서 친구는 '좋아하고 믿을 수 있는 사람'이라고 했습니다. 이 중 '믿음'은 단기간에 완성될 수 있는 것이 아닙니다. 신뢰란 오랜 시간 서로에게 신뢰 있는 행동을 반복적으로 함으로써 쌓여가는 것입니다. 다시 말하면 우정의 시작은 우연적이고 빠르게 시작이 되었다 하더라도 그것이 진정한 우정으로 완성되기 위해서는 아이와 아이의 친구 모두 그 우정이 가진 가치를 존중하며 진심으로 노력해 나가야 하는 것입니다.

우정은 쌓여가는 것이기도 하지만 지켜내는 것이기도 합니다. 사람은 살아가며 가치의 우선순위가 종종 바뀌기도 합니다. 그래서 때로는 친구들 사이에서 우정보다 사랑이나 돈을 택하기도 합니다. 그럴 경우 대부분 우정은 거기서 끝이 나거나, 심각한 상처를 남기기도 합니다. 진짜 친구는 그런 모든 유혹을 이겨내고 서로에 대한 우정을 가장 소중한 것으로 오랜 기간 지켜온 이들에게 주어지는, 그야말로 삶이 우리에게 선물하는 자신 외부의 것들 중에서 가장 으뜸가는 선물입니다. 그런 대단한 보물이 하루아침에 주어질 리가 없습니다.

따라서 엄마는 아이가 다른 또래 아이들에게도 모범적이고 훌륭한 친구가 될 수 있도록 우선 아이 본인의 인성교육에 관심을 가져야 합니다. 엄마가 판단하기에 아이의 친구가 좋은 인성을 가졌다면 그들이 그 우정을 잘 키우고 지켜낼 수 있도록 도와주어야 합니다.

우리가 인생을 함께 갈 수 있는 친구들은 보통 사회에 나와서 만나게 되는 친구보다는 학창 시절에 만나게 되는 친구들입니다. 하지만 그때는 아이가 아직 어려서 그 소중함을 미처 깨닫지 못하는 경우가 많기 때문에, 그만 우정을 제대로 관리하지 못하여 그 소중한 기회들을 놓치는 경우가 종종 있습니다. 따라서 엄마는 아이가 자신에게 찾아온 우정의 기회를 잘 보살펴 평생을 함께할 동반자로 발전할 수 있도록 옆에서 도와주어야 하며, 무엇보다 아이에게 진정한 친구란 '아이의 인생에서 가장 값진 재산 가운데 하나'라는 것을 늘 가르쳐 주어야 합니다.

똑똑한 아이보다는 현명한 아이로

3

똑똑함과 현명함의 차이

엄마와 아이 중에 누가 더 똑똑할까요? 쉬운 질문인 듯하면서도 쉽게 대답하기 어려운 질문일 것입니다. 왜냐하면 우리는 무엇이 '똑똑함'인지 잘 모르기 때문입니다. 적지 않은 사람들이 똑똑함이란 그저 많은 지식을 가지고 있는 사람이라는 믿음을 가지고 있습니다. 그런 기준으로 본다면 분명 아이가 엄마보다 더 똑똑하다고 말할 수 있을 것 같습니다. 요즘 아이들은 정말이지 아는 게 많으니까요.

이번에는 '똑똑함'을 '현명함'이라는 단어로 바꾸어 이야기해 보겠습니다. 현명함이란 주어진 재료를 가지고 최선의 선택을 내릴 수 있는 능력입니다. 그것을 지혜롭다고 표현해도 의미는 같습니다. 이 경우, 아이보다는 엄마가 훨씬 더 똑똑하다고 할 수 있을 것입니다. 엄마는 아이보다 삶에 대한 경험이 더 많기 때문에 더 나은 선택을 내릴 수 있는 사람이기 때문입니다.

그렇다면 똑똑함이라는 단어가 가진 이 2가지 의미 가운데, 그러니까 많은 지식을 가지고 있는 것과 더 나은 선택을 내릴 수 있는 능력 중 어떤 것이 진짜 똑똑함일까요? 그것은 말할 필요도 없이 현명함이겠지요. 전자의 경우 그저 백과사전 한 권을 사거나, 아니면 인터넷에 접속할 수 있는 스마트폰 하나만 있으면 해결이 되는 것이지만, 후자의 경우는 오랜 세월을 걸쳐 다양한 경험을 통해서 다듬어지고 길러져야만 얻을 수 있는 귀한 능력이니까요. 그러므로 우리는 아이의 지성을 평가할 때 똑똑함이라는 다소 불분명한 단어가 아닌, 현명함이라는 표현을 사용하는 것이 좋습니다.

'지성'이라는 것은 가르쳐 줄 수 있는 것이 아닙니다. 지식은 가르칠 수 있습니다. 굳이 선생님도 필요 없습니다. 백과사전이나 영어사전만 보아도, 그 안에는 아이가 혼자서 족히 1년도 넘게 공부할 수 있는 정도의 충분한 지식이 들어있습니다. 하지만 진정한 지성이란 스스로 배우는 능력이며, 자신에게 의미 있는 지식을 찾아내는 능력입니다.

이런 능력은 전달될 수도, 가르쳐 줄 수도 없습니다. 그것은 오직 아이가 스스로 생각하는 경험, 그리고 실제로 자신이 겪게 되는 경험들을 해석하는 과정에서 완성되는 것이기 때문입니다. 이런 정신 모델을 가지고 있는 아이를 똑똑하다고 부르는 대신, 흔히 현명하다고 또는 지혜롭다고 표현합니다. 이런 현명한 아이들은 지식을 많이 가지고 있지 않을 수도 있지만, 그들이 가지고 있는 지식은 모두 그들 자신의 것입니다.

경험이 최고의 선생이다

엄마는 아이가 더 많은 실제 경험을 할 수 있도록 배려해 주어야 합니다. 어떤 경험이라도 도움이 됩니다. 다양한 경험을 통해 아이는 자신이 학교와 책에서 말과 글로 배운 지식을 실제 삶에서 직접 확인해 볼 수 있는 기회를 가지게 될 것이며, 아이는 자신의 이성과 경험을 활용하여 오직 스스로 확인된 지식만을 인정하는 분별력을 가지게 될 것입니다. 그리고 그렇게 축적하게 된 지식을 아이는 신뢰할 수 있게 되며 삶에 대한 자신감은 높아질 것입니다. 왜냐하면 아이는 자신이 아는 것과 모르는 것을 분명히 알게 되기 때문입니다.

인생의 본질은 문제 해결입니다. 삶은 한 가지 문제에서 그 다음 문제로 넘어가는 과정으로 이루어진 긴 여행입니다. 이 여행에서 아이에게 가장 필요한 능력은 지식이 아닌, 바로 현명함입니다.

그런데 요즘 아이들의 상황은 문제가 조금 있습니다. 왜냐하면 아이들은 지식은 아주 많이 가지고 있는데 반해, 현명함은 그들에게서 매우 드물게 발견되는 자질이 되어버렸기 때문입니다. 삶에서 사람에게 해를 끼치는 커다란 함정 중에 하나는 바로 실제로는 모르고 있는 것을 스스로는 안다고 믿고 있는 것입니다.

책에서 읽어 불이 뜨겁다고 아는 것과 실제로 불의 뜨거움을 경험해 그 사실을 아는 것에는 커다란 차이가 있습니다. 책을 통해 그것을 아는 아이는 언젠가는 불 속으로 손을 집어넣을 확률이 있습니다. 왜냐하면 그 아이는 불이 뜨겁다는 것이 실제로 무엇을 의미하는 것인지 모르니까요. 반면, 경험을 통해 그 뜨거움을 맛보았던 아이는 다시는 그런 실수를 하지 않을 것입니다.

줄넘기 한 번 하지 않고 그저 책을 읽는 것만으로 권투를 배우는 것이 가능할까요? 발레는 어떤가요? 첼로나 피아노의 경우는 또 어떤가요? 제가 무슨 말을 하려는지 아마 아실 겁니다.

그런데 중요한 것은 아이들이 책으로 그리고 인터넷으로 삶이라는 가장 어려우면서도 중요한 문제를 배우고 있다는 점입니다. 그래서 언젠가 실제로 링 위나 무대 위에 올라가야 할 때가 오면, 절망스러운 상황에 놓이게 되는 겁니다.

그때야 비로소 아이들은 실제로 자신이 삶에 대해 아는 것이 아무것도 없었음을 깨닫게 됩니다. 세계에서 가장 많은 공부량을 자랑하며 무려 16년 동안이나 거의 매일 밤을 새워가며 지식을 쌓아온 우리 아이들이 대학교를 졸업해도 가장 기본적이면서도 가장 중요한 질문인 "나는 앞으로 무엇을 해야 하나?"라는 간단한 질문에 답하지 못해서 절망하고 방황합니다.

그것은 의미 없는 지식만을 가득 쌓아오느라 정작 중요한 현명함을 기르지 못한 아이들에게 아주 오래전부터 예고되어 온 형벌입니다.

엄마는 아이가 아무짝에도 쓸모없는 지식은 머리에 잔뜩 이고 다니면서도, 정작 자신의 삶에 닥친 작은 문제조차 해결할 현명함이 없는 사람으로 자라나지 않도록 각별히 신경을 써야 합니다.

삶은 고난의 연속입니다. 다시 말하면 아이에게는 살면서 문제 해결 능력을 요구하는 상황이 끝도 없이 닥칠 것입니다. 일류 대학의 졸업장을 가지면 현명함이 보장될까요? 그 답은 이미 알고 계시리라 생각합니다. 현명함은 학교에서 줄 수 있는 것이 아닙니다. 학교에서는 지식을 제공합니다. 현명함은 아이가 그 지식을 가지고 무엇을 해야 할지 아는 능력입니다. 그것은 오직 아이 스스로가 직접 아주 많은 경험을 함으로써 그리고 그가 삶을 대하는 태도를 통해서만 길러집니다.

소유하기보다는 진화하는 아이

현명한 아이들은 어떤 아이들일까요? 그들은 우선 소유적이 아닌 존재적으로 삶을 대합니다. 이 개념은 철학자 에리히 프롬으로부터 빌려온 것입니다. 그는 이 2가지 방식의 학생들을 비교하여 글을 쓴 적이 있습니다.

소유적 태도로 삶을 사는 학생은 수업에서 아주 많은 필기를 합니다.

교수가 하는 말이 무슨 의미인지 또 그것이 자신의 삶에 어떤 유익함이 있는지에 대해 평가하지 않습니다. 그저 필기하고 외웁니다. 그는 그렇게 교수의 말을 온전히 받아 적은 노트를 가짐으로써 자신이 그 지식을 소유했다고 믿고 만족해합니다.

반면, 존재적인 태도로 삶을 대하는 학생은 필기하느라 교수의 말을 놓치는 실수를 하지 않습니다. 그는 미리 수업 주제에 대해 고민을 해보았고 나름의 의견을 가지고 있기 때문에, 교수의 말을 빠짐없이 경청하며 자신이 가진 의견과 비교합니다. 그리고 단순히 교수의 말을 듣는 것에 그치지 않고 자신의 의견을 교수에게 말하기도 하고 질문도 하며, 교수와 지적으로 소통을 합니다. 그런 과정을 통해 교수의 입에서 나온 지식은 그 학생 자신의 고유 지식으로 변화합니다. 그 학생은 교수로부터 지식을 받은 것이 아니라, 직접 자신의 지식을 완성하고 있는 것입니다.

이 두 명의 학생이 장차 그들의 삶을 헤쳐나가는 방식은 완전히 다를 것입니다. 지성이라는 것은 소유하는 것이 아닙니다. 그것은 삶을 대하는 태도입니다. 진정한 지성을 갖춘 아이, 현명한 아이 또는 지혜로운 아이는 수동적이 아닌 적극적이고 능동적인 태도로 세상을 배웁니다. 그것이 그 아이들이 세상을 경험하는 기본 태도입니다. 그들은 질문을 합니다. 제아무리 유명한 책에서 읽거나 대단한 사람에게서 들은 지식이라도 '그래서 그것이 나의 삶에 어떤 의미가 있는가?'라는 질문을 스스로에게 합니다. 그래야만 그 지식이 지혜가 되어 자신의 삶에 도움을 줄 수 있기 때문입니다. 이 과정을 거치지 않은 지식은 아이의 삶에서 아무런 쓸모를 가지지 못합니다. 기껏해야 다른 사람들 앞에서 아는 척하며 약간의 우월감을 느끼는 만족이 있을 뿐, 실제적으로는 아이의 삶에서 아무런 긍정적인 변화도 이루어내지 못합니다.

모든 지식에 자신이 관여되어 있어야 합니다. 그 지식이 '나에게 있어' 어떤 의미를 가지는지, '나의 경우에는' 어떻게 활용될 수 있는지에 대한 관계가 존재해야만 비로소 지식은 생명을 가질 수 있습니다. 그래서 이런 태도로 지식을 대하는 아이들은 더 적은 지식을 잘 활용하여, 그들보다 훨씬 더 많은 지식을 가지고 있으나 그것을 활용하는 법을 배우지 못한 아이들보다 더 높은 창조적 힘을 발휘합니다.

'지식과 관계를 맺는다'는 것은 쉽게 말하면 '지식을 검증하고 판단한다'는 의미입니다. 앞서 살펴본 존재적 유형의 학생처럼, 자신에게 주어진 지식의 타당성과 가치를 적극적으로 판단해 보려고 노력하는 모습이 바로 현명한 아이가 그 지식과 관계를 맺는 방법입니다.

이 과정을 통해 자신에게 주어진 지식을 거르고 또 가공하여 자신만의 지혜를 가지게 된 아이들은 장차 삶을 살아가며 문제에 봉착했을 때, 그것을 다룰 수 있는 많은 도구를 손에 쥐고 있는 것과 같습니다. 스스로 고기를 잡을 줄은 모르면서 창고에 죽은 물고기를 잔뜩 쌓아놓고 있는 것이 아닌, 고기를 잡고 요리할 줄 아는 100가지 방법에 대해 알고 있는 것과 같습니다. 이런 문제 해결능력을 많이 가지고 있어야만 삶이 보다 순탄할 수 있고, 자신이 원하는 목표를 더 잘 이룰 수 있습니다.

사람은 절대로 다른 사람을 가르칠 수 없습니다. 인간은 오직 스스로 배우기 때문입니다. 선생님은 그저 그 과정을 도울 뿐입니다. 진짜 실력은 배우는 방법에 있습니다. 한번 생각해 볼까요. 엄마는 삶에 대해 아이보다 아주 많은 것을 알고 있습니다. 하지만 그것을 과연 효과적으로 아이에게 전달할 수 있나요? 세상에는 많은 지식과 많은 노하우를 가지고 있는 학자나 전문가들이 많습니다. 그렇지만 이들 가운데 자신이 알고 있는 것을 다른 사람에게 효과적으로 가르칠 수 있는 능력까지 가지고 있는 사람은 매우 드뭅니다. 지식 그 자체는 전달이 될 수 있어도 지식을 이해하는 방법은 결코 가르칠 수 없기 때문입니다.

따라서 엄마는 아이가 현명한 사람으로 자라나길 원하는 만큼, 우선 아이가 세상이 떠먹여주는 지식을 받는 것에 익숙하기보다는 스스로 자신의 숟가락을 만들어 그것을 능숙하게 사용하는 방법을 터득하도록 도와주어야 합니다. 그 방법은 스스로 고민하고 의심하고 검증하고 질문하며, 궁극적으로 자신이 대면하고 있는 그 지식이 과연 자신의 삶에서 어떻게 유익함을 발휘할 수 있을지에 대해 적극적이고 지속적으로 씨름하는 것입니다. 그리고 최대한 많이 경험해 보아야 합니다. 최대한 많이 넘어지고 많이 아파 보아야 합니다. 진짜 교육은 학교의 교실이 아닌 삶이라는 넓은 강당에서 이루어지는 것이기 때문입니다.

자립심,
정신의 기둥

4

자기 자신인 것이 두렵지 않은 아이

자립심은 아이에게 무척 중요합니다. 자립심이 강한 아이는 남에게 의지하지 않고 자신의 삶을 살아갈 수 있는 힘을 가진 아이입니다. 그것은 말 그대로 능력이고 힘입니다.

자립심이 강한 아이의 중요한 특징 중 한 가지는, 무엇이든 스스로 판단한다는 것입니다. 스스로 판단할 줄 모르는 아이는 언제나 다른 사람들보다 열등한 위치에 있게 되고 다른 사람의 판단을 구걸해야 하며, 또 혼자서는 판단할 수 없기 때문에 확신이 없는 판단에 늘 자신의 삶을 내맡겨야 하는 위태로운 상황에 놓이게 됩니다.

자립심 강한 아이의 또 다른 특징은 바로 당당함입니다. 그런 아이가 판단하는 것 중에는 자신에 대한 가치도 포함이 됩니다. 그들은 자신의 가치를 판단하는 권위를 다른 사람에게 맡기지 않습니다. 그렇게 함으로써 자신이 타인의 판단에 의한 노예가 되지 않고 스스로가 온전한 주인으로 존재하기 때문에, 그들은 당당할 수 있는 것입니다. 따라서 어렸을 때부터 자립심에 대한 철학과 적절한 훈련을 시켜 주는 것은 아이가 스스로 생각하고 행동할 줄 알고, 당당하고 자유로운 성인으로 자라나는 데 있어 매우 중요합니다.

에리히 프롬은 인간의 자립심에 대해 상당히 통찰력 있는 철학을 남겼습니다. 유대인이었던 에리히 프롬은 2차 세계대전이 발발하자 마치 새로운 종교를 추종하는 광신도처럼 변해버린 위험한 독일 국민들을 피해 미국으로 망명을 떠났습니다. 그곳에서 그는 〈자유로부터의 도피〉라는 지금은 너무도 유명한 철학서를 발표했습니다. 그의 생각을 따라가 보자면 이렇습니다.

그는 인간이 자유를 잘 다루지 못한다고 생각했습니다. 자본주의가 도래하면서 사람들은 과거의 선조들이 그토록 바라던 자유를 얻게 되었지만, 정작 그렇게 되고 보니 놀랍게도 사람들은 자유를 너무 고통스러워하였습니다. 자신에세 주어진 자유를 가지고 무엇을 어떻게 해야 할지를 몰라 혼란스러워했던 것입니다. 스스로 생각하고 판단해야 하는 책임감을 사람들은 너무도 힘들어 했습니다. 그래서 사람들은 그것이 무엇이든, 그러니까 종교단체든, 모임이든, 정치 이데올로기든 아니면 폭력단체든 그 무엇이든 간에 자신의 자유를 바치고 종속될 수 있는, 말하자면 자신의 주인이 되어 줄 대상을 찾기 시작했습니다. 누군가의 노예가 되면 스스로 생각할 필요도 없고 그저 누가 시키는 대로만 하면 되기 때문입니다.

에리히 프롬은 이렇게 자신보다 큰 단체에 자유를 헌납하고, 그 대가로 자발적으로 노예로 전락하여 다른 사람들과 똑같이 생각하고 행동하는 사람들을 '자동인형'이라 불렀습니다. 그 대표적인 예가 바로 2차 세계대전 당시 광기에 휩싸인 폭도로 변해 600만 명의 유대인을 끔찍한 방법으로 희생시킨 독일 국민들이었습니다. 물론 오늘날의 독일 국민들은 그때의 행동을 깊이 반성하고 있습니다만, 당시에는 그들 스스로도 이해할 수 없는 끔찍한 일들을 저질렀습니다.

그들 모두에게 한 가지 공통점이 있었다면 그것은 바로 '자립심이 없었다'는 것입니다. 그들은 홀로 설 수도 없었고, 홀로 서려고도 하지 않았습니다. 그 대신 자신의 자유를 나치당에 바치고 자발적으로 그들의 노예가 되었습니다. 모두가 알다시피 2차 세계대전은 나치의 패배로 막을 내렸고 독일 국민들은 그동안의 악행에 대한 자책감은 물론, 이웃 나라들의 비난과 함께 이후 수십 년 동안 극도로 어려운 경제적 궁핍을 견뎌야만 했습니다. 자신의 운명에 대한 짐을 짊어지는 것은 분명 힘든 일입니다. 하지만 그 책임감이 두려워 그것을 남에게 위임했을 경우, 그 결과는 대부분 절망적입니다.

제작년인가 뉴스에서 아이들 사이에서 유행한다던 고가의 미국산 패딩 점퍼에 대한 소식을 듣게 되었습니다. 사실 저도 길을 걸으며 자주 보았던 터라 조금 의아하게 생각하고 있었던 현상이었습니다. 마치 유니폼처럼 길에서 보았던 거의 모든 고등학생들이 같은 브랜드의(그리고 모두 같은 검정색) 패딩 점퍼를 입고 있었기 때문입니다. 자신의 개성은 전혀 고려하지도 않은 채, 또 그중 몇몇 아이들은 자기 사이즈보다 큰 걸 구입했는지 그 똑같은 커다란 패딩을 입고 모여 있는 아이들의 모습은 제가 볼 때는 기괴하고 우스꽝스럽기까지 했습니다. 하지만 그런 기괴한 모습은 하교 시간이 되면 길거리 여기저기에서 아주 자연스럽게 목격되곤 했습니다.

곧 뉴스를 보며 상황을 알게 되었습니다. 그 패딩 점퍼는 아이들 사이에서 무리의 일원으로 인정받기 위한 어떤 조건이었다는 것을 말입니다. 만약 그것을 입지 못하면 다른 아이들로부터 따돌림을 당한다는 놀라운 사실도 알게 되었습니다. 이 때문에 아이들이 무척 고가였던 그 패딩 점퍼를 사달라고 떼를 쓰는 일이 가정마다 발생했고, 엄마들은 혹여 자신의 아이가 학교에서 무시당하고 따돌림당하지 않을까 걱정되는 마음에 큰돈을 들여 그것을 장만 해주었다는 이야기였습니다. 가격이 너무 고가라 부모의 등골이 휜다고 해서 그 패딩 점퍼는 '등골 브레이커'라는 어딘가 조금 슬프기까지 한 별명으로 불리기도 하더군요.

자립심이란 삶의 기준을 자기 자신 안에 가지고 있는 것을 말합니다. 자립심이란 자신의 가치 기준을 자신이 판단하는 것을 말합니다. 만약 자립심이 강한 아이였다면 자신에게 어울리지도 않는 그 우스꽝스러운 패딩 점퍼를 마치 유니폼처럼 맞춰 입고 단체로 광대가 되는 그런 촌극에 합류하지 않았을 것입니다. 왜냐하면 자립심이 강한 아이에게는 엄마의 등골을 휘게 만들면서까지 자신을 광대로 만들어 나머지 광대들과 어울리고 싶은 생각이 없었을 테니까요. 또한 특정 브랜드의 패딩 점퍼를 함께 맞춰 입는 것으로 친구들에게 자신의 가치를 인정받고 싶어 하지도 않았을 것입니다. 차라리 자신의 취향에 맞고 나이에도 어울리며 적당한 가격을 가진 따뜻한 외투를 구입해서 자신의 개성이 더욱 돋보이도록 했을 것입니다.

자립심이 강한 아이는 자기가 자기 자신인 것이 두렵지 않은 아이입니다. 그런 아이는 자신이 누구인지, 그러니까 자신이 무엇을 중요하게 생각하고 어떤 철학을 가지고 있으며, 어떻게 생각하고 또 어떻게 행동하는 것이 옳은 것인지에 대한 가치관을 자신의 내면에 이미 가지고 있습니다. 삶에 대한 모든 기준과 힘을 자신 안에 가지고 있기 때문에 다른 사람에게 기대거나 그들의 일원으로 속하기 위해 인정을 받으려고 안달하지 않습니다.

자립심이 강한 아이는 그렇게 세상 위에 자신으로서 홀로 설 수 있는 아이이며, 오직 그런 아이만이 자립심 강한 당당한 성인으로 자라날 수 있습니다. 그런 내면의 기준과 가치관은 어렸을 때부터 만들어 주어야만 합니다. 그렇지 않으면 중학교와 고등학교 그리고 대학교를 거쳐 사회에 나가서도 그 기준과 가치관을 얻기 위해 다른 무리들을 쫓아다닐 수밖에 없게 됩니다.

거절할 줄 아는 아이

자립심 강한 아이의 특징 가운데 하나는 거절할 줄 아는 능력이 있다는 것입니다. 앞서도 설명했지만 이런 아이들은 분명한 가치관을 이미 가지고 있습니다. 다시 말하면 판단과 행동의 기준을 상대가 아닌 자신이 가지고 있는 것입니다. 그렇기 때문에 자신에게 부당한 요구가 들어온다고 해도 그것을 마지못해 받아들이지 않습니다. 왜냐하면 아이에게 자립심이 필요한 가장 큰 이유는 그것이 자유의 뿌리이기 때문입니다.

헨리 소로우의 표현을 빌려보자면 자유란 자신이 하고 싶은 것을 하는 것이기도 하지만, 하고 싶지 않은 것을 하지 않아도 되는 것입니다. 그렇기 때문에 아이는 자신이 원하지 않는 것에 대해서 분명히 의사표현을 할 수 있어야 자립심을 키울 수 있고, 나아가 자유로운 인간으로 성장할 수 있습니다.

예를 들면 보통 우리는 백화점에서 쇼핑을 할 때, 여러 켤레의 구두를 신어 본 다음에는 마음에 드는 것이 없어도 그냥 매장을 나가는 것이 왠지 조금 미안한 마음이 듭니다. 그리고 이런 심리를 잘 아는 매장 직원은 무의식적으로 손님에게 부담감을 안기려고 티 나지 않게 행동합니다. 이런 상황에서 몇몇의 자립심 약한 손님은 그저 미안함 마음에 손님으로서 마땅히 행사할 수 있는 권리를 행사하지 못하고, 마음에도 들지 않는 구두를 구입해서 매장을 나오게 됩니다.

한국에서는 특히 체면을 중요시하기 때문에 이런 일이 자주 발생합니다. 하지만 그것이 작은 부탁을 들어주는 것이나 구두 같은 것을 구입하는 경우라면 차라리 다행이지만, 그보다 중요하고 무거운 문제일 경우, 예를 들면 성인이 되어 보증을 서달라는 요구 같은 것을 아이가 거절하지 못하고 어쩔 수 없이 받아들이는 경우 자칫 아이의 삶에 심각한 문제가 될 수도 있습니다.

친구를 위해 보증을 서주는 것은 잘못된 것이 아닙니다. 저도 기꺼이 그것을 해줄 의향이 있는 친구가 한둘 있습니다. 중요한 것은 자신의 판단하에 스스로 원해서 해주는 것이 아니라, 단지 거절하지 못해서 요구를 받아들이는 것이 문제가 된다는 이야기입니다.

아이는 어떤 요구를 받아들이고 또 어떤 요구를 거절해야 하는지 스스로 판단할 수 있는 능력이 있어야 하고, 또 슬기롭고 단호하게 거절할 줄 아는 기술을 가져야 합니다. 자신의 기준에 부합하지 않는 요구를 거절하는 것은 매정함도 아니고 반친교적인 것도 아닙니다. 그것은 자신에게 옳은 것이 무엇인지 아는 현명함이고, 그 현명함을 행사할 수 있는 힘입니다. 이런 현명함과 힘을 길러주는 것만으로도 아이 인생에서 맞닥뜨리게 될 불필요한 문제의 절반은 예방할 수 있습니다.

자신이 원하는 것을 분명히 알고 그 의사를 단호하게 표현할 줄 아는 사람에게는, 사람들은 그리고 사회는 '부담감 심리게임'을 벌여가며 부당한 요구를 강요하지 않습니다. 아이 인생에서 무엇을 허용하고 무엇을 거절해야 하는지를 결정하는 것은 바로 아이 자신이어야 합니다.

앞서 소개한 패딩 점퍼의 예에서 자립심 강한 아이는 다른 아이들의 인정을 받기 위해 패딩 점퍼를 구입하라는 요구가 우습게 들릴 것입니다. 그에게는 그것이 위협적이거나 두렵게 느껴지지 않을 것입니다. 그 아이는 자신의 입장을 현명한 언어로 당당하게 표현할 것입니다. 거절할 줄 안다는 것은 피하는 것이 아닌, 분명하게 자기 의사를 밝힐 줄 아는 것입니다.

이것은 거절하는 기술에서 매우 중요한 부분입니다. 만약 그가 마음에도 들지 않는 그 우스꽝스러운 패딩 점퍼를 함께 입으라는 요구가 마음에 들지 않는다면 아이는 단순히 무조건 거절만 하는 것이 아니라, 그 이유도 똑 부러지게 설명할 수 있을 것입니다. 아이들은 그들 가운데 가장 비싼 패딩 점퍼를 입고 있는 아이보다, 오히려 이렇게 어린 나이에도 자신의 의사를 분명히 표현할 수 있는 아이에게 경외심을 느낄 것입니다. 왜냐하면 특히 요즘 아이들 중에는 '자유'라는 개념을 잘못 이해한 탓에 부모와 선생님 섣부른 반항 따위를 하는 경우는 있어도, 이렇게 자신의 의사를 분명한 언어로 정확하게 표현할 수 있는 아이는 좀처럼 찾아보기 어렵기 때문입니다. 다른 아이들의 눈에 비친 이런 아이는 이미 정신적으로 그들보다 한참은 성숙한 마치 어른처럼 보일 것입니다.

자립심을 길러주는 방법

자립심이란 무엇을 스스로 하는 경험을 통해 '지혜'와 '자신감'이 늘어남으로써 개발됩니다. 따라서 자립심을 길러주기 위해서는 아이 스스로 자신의 삶과 관련된 여러 가지 일들을 직접 해보는 경험이 많아야 합니다. 그렇게 함으로써 아이가 자신의 삶의 주인이라는 믿음에 익숙해져야 합니다. 그렇기 때문에 마땅히 모든 주인이 그러하듯 자신의 삶에 대해 책임감을 가지고 스스로 처리하는 습관을 들여야만 합니다.

이런 습관은 아주 어릴 때부터 기를 수 있습니다. 자립심은 어느 날 갑자기 주는 것이 아니라 시간과 함께 서서히 길러주는 것입니다. 마치 화초를 기르듯 조금씩 매일매일 습관을 들여가며 결국 그것이 아이에게 삶에 대한 태도로 완성이 되는 것입니다.

아이가 운동화 끈을 매지 못해서 절절매고 있다면 당연히 엄마는 아이를 대신해서 운동화 끈을 매어주고 싶은 마음이 들 것입니다. 하지만 이것은 자립심을 길러줄 수 있는 좋은 기회입니다. 아이 대신 운동화 끈을 매어주기보다는 아이에게 끈을 매는 법을 가르쳐주고 혼자서 잘 해볼 수 있도록 옆에서 지켜봐 주는 것이 더 현명한 방법입니다. 그러면 아이는 나중에 밖에서 운동화 끈이 풀어져도, 또 엄마가 없어도 혼자서 끈을 맬 수 있게 됩니다.

엄마는 아이를 위해 대신 결정을 내려주는 것이 아니라 아이 스스로가 최종 결정을 내릴 수 있도록 도움을 주는 역할을 해야 합니다. 곁에서 지켜봐 주고, 관찰하고 인내하며 기다려 주는 것입니다. 거들 수는 있어도 절대로 대신 해주지는 말아야 합니다.

이 점은 엄마가 아이의 취미나 진로를 결정할 때에도 마찬가지입니다. 아이에게 선택할 수 있는 여러 옵션을 미리 조사하여 제공해주고, 최종 결정은 아이가 내릴 수 있도록 해주는 것입니다. 다시 말하면 아이에게 어떤 물건을 가져다 주는 것이 아닌, 아이를 물건이 있는 곳에 데리고 가서 그 물건을 보여주고 아이가 스스로 원하는 물건을 집을 수 있도록 해주는 것입니다.

이런 방법은 엄마가 아이 대신 선택해 주지는 않지만 어쩌면 그보다 더 많은 노력이 들어간 것입니다. 왜냐하면 마치 CEO를 위한 요약 보고서를 준비하듯, 엄마는 아이가 결정을 내리는데 필요한 모든 조사를 미리 해주기 때문입니다. 덕분에 아이는 최종 결정만 내릴 수가 있게 됩니다. 물론 점차 그 결정을 위한 조사 과정들 역시 아이의 몫이 되어야만 합니다.

아이는 엄마가 자신을 존중하여 최종 결정을 내릴 수 있도록 해준 배려에 대해 책임을 져야 합니다. 여기서 책임감이 자라납니다. 어쩌면 엄마는 아이가 고른 책이 마음에 들지 않을 수도 있습니다. 하지만 그 책이 자신이 미리 1차로 선별하여 제공한 옵션 중 하나이기 때문에, 그리고 아이가 스스로의 의지로 선택한 것이기 때문에 존중할 것입니다.

이때 아이가 보여주어야 하는 태도는 그 책을 끝까지 읽는 것입니다. 책임감이라는 것은 자신의 선택에 끝까지 책임을 지는 태도이며, 이는 사회에서 성공하는데 무척이나 중요한 자질입니다. 그렇기 때문에 만약 아이가 책을 선택하고도 몇 장 훑어보고는 더 이상 읽지 않는다면 이후부터는 아이의 선택권을 제한하여, 자신의 선택에 대한 마땅한 책임을 이행하지 않는 태도에 대해 불이익을 경험하도록 해야 합니다. 이런 경험을 통해 아이는 앞으로는 자신이 더욱 신중하게 선택을 해야 함을 배우게 됩니다. 왜냐하면 자신의 선택을 끝까지 책임져야 하기 때문에 아이는 보다 긴 안목으로 앞으로의 선택을 대하게 됩니다.

이렇게 자신의 선택에 끝까지 책임지는 태도는 판단력은 물론, 인내심까지 길러준다는 사실을 쉽게 알 수 있습니다. 만약 아이에게 충분한 인내심이 없다면 아이는 책을 끝까지 다 읽음으로써 자신의 책임을 다하는 대신, 엄마로부터의 존중과 자기 스스로에 대한 존중을 포기하는 쪽을 택하고 말 것입니다.

이런 정신의 나약함은 아이가 사회에 나가서도 반복될 것입니다. 그런 아이는 사회에서 무엇을 이룰 때에도, 다른 사람들로부터 존중을 얻거나 또는 자신에 대한 강한 자존감을 갖추는 데에도 어려움이 많을 것입니다. 따라서 아이의 판단력과 인내심 그리고 자립심을 길러주기 위해, 엄마는 아이로 하여금 스스로 선택하고 또 자신의 선택을 끝까지 포기하지 않고 책임질 수 있도록 엄마 역시 충분한 인내심을 가지고 옆에서 도와주어야 합니다.

아이가 가질 수 있는 최고의 재능

5

꾸준함이라는 만능키를 손에 쥔 아이

이 세상에서 제일 흔한 것이 '재능 없이 성공한 사람'과 '탁월한 재능을 가졌음에도 성공하지 못한 사람'일 것입니다. 인생에서 그것이 행복이든 아니면 성공이든, 그것을 성취하는데 있어 타고난 재능보다 더 큰 영향을 미치는 본질적인 재능이 있습니다. 그것은 바로 '꾸준함'입니다.

꾸준함은 최고의 재능이라고 할 수 있습니다. 왜냐하면 꾸준함을 가진 사람은 재능이 없음에도 결국 성공할 수 있는 반면, 훌륭한 재능을 타고난 사람이라도 꾸준함이 없으면 성공할 수 없기 때문입니다. 우리가 어떤 분야에서 성공하기 위해서는 2가지가 필요합니다. 재능과 기술.

'견딤'은 '쓰임'을 결정한다는 말이 있습니다. 재능은 우리가 타고나는 것이지만 그 재능이 꽃을 피우기 위해서는 '기술'이 필요합니다. 아이가 기술을 익히기 위해 견디는 것은 장차 그 아이의 쓰임을 결정 짓는 도구를 손에 넣는 중요한 과정입니다. 기술은 오직 한 가지 방법만으로만 얻을 수 있습니다. 바로 반복이며 그 반복을 견디는 것입니다. 다시 말하면 꾸준함 없이는 아무리 좋은 재능을 가지고 있다 한들 그 재능을 꽃피우게 해줄 기술을 손에 넣을 수 없다는 뜻이며, 그 재능 역시 소용이 없게 된다는 뜻입니다. 따라서 엄마는 아이가 어떤 재능을 타고났는지 관심을 기울이는 한편, 무엇보다 이 꾸준함이라는 재능을 아이의 손에 쥐어줄 수 있도록 노력해야만 합니다.

제가 학생이었을 때 보았던 주변 학생들 그리고 지금 세대의 학생들을 보아도 똑똑한 아이일수록 꾸준합니다. 아마 모두가 동의하겠지만 공부 잘하는 모범생치고 꾸준하지 않은 아이는 없을 것입니다. 그런 아이들은 수학문제를 풀거나 영어 문장을 이해하려고 할 때, 그것이 단기간 내 쉽게 해결되지 않을 수도 있다는 사실을 알 정도로 현명합니다. 그래서 조급하지 않습니다. 세상 모든 것에는 단계가 있는 법이니까요.

그리고 문제를 푸는 과정에서 한두 번 실패하는 것에 전혀 동요하지 않습니다. 어려운 문제를 푸는데 있어 실패는 그 과정의 당연한 단계일 뿐, 그저 다음번에는 보다 현명하고 나은 방법으로 접근해보고자 생각합니다. 그들은 압니다. 포기하지 않고 문제를 끈질기게 붙들고 씨름하다 보면 결국엔 자신이 이길 것이라는 사실을 말입니다. 그래서 어떻게 보면 꾸준함은 현명함에서 나오는 것이라고 할 수도 있겠습니다. 똑똑한 아이일수록 끈질기고, 그렇지 않은 아이일수록 쉽게 포기합니다.

꾸준함을 유지하고 있다는 것은 다른 말로는 포기하고 싶은 갖은 유혹을 이겨내며 무언가를 지켜내며 견디고 있다는 뜻입니다. 그리고 무언가를 견디고 있다는 건 그만큼 강해지고 있는 것입니다. 더 강해진다는 건, 또 더 능숙해지고 있다는 건 목표가 있는 이들에겐 더없이 즐거운 과정입니다. 이런 사실을 알기에 꾸준한 아이들은 그 과정 자체를 즐길 줄 압니다. 그래서 옆에서 보기엔 딱하게 보일 정도로 고생하는 듯하지만 사실 그들은 마치 퍼즐을 풀듯 그 과정 자체를 즐기고 있습니다. 오히려 누군가 옆에서 답을 가르쳐 주려고 하면 사양하기도 합니다. 왜냐하면 그들은 자신이 충분한 시간과 끈기만 있다면 결국 그 문제를 스스로 풀어낼 수 있고, 마침내 문제를 풀었을 때의 기분 좋은 성취감을 빼앗기고 싶지 않기 때문입니다.

그렇지 않은 아이들은 빨리 포기해 버리고 스마트폰으로 게임을 하고 싶어 합니다. 물론 스마트폰으로 하는 게임에도 즐거움과 만족감이 있지만, 그것은 꾸준한 아이들이 스스로의 힘으로 어려운 문제를 풀어냈을 때 경험되는 만족감과는 비교 자체가 안 되는 다른 차원의 만족감입니다. 꾸준한 아이는 이처럼 고차원적인 만족감을 추구하는 아이들입니다.

그리고 만약 이 아이들이 최선을 다해 꾸준히 끝까지 노력했다면 설령 성공하지 못했다 하더라도 상관없습니다. 만약 자신의 최선을 다 쏟아부었다면 아이는 그 과정을 통해 성공 이상의 경험을 이미 선물로 받았기 때문입니다. 그래서 자신이 최선을 다하기도 전에 포기하는 경험을 해서는 안 되는 것입니다. 최선을 다한 노력 뒤에 오는 실패 경험과 도전 중간에 포기한 나약함 사이에는 온 우주만큼의 차이가 있기 때문입니다. 결과만이 중요한 것은 아닙니다.

조금 엉뚱한 이야기를 하는 것은 아닌지 걱정도 되지만, 재미있는 이야기를 하나 들려 드리겠습니다. 어느 목장에 세 개의 우유통이 있었습니다. 그런데 개구리 세 마리가 주변에서 놀다가 그만 각 우유통에 빠지고 말았습니다.

첫 번째 개구리는 자신의 운명을 한탄하며 헤엄쳐 볼 시도도 하지 않은 채 스스로 우유 속에 빠져 죽어버렸습니다. 두 번째 개구리는 하느님이 구해 주실 것을 굳게 믿고 기적이 일어나기만을 바라며 오직 기도만 하다, 안타깝게도 기적은 일어나지 않았고 개구리는 기다리다 지쳐서 죽어버렸습니다. 세 번째 개구리는 자기가 아무리 생각해 보아도 상식적으로는 우유통을 빠져나갈 방법이 보이지 않았지만, 자신이 할 수 있는 것은 모두 해보자는 마음으로 우유통을 빠져나오기 위해 뒷다리를 버둥대며 갖가지 노력을 했습니다. 뒷다리로 계속 우유를 휘젓자 우유는 딱딱하게 굳어 버터가 되었고, 마침내 개구리는 그것을 딛고 빠져 나올 수 있었다고 합니다.

이 동화 같은 이야기에서 우리가 생각해볼 수 있는 것은, 꾸준함이라는 재능은 아이가 포기하지 않고 노력하기만 한다면 충분히 가질 수도 있는 결과를 가질 수 있도록 해주는 소중한 자질이라는 점입니다.

많은 사람들이 꾸준함을 유지하지 못하는 이유는, 미래에 대해 미루어 짐작하기 때문입니다. 결과에 대한 성공이 확실하다면 누구나 끝까지 노력할 것입니다. 하지만 세상에는 그런 친절한 확신 따위는 없습니다. 계단의 마지막 단이 보이지 않더라도 신념을 가지고 묵묵히 끝까지 걸어나가는 자들이 결국 성공을 하고, 또 그런 꾸준함은 드물기에 세상에 성공하는 사람도 드문 것입니다.

아이가 꾸준함이라는 재능을 훈련하고 발휘하는 과정에서 다른 여러 좋은 자질들이 함께 개발됩니다. 인내심은 기본이며 불확실성에 대한 불안을 긍정적으로 통제할 줄 아는 자기통제력, 그리고 비록 힘들지만 자신이 결국에는 해내고 말 것이라는 자신감과 그런 자신에 대한 존경심인 자존감이 함께 고양됩니다.

물론 엄마는 아이가 피아노에 재능이 있는지 아니면 그림이나 과학에 재능이 있는지 항상 관찰하며 살펴보아야 합니다. 하지만 그것보다는 우선 아이가 꾸준함이라는 재능을 가지고 있는지에 대해 더 큰 관심을 가지고 관찰해야만 합니다. 꾸준함은 아이가 가진 다른 모든 재능들이 꽃피울 수 있는 토양 같은 것이기 때문에, 아주 어릴 적부터 이 꾸준함이 아이를 구성하는 핵심 자질이 될 수 있도록 각별히 신경을 써야 합니다.

꾸준함을 길러주는 방법

재능에 있어서 유전적인 요소들은 분명 존재합니다. 어떤 아이는 그림을 배우기도 전에 척척 그림을 그려내는가 하면 또 어떤 아이들은 수학이나 음악에서 그런 탁월함을 보여줍니다. 사람이 각각 나름의 재능을 타고난다는 가설은 어느 정도 사실이라고 생각합니다. 그리고 엄마의 역할은 아이가 지니고 있는 특별한 재능을 발견하여 개발시켜 주는 것이라고 저 역시 생각합니다. 그런데 가장 중요한 재능인 꾸준함의 경우, 유전과는 아무런 관련이 없습니다. 꾸준함은 습관의 산물입니다. 그리고 그것은 정말 좋은 소식이 아닐 수 없습니다. 적절한 훈련만 한다면, 모든 아이들이 성공의 중요한 바탕이 될 수 있는 이 꾸준함이라는 재능을 가질 수 있다는 말이기 때문입니다.

따라서 꾸준함은 아이가 엄마의 좋은 유전자를 물려받았기 때문에 가지는 것이 아닌, 엄마의 가정교육에 따라 길러지기도 하고 결핍되기도 하는 것입니다. 꾸준함을 길러주기 위해서는 우선 아이가 고독과 지루함을 견뎌낼 수 있도록 해주어야 합니다. 왜냐하면 사실 공부라는 것도, 또는 어떤 기술을 익히는 과정 모두 아이 혼자서 치러야 하는 외로운 싸움이기 때문입니다.

그래서 모든 '노력'이라는 것은 고독한 전투이며, 무수한 반복을 견뎌야만 하는 지루함과의 싸움입니다. 하지만 그렇게 고독하고 지루한 방법

외에는 아이가 자신에게 필요한 탁월함을 습득할 길은 따로 없습니다. 그저 반복을 통해, 실패에 실패를 거듭하면서 조금씩 정답에 가까워지는 것 그리고 실수에 실수를 거듭하면서 조금 더 정확한 동작에 가까워지는 것처럼 꾸준함이라는 재능은 반복의 지루함과 외로움을 이겨낸 보상으로 주어지는 정직한 선물입니다.

많은 엄마들께서도 공감을 하시겠지만, 요즘 아이들은 잠시도 지루함을 참지 못합니다. 무언가를 보고 있거나 만지고 있어야 합니다. 온전히 자기 스스로 단 1분도 존재할 수 없는 것처럼 보입니다. 그래서 언제 어디에서든 '시간을 죽일 수' 있도록 도와주는 스마트폰이 요즘 아이들의 필요에 딱 맞아떨어지는 장난감이 되어버린 것 같습니다.

이런 아이들은 생각도 오래 하지 못합니다. 그리고 생각을 깊이 하지도 못합니다. 삶을 살아가다 보면 오직 깊이 그리고 오래 생각해야만 답을 찾을 수 있는 문제들이 너무나도 많습니다. 이런 아이들은 그런 문제에 봉착하게 되면 쉽게 포기하고 무너져 버립니다. 왜냐하면 애초에 깊이 생각할 수 있는 능력도, 또 오래 생각할 수 있는 인내심도 없기 때문에 결국 그 문제는 해결할 수가 없게 되어버리는 것입니다. 그래서 특히 요즘 아이들에게는 이 '꾸준함'이라는 자질을 길러주어야만 합니다. 요즘 아이들에게 꾸준함은 유용한 도구이면서도 또 시급한 처방약이기도 합니다.

꾸준함을 길러주기 위해서는 아이에게 목표가 있어야 합니다. 장기적인 목표도 좋고 단기적인 목표도 좋습니다. 그리고 대단한 목표도 좋고 조금 쉬운 목표도 좋습니다. 다만 그 목표를 언제까지 이루겠다는 약속 기한이 있어야 합니다. 그래서 아이가 그 기한 내에 자신의 생활을 통제하며 꾸준히 노력해 그 목표를 마침내 이루어내는 경험을 해볼 수 있도록 해야 합니다.

그들에게 있어 그 경험들은 소중한 목표를 위해 마치 한 번에 한 장의 벽돌을 차곡차곡 쌓아올리듯, 조금씩 그리고 천천히 성공의 보상에 다가가는 설레는 과정입니다. 그래서 그런 아이들에게는 말하자면 노력의 고통이 기쁨이 됩니다. 그리고 얼마 후 스스로의 노력이 열매를 맺어 마침내 목표를 달성했을 때에 아이는 순전히 자신의 꾸준함과 의지로 일궈낸 순도 높은 기쁨을 맛보게 됩니다. 아이가 이런 높은 수준의 기쁨에 중독될 때, 꾸준함은 저절로 그 아이의 생활 태도가 됩니다.

따라서 엄마는 우선 아이가 바라볼 수 있는 목표를 가질 수 있고, 아이가 자신만의 목표를 세울 수 있도록 도와주는 것이 좋습니다. 그런 다음 매일매일 아이가 그 목표에서 눈을 떼지 않고, TV를 보거나 스마트폰을 가지고 노는 대신 스스로 선택한 기쁨의 고독 속으로 들어가 온전히 그날의 분량만큼 자신의 목표를 이루기 위한 노력을 투자할 수 있도록 격려하고 지원해 주어야 합니다.

그리고 마침내 아이가 목표를 달성했을 때에는 그 성과보다는 그동안의 노력을 진심으로 칭찬해주고 존경해 주어야 합니다. 이후 다시 새로운 목표를 아이와 함께 세우고, 이런 긍정적인 경험이 반복될 수 있도록 아이와 함께 노력해야 합니다. 엄마가 노력만 한다면 아이에게 이 꾸준함이라는 재능을 선물해줄 수 있습니다. 그리고 그 선물을 손에 쥔 아이는 자신의 삶에서 스스로의 힘으로 이룰 수 있는 것이 아주 많을 것입니다. 꾸준함은 아이에게 어떤 유전적인 재능이 있든 없든, 아이가 목표하는 것은 그게 무엇이든 결국 이룰 수 있도록 만들어 줄 것입니다. 아이의 손에 꾸준함이라는 재능을 쥐어 주십시오.

인격,
모든 성공의 뿌리

6

인사하는 아이

저는 그리 인격이 바른 사람이 못 됩니다만, 아마도 어렸을 때에는 그래도 인사성 하나는 좋았던 모양입니다. 당시 제가 살던 아파트는 한 동의 아파트에 두 줄씩 짝으로 올라선 집들과 그 각각의 입구에 한 분의 경비아저씨가 계셨습니다. 그런데 어느 날 장을 보고 돌아오시는 저희 어머니께 경비아저씨가 부탁을 하셨다고 합니다. 아들이 인사를 제발 그만하게 해달라고요. 이야기를 들어보니, 당시 초등학생이었던 제가 그 입구를 하루에도 수십 번은 들락거렸을 텐데, 그때마다 경비아저씨께 큰소리로 인사를 했다고 합니다. 아저씨는 지나치게 인사에 열성적인 아이가 꽤 부담스러우셨던 모양입니다. 아마도 어린 나이에 저희 어머니가 가르치셨던 인사의 중요성을 조금 맹목적으로 받아들여 발생한 에피소드였던 것 같습니다.

하지만 어른이 된 지금도 인사는 제가 사람들을 만날 때, 상대가 누구든 간에 중요한 의식입니다. 경험으로 미루어 보아 바른 태도로 인사를 한 경우, 상대방과 저 사이의 신뢰와 존중이 이미 만남 그 초반부터 자리를 잡는 것을 분명히 느낄 수 있습니다.

인사는 상대를 위해 하는 것이기도 하지만, 나 자신을 위해 하는 것이기도 합니다. 인사를 하면서 본인은 상대방에게 '나는 당신을 존중합니다'라고 말하는 것과 마찬가지이며, '그런 저 역시 존중을 부탁드립니다'라고 소리 없이 말하는 것이기도 하기 때문입니다. 그런 적은 별로 없었지만, 인사가 생략된 만남은 상상하기도 어렵습니다. 그것은 서로가 서로의 존재를 인식하지도 또 존중하지도 않은 채 시작되는 것이기에 성공적이거나 유쾌한 만남이 되기는 어려울 것입니다.

제법 장황하게 누구나 다 아는 이야기를 한 것 같습니다. 사회생활을 어느 정도 해본 어른들이라면 이미 모두 잘 알고 있는 내용이기 때문입니다. 그래서 실제로 어른들 사이에서는 인사와 관련된 문제는 그리 흔하지 않은 것 같습니다만, 요즘 아이들의 경우에는 문제가 다릅니다.

요즘 아이들은 인사를 잘하지 않습니다. 제가 사는 아파트에서도 어쩌다 아이들과 함께 엘리베이터를 타게 되는 경우를 보면 아이들이 제게 인사를 건네는 경우는 거의 없습니다. 아이들은 그냥 어색하게 늘 보아왔던 엘리베이터 실내의 구석구석을 이리저리 돌아보거나, 아니면 스마트폰을 들여다보고는 합니다.

그런 아이들의 모습을 보면서 느낀 점이 한 가지 있습니다. 아이들이 인사를 잘하지 않는 것은 아이들이 나쁘다거나 도덕적으로 문제가 있어서 그런 것이 아니라, 인사를 하는 행동이 그들에게 생소해서인 것 같다는 생각입니다.

자세히 살펴보면 물론 저도 조금 그렇지만, 아이들이 몹시 불편해하는 것을 알 수 있습니다. 아이들도 속으로는 이런 경우, 동네 이웃이나 어른을 보았을 때에는 인사를 해야 하는 것이 옳다는 것을 막연히 알고는 있지만, 그것이 습관화 되지 않아 어색하고 불편하기 때문에 차라리 그냥 그 어색함을 견디는 방법을 택하는 것이라고 생각합니다. 인사는 문화인의 가장 기본적인 매너인데, 우리가 살아가고 있는 오늘날의 문화는 그런 기본적이지만 중요한 규칙에 대한 가치교육이나 가르침을 담고 있지 않기 때문에, 아이들은 어떻게 하면 문화인이 되는지를 모르며 자라나고 있는 것이 아닌가 싶습니다.

그런데 볼 때마다 언제나 밝은 표정으로 인사를 하는 아이가 두 명 있습니다. 한 명은 초등학생 여자아이이고, 다른 한 명은 중학생처럼 보이는 남자아이입니다. 그 아이들의 얼굴을 보면 매번 느끼는 것이지만 매우 밝습니다. 자신감도 있어 보이고 당당해 보입니다. 그 아이들이 인사를 건네는 것은 일종의 자신감이고 힘입니다. 저는 그 아이들이 저 외에도 다른 어른들에게 그리고 자신이 모르는 어른들에게도 저에게 그랬던 것과 똑같이 인사를 건네는 것을 본 적이 종종 있습니다. 그럴 때마다 인사를 받는 어른들은 마치 천연기념물이라도 발견한 것처럼 얼굴에 흐뭇한 미소가 번집니다. 저 역시 그 아이들을 볼 때면 그렇게 느끼기 때문에, 그분들이 어떤 마음인지 잘 알 수 있습니다.

그 아이들이 학교에서 공부를 잘하는 아이인지 아니면 성적이 그리 좋지 않은 아이인지 잘은 모릅니다. 하지만 저는 충분히 상상할 수 있습니다. 아마도 그 아이들은 가정에서 제대로 된 높은 수준의 인성교육을 받아오고 있으며, 부모로부터 많은 사랑을 받은 아이들일 것이라는 것을 말입니다. 그리고 지금의 성적이야 어떠하든 간에, 지금 그들이 보여주고 있는 그 높은 수준의 인성은 나중에 그 아이들이 어른이 된 후 삶을 살아가는 데 큰 힘이 되어줄 것이라는 사실을 말입니다.

인사는 모든 예의범절의 기초가 되는 행위입니다. 아이는 어른에게 정중하게 인사를 건넴으로써 자신도 한 인간으로서 받아야 할 마땅한 존중을 초청하는 것입니다. 그렇게 예의 바르게 인사를 건네는 아이는 귀하게 보입니다. 그리고 요즘은 그런 아이들이 드물기 때문에 매우 특별하게 보이기도 합니다.

세나가 그런 아이의 부모는 어떤 사람일지 궁금하기도 합니다. 왜냐하면 다른 교육과는 달리 인성교육은 거의 가정에서만 배울 수 있는 것이기 때문입니다. 그렇기 때문에 모든 인성교육의 징표 가운데 인사는 그 아이가 받고 자란 가정교육의 질을 가늠할 수 있는 첫 번째이자 가장 기본적인 징표가 됩니다.

매너라는 것은 옷처럼 필요할 때 입었다가 다른 때에, 그러니까 기분이 좋지 않을 때나 내키지 않을 때에는 벗을 수 있는 그런 것이 아닙니다. 그것은 아이 자체입니다. 따라서 엄마는 아이가 언제나 당당하게 다른 사람들에게 인사를 건넬 수 있는 자신감과 습관을 가질 수 있도록 어릴 때부터 인사의 중요성을 가르쳐 주어야 합니다. 그런 노력은 아이에게 세상에서 제일 비싼 옷을 입혀주는 것보다 훨씬 더 아이가 남들에게 귀한 대접을 받을 수 있도록 해줄 것이기 때문입니다.

착한 아이에 대한 오해

세상에는 몇 가지 오래된 편견이 있습니다. 그중 하나가 바로 '착한 사람은 약하다'는 믿음입니다. 이 때문에 착한 아이는 으레 자그마한 체구에 선한 얼굴을 하고 늘 못된 아이들에게 괴롭힘을 당하는 피해자일 것이라는 인식이 있는 것 같습니다. 그것은 사실이 아닙니다. 착한 아이는 그렇지 않은 아이들보다 더 현명할 뿐 아니라 더 강한 정신을 가지고 있습니다.

도덕이란 그저 선한 마음을 먹는다고 자동적으로 할 수 있는 것이 아닙니다. 무조건 양보만 하고 용서만 하는 것이 도덕이 아닙니다. 도덕은 옳은 행동을 하는 힘입니다. 도덕적인 행동이란 오직 똑똑하고 지혜로운 사람만이 할 수 있는 매우 높은 수준의 행동입니다. 다시 말하면, 진정으로 착하게 되기 위해서는 우선 똑똑해야 하는 것입니다. 왜냐하면 무엇이 옳은 행동인지 모르고서는 옳은 행동을 할 수 없으며, 옳은 행동을 분별해내기 위해서는 자신만의 철학을 가지고 있어야 하기 때문입니다.

착한 아이들은 자신이 무슨 행동을 하는지 분명히 알고 행동하는 것이기 때문에, 자신의 입장을 표현하는 데에도 뛰어납니다. 그런 모습은 불공정한 대우를 받았을 때 그것에 대항하기 위해서 발휘되기도 하며, 학업에서도 발휘됩니다.

이것은 이미 세계의 여러 교육기관에서 다양한 방법으로 시도한 실험들에서 반복적으로 밝혀진 사실입니다. 착한 아이들, 그러니까 도덕적으로 행동하는 아이들은 더 똑똑하고, 자제력이 높고, 리더의 자질을 더 많이 가지고 있으며, 꾸준하고 강한 정신력을 가지고 있습니다.

도덕심이 강한 아이, 즉 착한 아이는 약한 아이가 아니라 실제로는 강한 아이라는 것은 EBS와 서울대가 공동으로 진행한 실험에서도 나타납니다. 2009년 7월 EBS의 다큐프라임 〈아이의 사생활〉이라는 제목으로 제작된 5부작 방송 중 2부에서 도덕성을 다루었습니다.

실험은 간단한 설문시험을 통해 도덕성 지수가 높게 나타난 아이들과 낮게 나타난 아이들을 두 그룹으로 나누어 다양한 상황 속에 노출시켜 그들의 반응과 성취도를 관찰하는 것이었습니다. 그 결과는 놀라웠습니다.

도덕심이 높은 아이들은 집중도가 더 높았고 자제력도 더 강했으며, 주어진 거의 모든 실험을 즐거운 태도로 임했습니다. 집중력, 자제력 그리고 스트레스에 대한 면역력 등 모두 학업은 물론 성공적인 삶에 매우 중요한 역할을 하는 능력들입니다.

도덕성이 높은 아이들은 인생관 역시 상대 그룹의 아이들과 달랐습니다. 설문조사에서 그들은 자신의 인생이 정말 좋다고 대답했고, 지능은 노력으로 더 좋아질 수 있다고 대답했으며, 안 좋은 일이 있어도 곧 상황은 다시 좋아질 것이라고 믿는다고 대답했습니다. 그들은 또한 매일 새로운 기회가 생길 것이라고 기대한다고 대답했고, 다른 사람들이 포기한 일이라도 자신은 해낼 수 있다고 대답했습니다. 반대로 도덕심이 낮은 아이들은 실패했을 때 극복할 수 없을 것이라고 답했습니다. 그리고 그 외 다른 항목들에서도 거의 반대의, 그러니까 부정적인 인생관이 엿보이는 대답을 했습니다.

EBS와 서울대가 공동으로 조사한 다른 조사에서 보면 낮은 도덕심은 심각한 문제의 뿌리가 되기도 한다는 사실을 알 수 있습니다. 조사에 의하면 도덕심이 낮게 조사된 학생들은 또래 관계에서 어려움을 겪는 경우가 많았고, 과잉 행동이나 공격적인 행동을 더 많이 보였습니다.

왕따 현상의 가해 학생들에게서 도덕지수가 낮게 조사되었다는 것은 그리 놀라운 일이 아닙니다. 하지만 피해 학생들 중에서 역시 도덕심이 낮게 조사된 아이들이 많이 발견되었다는 사실은 피해 학생들이 단지 너무 착해서 피해자가 된 것만은 아니라는 것을 암시합니다.

도덕심은 아이가 한 명의 인간으로 그리고 사회인으로서 내면의 중심을 잡아 올바른 처신과 행동을 할 수 있도록 도와주는 강력한 힘입니다. 그 힘이 부족하면 아이들은 공격성을 통제하지 못해 가해자가 되거나 자신을 적절히 방어할 줄 몰라 피해자가 되는 것입니다.

그래서 곽금주 서울대 심리학과 교수는 말합니다. 우리 사회에서 출세와 성공을 위해서는 도덕심은 중요하지 않으며, 때로는 그것을 지키는 것이 손해 보는 행동이라고 믿고 있지만 실상은 다르다고 말입니다. 아이의 도덕지수가 높으면 손해를 보는 것이 아니라, 그 아이의 경쟁지수가 더 높아져 결국 더 쉽게 출세하고 성공할 수 있다고 그녀는 말합니다.

착한 아이는 자신이 하는 행동의 기준을 그때그때 변하는 상황이 아닌 자신의 내면에 이미 가지고 있습니다. 또한 그들은 다른 사람에게 칭찬을 받기 위해 바른 행동을 하는 것이 아니라, 그것이 자신의 기준에 부합하는 옳은 행동이기 때문에 그렇게 하는 것입니다. 그리고 착한 아이는 나쁜 행동을 하고 싶지만 그 처벌이 두려워 참는 것이 아니라, 나쁜 행동을 하려는 바람 자체를 가지고 있지 않은 것입니다.

여기에는 커다란 어드밴티지가 있습니다. 왜냐하면 그런 아이들은 보는 사람이 아무도 없을 때에도 항상 바른 선택, 바른 행동을 할 것이기 때문입니다. 엄마가 아이의 행동을 보는 곳에서 일일이 관리할 수는 없습니다. 그것은 불가능합니다. 그렇기 때문에 아이에게 바른 인성을 길러주는 것이 아이가 엄마와 떨어져 있을 때, 학교에 있을 때, 친구들과 있을 때 또는 혼자 있을 때에도 늘 최선의 선택을 하리라는 확신을 가질 수 있는 가장 좋은 방법입니다.

공부도 중요하지만 무엇보다 아이가 바른 인성을 가진 착한 아이로 성장할 수 있도록 해주십시오. 아이가 당당하고 친절한 사람으로 자라날 수 있도록 하여 장차 타인들로부터 존경과 사랑을 받는 리더가 될 수 있도록 해주십시오. 아이가 착한 사람으로 자라나 스스로에 대해 자부심과 자신감을 가질 수 있도록 해주어 차분하고 안정적으로 자신의 삶을 항해할 수 있도록 해주십시오. 인성교육은 너무도 중요하여 학교에 맡길 수가 없는 것입니다. 그것은 오직 엄마가 직접 챙겨 아이 손에 습관이라는 형태로 쥐어주어야 하는 소중한 선물입니다.

부모에게 감사하는 아이가 행복한 이유

7

까마귀에게 부끄럽지 않은 아이

까마귀는 어미가 나이 들어 스스로 먹이를 구하지 못할 나이가 되면, 자식이 먹이를 구해다 어미를 봉양한다고 합니다. 우리의 아이들도 최소한 까마귀에게 부끄럽지 않을 효심을 가진 아이로 자라나야 합니다.

엄마는 아이에게 세상에서 가장 고마운 사람입니다. 나중에 아이가 자라 성인이 되었을 때 어떤 배우자를 만나고, 어떤 친구를 만난다 한들 그가 엄마로부터 받고 있는 그런 무조건적인 사랑을 받게 될 확률은 거의 없다고 볼 수 있습니다. 엄마라는 존재는 아이를 위해 끝없이 솟아나는 사랑의 샘입니다. 모든 인간에게 그런 샘은 엄마 단 한곳밖에 없습니다. 그런데 요즘 아이들은 엄마의 사랑에 대해 너무도 고마움을 모르며 사는 것 같습니다. 그것은 무엇보다 우선 아이에게 좋지 않습니다.

고마움을 느낀다는 것은 행복감을 느낀다는 뜻입니다. 고마움은 누군가 제공해준 행복감에 대한 반응적 감정입니다. 그렇기 때문에 고마움을 많이 느끼는 사람은 그만큼 자신의 삶에서 더 많은 행복감을 느끼고 있다는 뜻입니다.

어떤 사람들은 고마운 상황을 당연한 상황으로 여겨 자신에게 주어진 행복감을 누리지 못합니다. 요즘 아이들 중에는 그런 아이들이 많은 것 같습니다. 엄마라는 소중한 존재가 무엇을 의미하는지 아이들은 생각해 보지도 않고, 그저 당연하게 느끼며 살고 있습니다. 엄마라는 존재는 자신의 뿌리이자 고향입니다. 자신에게 제일 소중하고 고마운 사람인 엄마에게도 고마움을 느끼지 못하는 아이라면, 그 아이는 장차 세상 그 누구에게도 또는 무엇에 대해서도 진정한 고마움을 느끼지 못할 가능성이 큽니다.

삶에서 고마움을 발견하고 또 그것을 느낄 줄 아는 것도 습관입니다. 엄마라는 존재는 그런 건강한 습관을 들이는데 있어 더 없이 훌륭한 대상입니다. 작은 부분에서 아이들은 엄마에 대한 고마움을 발견하고 그 고마움을 표현하는 법을 배워야 합니다.

예를 들면 식사를 한 후 자리에서 일어나며 "잘 먹었습니다"라는 말을 할 줄 알아야 합니다. 엄마가 차려준 식사를 먹는 것이 당연한 것이 아니라, 그 식사를 먹고 고마움의 인사를 하는 것이 당연한 것이기 때문입니다. 그리고 가급적이면 자신이 먹은 그릇은 직접 싱크대로 가져가 기본적인 처리를 하는 수고를 해야 합니다. 그것이 말로만 하는 고마움의 표시가 아닌, 그 고마움이 작은 행동으로 표현되는 것이기 때문입니다. 게다가 그런 작은 행동은 엄마의 일을 크게 덜어줄 수도 있습니다.

부모에 대한 존중이 필요한 이유

엄마와 딸의 경우는 잘 모르겠습니다만, 아들의 경우 엄마에게 반말을 사용하도록 내버려 두는 것은 그리 좋지 않다고 생각합니다. 물론 아버지에게도 마찬가지입니다. 사람의 무의식은 자기가 사용하는 언어에 크게 영향을 받습니다. 반말을 사용하게 되면 우선은 친근함이라는 혜택이 있는 듯하지만, 그것보다는 아이가 정신적으로 기대고 권위를 느껴야 할 부모에 대한 존경심이 약해질 수 있습니다. 엄마는 친구 같은 존재이기는 하지만, 아이가 태어나서 관계를 맺는 첫 번째 어른입니다. 그리고 친근감이라는 것은 무조건 둘 사이의 격을 낮춘다고 높아지는 것이 아닙니다. 둘 사이의 적절한 존중이 존재할 때, 관계의 친근감은 훨씬 더 견고하고 건강한 성질의 것이 됩니다.

엄마에게 존댓말을 하는 아이라면 엄마에게 불만이 있거나 화가 날 때라도 말을 가려서 할 것입니다. 반대로 반말을 하는 사이라면 아이는 해서는 안 될 말을 하게 될 수도 있고, 가져서는 안 될 마음을 가질 수도 있으며, 그것이 부적절한 행동으로까지 이어질 수도 있습니다. 그래서 둘 모두에게 상처가 될 수도 있습니다. 반말을 한다고 엄마가 더 좋아지는 것도 아니고, 둘 사이가 더 가까워지는 것도 아닙니다. 엄마는 아이에게 친구가 되어줄 수도 있지만, 그것보다 우선은 엄마가 되어 주어야 합니다.

요즘 아이들이 가지고 있는 많은 불평 중에는 부모가 무엇을 해주지 않는다는 것들이 많습니다. 아이패드를 사주지 않는다거나, 비싼 패딩 점퍼를 사주지 않는다거나, 용돈을 많이 주지 않는다거나 하는 불평들이 많습니다.

미국의 모든 문화가 꼭 우리나라의 문화보다 더 낫다고는 할 수는 없습니다만, 최소한 아이들의 의식에 있어서는 더 선진적이라고 생각합니다. 그들은 아주 어릴 때부터 부모로부터 무엇을 그냥 공짜로 얻어내는 경우가 없습니다. 집안일을 하거나 잔디를 깎거나 일주일 동안 쓰레기를 버리는 대가로 그들이 원하는 무엇을 받습니다. 그들은 부모를 공짜 은행으로 보지 않습니다. 그렇기 때문에 스스로 돈을 벌기 위해 아르바이트도 많이 하고, 또 무엇이 정말 필요할 때에는 부모와 의논하여 돈을 빌리거나 또는 그에 합당한 대가를 지불합니다.

하지만 우리나라 아이들은 기본적으로 부모로부터 원하는 것을 받는 것을 당연하게 생각하기 때문에, 만약 원하는 것을 얻어내지 못할 경우에는 불만을 가집니다. 그리고 원하는 것을 얻어낸다 하더라도 그 고마움의 깊이는 그리 깊지 않습니다. 앞서도 말했듯이, 이런 상황은 다른 누구에게보다 아이에게 가장 해롭습니다. 고마운 상황을 당연하게 받아들이는 것은 그만큼 자신의 삶에서 행복을 빼앗기는 것이기 때문입니다.

아이가 일상의 작은 것들에 대해 고마움을 느낄 수 있도록 필요한 가정교육을 해주십시오. 무엇보다 엄마라는 존재에 대해 고마움을 느끼도록 가르쳐 주십시오. 그래서 그들이 지금 당연하다고 느끼는 수많은 혜택들이 사실은 축복이라는 사실을 깨닫고, 고마움이라는 소중한 행복을 되찾을 수 있도록 해주십시오.

그렇게 교육하는 데에는 여러 가지 방법이 있겠지만, 우선은 풍요가 아닌 결핍을 당연하게 여기도록 해야 합니다. 무엇이든 자신이 노력하여 그 대가로 얻을 수 있도록 해주어야 합니다. 어떤 영화에서도 나왔던 대사이지만, 호의가 계속되면 그것이 권리인 줄 알게 되기 때문입니다. 엄마의 친절과 사랑이 계속 호의의 영역에 남아 있을 수 있도록 해야 합니다. 그러면 아이는 평생 엄마에게, 그리고 자신의 삶에 대해 고마움이라는 소중한 행복을 누릴 수 있고, 또 그런 아이만이 이후 자신이 어른이 되었을 때에도 까마귀에게 부끄럽지 않은 효심을 가진 사람이 될 수 있습니다.

실패가 두렵지 않은 아이

8

자존감과 자존심의 차이

자존감이라는 단어는 '자아존중감'이라는 단어의 줄임말입니다. 다시 말하면, 아이가 자신 스스로를 존중하는 마음입니다. 아이에게 건강한 자존감을 길러주는 것은 너무나도 중요한 일입니다. 왜냐하면 엄마는 언젠가 아이 곁을 떠나야 하지만, 아이는 평생 자신과 함께 살아가야 하기 때문입니다. 그렇게 평생을, 그리고 매 순간 함께 해야 하는 자신을 존중할 수 없다면 아이의 삶은 결코 행복할 수 없을 것이기 때문입니다.

우선 자존감이 무엇인지에 대해 명확히 이해할 필요가 있습니다. 많은 사람들이 자존감과 자존심을 혼동합니다. 둘은 비슷해 보이지만 사실 많이 다릅니다. 이 둘의 관계를 한 그루의 나무를 예로 들어 설명해 보겠습니다. 땅 위로 보이는 나무의 기둥과 그것으로부터 화려하게 뻗어 나와 있는 수많은 가지와 잎사귀들은 자존심입니다. 남들에게 보이는 우리의 모습이죠.

땅속에는 나무의 뿌리가 있습니다. 그것은 남들에게는 보이지 않는 부분이지만, 그것이 나무의 생명이자 원천입니다. 뿌리만 살아있다면 나무의 기둥이나 가지들이 쓰러지고 떨어져 나가도 나무는 다시 살아날 수 있습니다. 하지만 뿌리가 썩거나 죽는다면, 제아무리 웅장한 몸체와 화려한 나뭇가지와 잎사귀를 가진 나무라도 죽을 수밖에 없습니다.

자존심이란 그저 외형입니다. 그것은 실제 영혼의 힘인 자존감에 비해 전혀 중요하지 않습니다. 나무의 덩치가 크고 가지가 화려할수록 비바람에 더 노출이 되는 것처럼, 너무 큰 자존심은 고통의 원인이 되기도 합니다. 커다란 자존심을 유지하는 데에는 상당한 정신적, 물질적 비용이 요구됩니다. 따라서 엄마는 아이에게 커다란 자존심이 아닌, 아이의 내면 깊숙이 단단히 뿌리내린 건강한 자존감을 길러주도록 노력해야 합니다.

자존감이 높은 아이들에게는 몇 가지 특징이 있습니다. 자존감이 높은 아이는 우선 자신을 좋아합니다. 그리고 자신을 신뢰합니다. 그래서 외로움으로 인해 고통 받지 않습니다. 삶에 대한 기준과 자기 자신에 대한 가치의 기준을 내면에 가지고 있기 때문에, 외로움을 극복하기 위해서 다른 사람들로부터 호의나 우정을 구걸하지 않습니다. 다시 말하면 자존감이 높은 아이는 고독을 두려워하지 않고 즐깁니다.

우리는 삶을 살아가는 동안 거의 내내 혼자입니다. 물론 인간은 사회라는 무리를 지어 살아가고는 있지만, 그 속에서 심지어 다른 사람과 대화를 나누고 있을 때조차 우리는 자신과 단둘이 존재합니다. 엄마들 역시 남편분들과 함께 살고는 있지만, 또 아이들과 함께 살고는 있지만, 하루 대부분의 시간은 혼자로서 지낸다는 사실에 공감하실 수 있을 겁니다. 우리는 그렇게 다른 누구보다도 자신과 보내는 시간이 많기 때문에, 그런 자신을 좋아하고 신뢰할 수 있다는 것은 행복에 커다란 영향을 미칩니다.

잘 길러진 자존감을 가졌다는 것은 훌륭한 친구를 자기 내면에 가지고 있다는 말과 같습니다. 외로움을 달랠 수 있고, 의논할 수 있고, 위로를 받을 수 있고, 동기부여를 받을 수 있고 또 함께 즐거움을 누릴 수 있는 최고의 친구를 다른 어느 곳도 아닌, 자기 내면에 가지고 있다는 것은 정말이지 삶에 있어 커다란 행운입니다. 그런 아이는 삶에서 힘든 일을 겪거나 실패를 겪어도 곧 훌훌 털고 일어납니다.

우리가 실패하는 것을 두려워하는 이유 중 하나는 바로 그 실패의 결과와 함께 혼자 내버려질 것을 걱정하기 때문입니다. 자존감이 높은 아이에게는 실패했을 때 위로해주며 다시금 또 도전할 수 있는 용기를 북돋아 줄 친구가 자신의 내면에 있기 때문에 좌절 속에 오래 머물지 않습니다. 마치 스프링이 잠시 수축했다 다시 튀어 오르듯 빨리 회복합니다.

자존감을 길러주는 방법

●●●

자존감을 기르기 위해서 우선 아이는 자기 자신에 대해 잘 알아야 합니다. 자신의 가치관이나 취향을 발견하고 개발할 수 있는 기회가 많아야 합니다. 자신을 잘 아는 만큼 자존감도 높아집니다. 그런데 여기에서 한 가지 중요한 점은 아이가 자신을 알아가는 과정에서 긍정적인 관점으로 자신을 바라보아야 한다는 점입니다. 이 세상에 완벽한 사람은 없습니다. 누구에게나 강점이 있는 만큼 약점도 있습니다.

중요한 것은 자신이 가진 강점과 약점을 어떤 태도로 바라보느냐입니다. 세상에는 많이 가졌음에도 불행하게 사는 사람이 있고, 반대로 덜 가졌음에도 더 행복하게 사는 사람이 있습니다. 그 차이는 자신이 가진 것 가운데 좋은 것에는 감사한 마음을, 그러나 자신이 가진 부족한 점에는 불만이 아닌 그것을 개선하기 노력을 하겠다는 건강한 태도에 달려 있습니다.

자존감이 낮은 사람들의 특징은 자신이 가진 아주 작은 약점, 그러니까 자신의 신체적 결함이라든지 다른 사람에게 상처받은 오래전의 기억 등에 필요 이상으로 매몰되어 결국 삶 전체를 방어적으로 본다는 점입니다.

자존감이 강한 사람은 자신의 단점을 인정하는데 소극적이지 않습니다. 당당하게 자신의 상처나 단점을 인정한 후, 거기에 매몰되지 않고 앞으로 나아갑니다. 왜냐하면 우리의 삶을 행복으로 이끄는 것은 우리의 약점이 아닌 강점들이기 때문에, 그들은 약점보다는 자신이 가진 강점에 집중하며 건설적인 태도로 삶을 대하고 또 바로 그런 과정을 통해 자존감은 더 깊고 단단해집니다.

자존감은 말하자면 자신에 대한 신뢰입니다. 모든 신뢰는 근거를 필요로 합니다. 그저 마음속으로 '난 자존감이 강한 사람이야'라고 되뇌거나, 주변 사람들이 그렇게 말해준다고 해도 그리 도움이 되지 않습니다. 성공을 하든 실패를 하든 자신의 소신을 가지고 최선을 다해 노력해 본 그 '과정'이 자존감을 길러줍니다. 만약 그 결과가 성공적이었다면 그것은 좋은 일이고, 만약 실패했다면 아이는 다음번 같은 상황에서는 더 현명하게 선택할 수 있는 무엇인가를 배웠을 것입니다. 하지만 결과는 아이가 자신의 의지대로 선택을 내리며 경험한 그 과정에 비해 덜 중요합니다.

아이는 이런 과정을 통해 자신을 신뢰할 수 있는 사람으로 여길 수 있게 됩니다. 자신의 운명을 직접 선택하고 실패에 대한 두려움 없이 함께 도전할 수 있는 그런 대상으로 여기게 됩니다. 이렇게 길러진 아이의 자존감은 장차 아이가 자신의 삶의 중요한 선택들을 두려움이나 귀찮음 따위로 인해 남에게 미루는 위험한 실수를 방지하고, 신뢰를 바탕으로 스스로 결정할 수 있는 힘을 줍니다.

이와는 반대로, 만약 아이가 실수를 하거나 잘못을 했을 경우 무조건 아이 탓을 하거나 비난을 하게 되면 아이는 주눅이 들고 자존감이 크게 손상될 수 있습니다. 그리고 이런 경험이 쌓이면 이후 아이가 살아가며 접하게 되는 모든 인간관계에도 적지 않은 부정적인 영향을 미칠 수밖에 없습니다. 성인이 되어서 낮은 자존감으로 고민하는 사람들의 경우, 어릴 적부터 부모에게 받았던 질책과 비난 또는 무심코 던졌던 말들이 그 원인인 경우가 상당히 많습니다.

아이의 자존감을 길러주기 위해 엄마가 해줄 수 있는 일은 항상 아이를 믿어주는 것입니다. 자신을 믿는 것도 일종의 습관입니다. 그런데 아직 자존감이 잘 개발되지 않은 아이들은 쉽게 자신을 믿을 수 없습니다. 잘할 수 있을 것이라는 믿음보다는 두려움이 훨씬 더 클 것입니다. 이때 엄마가 아이를 믿어주고 용기를 북돋아주는 몇 마디를 진심을 담아 해준다면, 아이는 자신을 믿는데 필요한 용기를 낼 수 있습니다. 만약 그래서 아이가 좋은 결과를 낸다면, 엄마는 물론 칭찬을 해주어야 합니다.

반대로 아이가 실패했을 때에는 그 실패가 가진 유익한 교훈으로 아이의 관점을 이동시켜 주어야 합니다. 그 실패를 비난하거나 질책하는 말이나 행동은 삼가해야 함은 말할 필요도 없습니다. 엄마는 아이에게 삶에서는 열심히 노력했음에도 성공하지 못하는 경우가 발생할 수도 있음을 설명해주고, 대신 이번 실패를 통해 무엇을 배울 수 있는지, 그래서 다음 도전 때에는 그 성공 확률을 높이기 위해서 무엇을 더 보완해야 하는지에 대해 함께 의논하는 자상함과 현명함을 보여주어야 합니다. 그런 과정을 통해 아이는 엄마의 믿음 속에서 자신을 믿을 수 있는 기회를 늘려갈 수 있으며, 천천히 자존감의 크기를 키워갈 수 있습니다.

내 아이의 기를 살리는 진짜 방법

9

겸손함, 큰 나무가 자랄 수 있는 토양

겸손함은 우리가 생각하는 것보다 훨씬 더 중요한 힘을 가지고 있습니다. 겸손함은 아이가 정신적으로 성장할 수 있는 가장 단단한 바탕을 이루어 줍니다. 겸손을 뜻하는 영어 단어 humility의 라틴어 뿌리는 Humus, 즉 '비옥한 토양'이라는 뜻입니다.

인간은 나약하고 부족한 상태로 태어납니다. 하지만 우리는 배움과 경험을 거치며 강하고 현명한 사람으로 성장할 수 있습니다. 그 성장의 시작이 바로 겸손입니다. 겸손함은 자신의 부족함을 인정하고 그 미흡함과 결함을 보완하기 위해 새로운 배움을 찾는 태도이며, 더 열심히 노력하겠다는 의지의 표현입니다. 마치 비옥한 땅처럼 그런 태도는 세상이 제공하는 좋은 성장의 씨앗들을 충분히 받아들일 수 있도록 해주어 아이가 큰사람, 그리고 행복한 사람으로 성장할 수 있는 바탕이 되어 줍니다. 겸손함은 나를 낮추는 것이 아니라 상대방을 높이는 것입니다. 그럼으로써 내가 낮아지는 것이 아니라 상대방과 내가 함께 올라가는 것입니다.

겸손함의 반대는 교만함입니다. 교만한 아이는 자신이 아주 많은 것을 알고 있다고 생각합니다. 그래서 선생님이나 부모님 또는 세상이 그에게 가르쳐 주려는 것에 대해 소극적이거나 때로는 반항적인 태도를 보입니다. 자신이 잘났고 또 자신의 판단이 옳기 때문에 다른 사람들로부터 본받거나 배울 것이 없다고 느끼기 때문입니다.

그런 아이는 그들의 바람대로 실제로 아무것도 배우지 못할 것입니다. 겸손이 씨앗을 받아들여 건강한 열매를 맺는 커다란 나무를 길러내는 비옥한 토양이라면, 반대로 교만은 그 어떤 씨앗도 뿌리를 내릴 수 없는 콘크리트 땅이라고 볼 수 있습니다. 교만함은 인간이, 특히 많은 것을 배우고 부단히 성장해야 하는 아이가 가질 수 있는 가장 해로운 인격적 결함이라고 할 수 있습니다.

교만하면 자신밖에 모르기 때문에 피할 수도 있는 실수를 저지르게 됩니다. 그것이 겸손하지 못한 사람의 일차적인 손해입니다. 게다가 교만한 아이는 언제나 다른 사람들과 자신을 비교합니다. 교만이라는 것은 일종의 우월감인데, 그것은 늘 비교할 대상을 필요로 하기 때문입니다.

교만한 아이들은 자신이 가진 것에 좀처럼 만족하지 못합니다. 그들은 단순히 가지는 것이 중요한 것이 아니라, 남보다 많이 가지는 것이 중요합니다. 그렇게 교만은 늘 경쟁적입니다. 경쟁이라는 것은 주변 사람들을 가상의 적으로 규정하고 적대감을 갖는 마음가짐입니다. 그런 마음가짐을 가진 아이는 자신보다 못 가진 아이를 상대로 천박한 우월감을 누리려 하고, 반대로 자신보다 더 우월한 상대에게는 박탈감과 비굴함을 가집니다. 어떤 경우도 아이에게 결코 좋은 경험이 아닙니다.

엄마는 아이가 겸손한 사람으로 성장할 수 있도록 가르쳐야 합니다. 겸손이라는 것은 나를 낮추는 것이 아니라 상대방을 더 배려하는 것입니다. 그래서 겸손함은 보통 자존감이 높고 여유가 있는 사람에게서 발견됩니다. 또한 겸손함은 상대방에 대해 배려하고 관심이 있기 때문에 그가 만나는 모든 사람들로부터 언제나 많은 것을 배울 수 있습니다. 이것은 대단한 이점입니다. 만나는 모든 사람을 잠재적 스승으로 대할 수 있는 아이는 교만함에 찌들어 오만하고 방자한 아이들에 비해 훨씬 더 빨리, 훨씬 더 현명하게 자라납니다.

차분한 아이가 가진 힘

겸손한 아이는 자신에 대한 자존감이 높습니다. 그는 언제나 상대방을 배려하기 때문에, 반대로 상대방으로부터 배려를 받습니다. 다시 말하면 아이가 접하는 타인들로부터 귀한 대접을 받는다는 것입니다. 그런 대접에 익숙한 아이는 스스로에 대한 자존감이 높아질 수밖에 없습니다. 어른이 옆자리에 앉아 있는데 차마 들어줄 수 없는 욕설을 섞어가며 상스러운 말을 쉬지 않고 내뱉는 아이를 보며 그를 귀한 아이라고 생각할 사람은 아무도 없습니다. 그저 무엇을 피하듯 피할 뿐이지요.

따라서 엄마들은 아이들이 거만해지거나 교만해지지 않도록 늘 조심해야 합니다. 그것은 아이 스스로가 자신의 가치를 내팽개쳐 버리는 너무도 큰 손해이기 때문입니다. 게다가 아이가 더 현명해지고 남들로부터 귀한 대접을 받는 경험을 놓치게 되고, 또 스스로 자신에 대한 높은 자존감을 누릴 수 있는 기회를 얻지 못하는 것이기 때문입니다.

한국 엄마들이 자주 말하는 '어디 가서 기죽지 마라'의 의미를 잘 생각해 보아야 합니다. 교만은 아이의 기를 살리는 것이 아니라 그 반대의 결과를 부르는 것입니다. 아이의 기를 살리고 싶으면 겸손을 가르치십시오. 그러면 자신에 대한 차분한 자부심과 자존감이 마치 커다란 바다처럼 아이의 마음속에 자리 잡을 것입니다.

프랑스 엄마들은 아이에게 '현명하라'고 가르칩니다. 미국 엄마들은 '착한 아이가 되라'고 가르칩니다. 일본 엄마들은 '남에게 피해를 주지 않는 아이가 되라'고 가르칩니다. 그러나 우리나라 엄마들은 '어디 가서 기죽지 않는 아이가 되라'고 가르칩니다. 그래서 아이의 기를 살리기 위해 남들보다 더 비싼 가방을 사주고, 더 비싼 옷을 입히고, 더 비싼 학원에 보내려고 합니다.

물론 이것은 일부 엄마들의 이야기이겠습니다만 아이의 기는 돈으로 살 수 있는 것도, 또는 밖으로 보이는 것으로 보호하거나 키울 수 있는 것도 아닙니다. 그런 힘은 아이의 내면에서 자존감의 형태로, 또 고요한 차분함의 형태로 길러지는 것입니다. 그리고 그런 힘이 겉으로 드러나는 모습이 바로 겸손함입니다.

겸손함을 배우지 못한 아이는 늘 이기려고 합니다. 그 아이가 늘 이길 수만 있다면 그것도 그리 나쁘지는 않겠습니다만, 이 세상에 그런 삶은 없습니다. 결국 아이는 이기려는 그 마음에 상처를 받는 경험을 하게 될 것이며, 더 심각한 피해는 아이가 남과의 비교에서 행복을 찾으려는 성향을 기르게 될 확률이 높다는 것입니다.

비교는 불행을 부릅니다. 아이는 남이 아닌, 어제의 나와 비교하고 경쟁하는 사람이 되어야 합니다. 그래야 불필요한 스트레스를 받지 않으면서 빠르게 성장할 수 있습니다. 겸손한 아이는 높이가 없는 담과 같습니다. 아무하고도 비교하거나 경쟁하지 않기 때문에 이기지도 않지만 지지도 않습니다. 그저 어제의 자신보다 더 나아지고 성장하기 위해 소리 없이 노력할 뿐입니다.

아이가 겸손한 사람으로 자라날 수 있도록 해주십시오. 그래서 언제나 차분함을 가지고 늘 배우려는 태도로 세상을 대할 수 있도록 해주십시오. 그리고 남들에게 잘난 척하고 항상 이기려는 불필요하고 고통스런 욕망으로부터 아이가 자유로울 수 있도록 해주십시오.

2
부

행복한 아이에겐 특별한 엄마가 있다

행복은
위에서 아래로 흐른다

1

아이의 삶은 엄마의 삶보다 중요하지 않다

아이의 삶도 중요하지만 그것이 엄마의 삶보다 중요하지는 않습니다. 엄마가 힘들수록, 더 많이 희생할수록 아이의 삶이 더 행복할 것이라는 생각은 정말이지 크게 잘못된 믿음입니다. 엄마가 행복할수록 아이의 삶도 행복해집니다. 인간은 자신에게 없는 것을 남에게 줄 수는 없기 때문입니다. 사랑, 행복, 친절함, 세상을 보는 여유롭고 따뜻한 시선, 고상한 취향 등 모두, 먼저 엄마가 가지고 자신의 삶에서 누리고 있어야만 그것이 아이에게 전달될 수 있습니다.

세상을 미워하는 불행한 부모에게서 따뜻한 가슴을 지닌 행복한 아이가 나올 확률이 전혀 없는 것은 아니지만, 사실 그것은 매우 어려운 일입니다. 아이의 몸이 엄마에게서 나왔듯 아이의 정신 역시 가장 먼저 엄마의 영향을 받기 때문입니다. 그래서 아이와 엄마 모두의 행복을 위해서는 우선 엄마가 행복해야 합니다. 그렇기 때문에 엄마는 마치 자신이 아이를 위해 늘 모든 것을 세심하게 살피고 정성을 다하듯, 자신의 삶과 즐거움도 그렇게 정성을 다해 보살펴주어야 합니다.

아이가 세상에 태어나 제일 처음 보는 것은 바로 엄마의 얼굴입니다. 자신이 태어난 그 우주의 모습이 바로 엄마의 얼굴이죠. 그 이후로도 아이는 줄곧 엄마의 모습을 지켜봅니다. 말하자면 엄마는 아이에게 삶의 첫 번째 롤모델인 셈입니다.

아이가 엄마의 입만 보고 자란다고 생각해서는 안 됩니다. 아이들은 언제나 의식적으로 그리고 무의식적으로 엄마를 관찰하고 자신의 눈에 비친 엄마의 모습에 스스로를 동화시킵니다. 아이의 눈에 비친 엄마의 모습이란, 말하자면 세상의 프롤로그 같은 것이죠. 행복한 엄마를 보고 자란 아이는 세상이 우호적이고 행복한 곳이라는 기대감을 안고 자랄 것입니다. 반대로 늘 고통에 힘겨워하며 우울한 엄마의 모습을 보고 자란 아이는 세상이란 고통스럽고 우울한 곳이라는 믿음을 키워가게 될 것입니다. 엄마는 아이에게 최초의 사람이자 최초의 세계입니다. 따라서 엄마는 자신이 아이에게 어떤 세계를 보여주고 있는지를 늘 생각해봐야 합니다.

지금 이 글을 읽고 계시는 독자분의 나이가 어떻게 되는지 저는 모릅니다. 아마 엄마이기 때문에 서른 살 전후에서 쉰 살 정도 사이의 여성분이 아닐까 상상을 해봅니다. 저도 그 나이대 안에 속해 있습니다. 사회에서는 우리를 여러 가지 이름으로 부릅니다. 어른, 성인, 아저씨, 아줌마, 누구누구 엄마, 누구누구 아빠, 사장님, 부장님 등.

아마 여러분도 동의하시겠지만, 이 나이 들어버린 몸뚱이 속에 존재하는 우리의 영혼은 사실 우리가 어릴 적에나 지금이나 별로 큰 차이가 없이 그대로입니다. 그저 언젠가부터 사람들이 우리로 하여금 어른처럼 말하고 행동하기를 기대하기 때문에 표정이나 몸짓 그리고 말과 행동 따위를 소위 '나이에 어울리게' 잘 연기하고 있을 뿐입니다. 우리는 모두 여전히 그리고 죽을 때까지 어릴 적의 그 소년, 소녀들 그대로입니다. 왜냐하면 몸은 늙어도 영혼은 절대로 늙는 법이 없으니까요.

니체의 당부

니체의 글은 미치광이가 쓴 것이 맞습니다. 그는 실제로, 그러니까 비유적이 아닌 의학적으로 미친 사람이었기 때문입니다. 그러나 그는 미치광이인 동시에 천재 철학자였습니다. 그래서 그의 철학에서 표면을 어지럽히는 광기를 조금만 걷어내면 소중한 보석들이 드러납니다. 특히 그의 철학은 삶의 길에서 방향을 잃은 이들에게 자신의 삶에서 무엇이 진정 중요하고 어디로 가야 할지를 가르쳐주는 등대의 역할이 되어주기도 합니다. 니체 철학에서 엄마에게 중요한 주제는 '그가 신을 죽인 이유, 아모르파티, 영원회귀, 그리고 초인'입니다.

니체가 신을 죽였다는 표현은 철학에서 아주 유명한 표현입니다. 실제로 니체는 자신의 글에서 여러 번 신을 죽였기 때문입니다. 그가 신을 죽인 이유는 약간의 변호가 필요합니다. 우선 그는 그 누구보다도 그리스도를 사랑했습니다. 그가 죽이고 싶어했던 대상은 바로 맹목적 신앙이었습니다.

니체는 아주 어릴 적부터 목사가 되기 위해 훈련받던 사람이었습니다. 그의 아버지도 목사였습니다. 그러나 그 공부의 과정에서 그는 사람들이 더 이상 스스로 진실을 알려고 노력하지 않는다는 점을 발견했습니다. 그저 책과 매체와 목사들이 들려주는 이야기들을 아무 여과 없이 받아들이며, 스스로 진실을 알고자 노력하는 대신 자발적으로 그 지식과 사상의 노예가 되어 생활한다고 개탄했습니다. 그는 신도들에게 '부자가 천국에 들어가는 것은 낙타가 바늘 귀를 통과하는 것만큼이나 힘들다'라고 가르치는 일부 목사들이 어째서 그들 스스로는 매일같이 더 큰 낙타가 되려고 하는지에 대해 질문하지 않는 신도들의 모습을 보고 절망했습니다. 그래서 그는 신을 죽이고 가짜 지식과 잘못된 믿음들의 안개를 걷어내어 다시 우리 스스로가 자신의 자주적 위치를 되찾을 수 있도록 해야 한다고 외쳤습니다. 이것은 비단 신앙에만 해당되는 것이 아닌, 우리에게 주입된 모든 믿음들에 해당되는 비판입니다.

마치 미치광이가 내뱉는 듯한 수많은 독설을 남겼지만, 그는 누구보다도 삶을, 인간을 그리고 운명을 사랑했던 철학자였습니다. 그의 대표작 〈차라투스트라는 이렇게 말했다〉에 등장하는 니체의 초인, 즉 위버멘쉬라고 불리는 존재는 니체가 우리들에게 삶을 어떻게 살아야 하는가를 가르치고 있는 상징적 표현입니다.

그는 인간이 동물과 신 사이의 심연 위에 놓여진 하나의 밧줄이라고 표현했습니다. 모든 인간은 동물에서 시작해서 초인, 즉 신을 향해 나아가는 과정 위에 놓여있습니다. 그는 우리 모두가 자신의 초인이 되기 위해 노력해야 한다고 독려했습니다. 무엇보다 자신을 옭아 매고 있는 모든 환경적 관습적 그리고 물리적 제약을 극복하고 이미 자신 안에 내재되어 있는 초인의 가능성이 최대한 꽃을 피울 수 있도록 해야 한다고 말합니다. 완벽한 인간이 아닌, 최고 버전의 자신이 되고자 노력해야 한다고 말했습니다. 그런 변화는 오직 자신의 운명을 사랑하는 것으로부터 시작한다고 가르치며, 그것을 운명애, 즉 아모르파티amor fati라고 불렀습니다.

그는 만약 인생이 단 한번으로 끝나는 것이라면, 우리의 삶도 또 그 삶을 행복하게 만들려는 노력도 무의미하다고 여겼습니다. 그래서 '영원회귀'라는 철학을 발명해냈습니다. 밀란 쿤데라의 대표작 〈참을 수 없는 존재의 가벼움〉의 첫 문장을 장식하는 니체의 이 근사한 철학은 인간이 하는 모든 행동과 선택은 영원히 반복된다는 믿음입니다.

그렇기 때문에 우리가 지금 하는 하나의 작은 노력, 하나의 작은 극복,

그리고 하나의 작은 성취는 일시성 속으로 사라져버리는 무의미한 것이 아닌, 영원이라는 무대 위에서 계속 반복되는 위대한 중요성을 가지는 것이 된다고 말했습니다.

삶은 말 그대로 우리가 태어나서 죽을 때까지 이어지는 여행입니다. 나이가 들었다고 삶이 덜 가치 있는 것도 아니며, 젊은 때보다 더 큰 행복이 기다리고 있지 않다고 말할 수도 없는 것입니다.

니체의 철학은 말합니다. 자신의 운명을 사랑하라. 끝까지 사랑하라. 아직 얼마나 많은 것들이 가능한가? 자신을 위한 노력으로 현재의 한계적인 믿음과 생각들을, 그리고 모든 제약들을 극복하여 도달할 수 있는 자신의 최고 버전이 되어 최고의 행복을 누리라고 말입니다.

헤르만 헤세가 〈데미안〉에서 말했듯, 하나의 새로운 세계가 탄생하기 위해서는 우리 모두 먼저 자신을 둘러싸고 있는 알을 깨고 나와야 합니다. 엄마들에게 그 알은 자신이 이제 어른이라는 것, 주부라는 것, 엄마라는 것, 그래서 인생의 제일 좋은 시기는 지났다는 것, 그래서 자신의 행복보다는 아이의 행복에만 집중하며 살겠다는 생각입니다.

엄마의 삶은 여전히 진행 중입니다. 지금 이 순간을 기점으로 그 이전이 더 좋았을지 그 이후가 더 좋을지는 아무도 알 수 없습니다. 그건 오직 엄마가 자신의 운명에 대해 아모르파티를 가지고 앞으로 어떤 선택을 하느냐에 달렸습니다.

엄마의 행복은 의무

사람이 어른이 되면서 종종 빠지게 되는 함정 가운데 하나는, 바로 자신을 부르는 어떤 호칭에 따라 처신하다 보니 본래 자신의 꿈과 즐거움은 잃어버린 채 연기에 너무 집착하게 되는 것이 아닐까 싶습니다. 그러니까 말이죠, 엄마가 소녀이고 여학생이었을 때에는 미래에 대해 많은 꿈을 품고 있었겠지만, 어느 날 사랑하는 남자를 만나 결혼을 하여 아내가 된 후 그리고 다시 아이가 태어나며 엄마가 된 후에는, 마치 어느 회사의 김 부장 또는 박 과장처럼 나는 사라지고 엄마라는 직업만 남아 있게 된 것이 아닌가 싶습니다.

엄마의 삶은 여전히 진행 중입니다. 엄마의 꿈, 엄마의 즐거움, 엄마의 행복은 여전히 무엇보다 중요합니다. 아이는 물론 중요합니다. 하지만 아이가 엄마보다 중요할 수는 없습니다. 이 사실을 인정하는 것이 엄마에게는 물론 아이에게도 좋습니다.

누구인지는 기억이 나지 않지만 언젠가 한 철학자가 이야기했던 문구가 기억이 납니다.

'인간이 자신의 쾌락을 잊게 되는 순간 그는 이미 죽은 것이다.'

삶에서 즐거움을 잃어버렸다면 그 생존이 무슨 의미를 가질 수 있을까요. 소녀 때에는 세상의 이런저런 것들에 대해 온통 호기심을 가지고 자신의 즐거움의 지도를 만들어가던 많은 엄마들이 언젠가부터 가정 살림하는

'주부'와 아이 교육을 맡은 '학부모'라는 2가지 직업에만 종속되어 아주 좁은 삶을 살게 되는 것 같습니다.

요즘은 의학기술이 좋아져서 우리가 백세까지도 산다고 하더군요. 축구로 표현하자면 엄마의 삶은 이제 전반전도 아직 안 끝난 상태인데, 벌써 자신에 대해서는 거의 잊다시피 하고 모든 것을 아이의 미래와 대학에만 매달려 있는 듯합니다.

많은 엄마들이 빠르면 아이가 대학에 입학할 즈음에, 늦어도 아이가 졸업한 후 몇 년을 전후하여 심각한 상실감을 경험합니다. 그것은 아이가 독립하여 집을 떠나게 된 데서 오는 상실감이라기보다는 여행의 목적을 잃어버린 상태로 길 한 가운데 서 있게 된 혼란스러움과 허무함에 가깝습니다. 그때쯤 갱년기를 겪게 되는 엄마들이 많은 것도 우연은 아닐 것입니다. 아이의 입시는 분명 엄마에게도 또 아이에게도 매우 중요한 일입니다. 하지만 그것이 엄마 삶의 전부가 되어서는 안 됩니다. 그렇다면 엄마의 삶은 아이가 스무 살이 될 즈음 끝나버린다는 뜻이 되니까요.

저는 아직 세상이 엄마에게 보여줄 수 있는 것이 너무도 많다고 생각합니다. 아직 세상에는 놀랄 것들, 감동할 것들, 그런 것이 가능했는지도 몰랐을 대단한 즐거움들 그리고 배울 것들이 정말 많이 있다고 생각합니다. 엄마는 자신의 삶에서 그런 경험을 새롭게 발견하고 누리려는 노력을 게을리 해서는 안 됩니다. 앞서도 이야기했지만 엄마가 그렇게 삶에 대해 두근거리는 기대감과 즐거움을 가지고 있는 행복한 사람이어야만 엄마의 아이 역시 그런 행복한 사람으로 자라날 수 있기 때문입니다.

자신을 되찾아야 합니다. 그녀는 분명 자신이 좋아하는 음악이 있을 것이고, 주말이면 찾아가 먹고 싶은 어느 레스토랑의 음식도 있을 것입니다. 그것이 그림이든 테니스든 늘 배우고 싶었던 취미가 있을 것이고, 만나고 싶은 사람들도 있을 것입니다. 가보고 싶은 미술관이 있을 것이고, 한 2주쯤 시간이 주어진다면 세상을 모두 잊고 다녀오고 싶은 휴향지가 있을 것입니다. 엄마는 아이에게 늘 말하지 않습니까.

"너의 즐거움을 따라가라."

"네가 좋아하는 것을 즐기며 살아라."

엄마도 여전히 엄마의 딸입니다. 그리고 아마 엄마의 엄마도 같은 취지의 말씀을 하셨을 겁니다. 아이의 양육을 소홀히 하라는 말이 아닙니다. 그저 자신의 행복을 소홀히 하지 말라는 것입니다. 자신을 행복하게 하는데 죄책감을 느끼는 것은 어리석은 행동입니다. 아이를 위해서도 그리고 가정을 위해서도 자신을 행복하게 하는 것은 오히려 의무에 가깝기 때문입니다.

그래도
내 아이가 고마운 이유

2

결코 당연하지 않은 당연함

어쩌면 자신의 아이에게 이런저런 불만이 있는 엄마들이 계실 것입니다. 사실 거의 모두가 그렇겠지요. 옆집 아이는 전교에서 몇 등을 한다고도 하고, 윗층 아이는 영어를 곧잘 하던데 우리 아이는 남들만큼 못해주는 것 같아 속이 상할 수도 있습니다. 그 외에도 요즘은 아이들끼리 비교를 할 수 있는 것들이 매우 많기 때문에 조금만 방심한다면 엄마가 아이에게 불만을 가질 수 있는 기회는 정말이지 너무도 많습니다.

우리 인간들이 가진 가장 큰 불행 중 하나가 자신에게 주어진 것은 당연하게 여기는 반면, 자신에게 없는 것만을 바라보며 부러움과 질투심을 가지는 성향이 아닐까 싶습니다. 지금 이 글을 읽고 계신 독자 분은 글을 읽을 줄 알 만큼 지적이고 또 그 글을 볼 수 있을 정도로 건강한 눈을 가지고 있습니다. 만약 제가 그런 지적 수준과 시력을 감사하게 생각하십시오, 라고 말한다면 아마 저를 비웃으실 지도 모르시겠습니다. 당연한 것을 감사하게 생각하라니 말입니다.

혹시 말이 통하지 않는 외국으로 여행을 가보신 적이 있나요? 몇 년 전 프랑스 남부로 여행을 간 적이 있습니다. 그곳에는 영어를 할 줄 아는 사람이 별로 없었으며, 간판이며 식당 메뉴며 그리고 길거리의 표지판까지도 모두 제게는 그림이었습니다. 답답했습니다.

그런데 세상에는 모국에서도 평생을 그렇게 답답하게 사는 사람들이 아주 많습니다. 우리나라가 조금 특별한 것입니다. 문맹률이 거의 1%도 안 되니까요. 우리가 최고의 선진국이라고 부르는 프랑스에서도 10명 가운데 한 명이 글을 모릅니다. 다시 말하면 간단한 문장도 쓸 수 없고, 서류를 이해할 수 없으며, 무엇보다 책을 읽는 혜택을 누릴 수 없는 사람이 그렇게 많다는 것입니다. 아프리카나 중동 그리고 동남아시아로 가면 그런 사람들의 비율은 훨씬 더 높아집니다. 글을 읽을 수 있다는 것, 자신이 살고 있는 세상의 언어를 쓰고 읽을 수 있다는 것은 대단한 특혜입니다.

지금 전국의 병원에는 다양한 병으로 치료를 받기 위해 입원해 있는 사람들이 많습니다. 어쩌면 여러분도 치료를 받기 위해 병원에 들러 본 적이 있을 것입니다. 병원은 언제나 환자들로 붐빕니다. 그중에는 심각한 병, 그러니까 의사로부터 앞으로 앞을 보지 못하게 될 것이라는 이야기, 팔이나 다리를 사용할 수 없을 것이라는 이야기 또는 삶이 불과 3개월밖에 남지 않았다는 이야기를 듣기 위해 방문한 사람도 있습니다.

저는 꾀병이 심한 편이라 별것 아닌 증상 때문에 한밤중에 온 집안 식구들을 깨워 응급실로 찾아간 적이 몇 번 있습니다. 그때 수많은 교통사고 환자들을 보았습니다. 의학적인 지식이 없는 제가 보아도 의사와 간호사들이 서두르는 그 긴박함을 보며, 어쩌면 그 환자가 다시는 걸을 수 없을지도, 또 깨어날 수 없을지도 모른다는 느낌을 받을 수 있었습니다. 통계적으로 장애는 후천적 원인이 거의 90%에 가깝다고 합니다. 다시 말하면 우리의 삶은 언제든지 무슨 일이든 일어날 수 있는 아주 위태로운 여행인 것입니다.

오늘도 무사히 보냈다는 고마움

제가 멀쩡한 몸과 정신으로 이런 글을 쓸 수 있다는 것 여러분 역시 건강한 몸과 지성을 빌어 제가 쓴 글을 읽고 누릴 수 있다는 것 그리고 여러분의 아이가 오늘도 아무 일 없이 무사히 하루를 보냈다는 것 그것은 결코 당연하게 여길 일이 아닙니다.

인간의 착각과는 다르게, 삶에서 우리가 통제할 수 있는 부분은 그리 많지 않습니다. 우리가 통제할 수 없는 수많은 우연들이 고맙게도 우리를 다치지 않도록 비껴갔기 때문에, 저도 또 여러분의 아이들도 오늘 하루를 무사히 보낼 수 있었던 것입니다. 감사할 것을 두고도 감사할 줄 모르는 것은 불행입니다.

우리 삶에서 불행한 사고가 발생할 때면 우선순위는 순식간에 바뀌어 버립니다. 그때야 비로소 마음의 안개가 걷히며 무엇이 진짜로 소중한 것이었는지, 무엇이 감사의 대상이었는지를 알게 됩니다.

엄마의 우선순위는 아이의 성적이나 영어실력 또는 아이가 어느 대학에 들어갔는지가 아닙니다. 자신이 아낌없는 사랑을 쏟아부을 수 있는 그 아이가 오늘도 무사히 건강하게 내 곁에 있다는 것이 최고의 우선순위이자 너무도 감사해야 할 기적입니다.

아이가 시험을 조금 못 봤더라도, 학교에서 말썽을 부렸더라도, 또 엄마 말을 듣지 않고 떼를 써서 골치를 썩였더라도 너무 화내지 마십시오. 그저 오늘도 아이가 무사히 내 곁에 있어준 것만 하더라도 이미 하루치 축복은 다 받은 것이라고 생각하십시오. 나머지는 덤입니다.

그리고 마찬가지로, 여러분 역시 무사히 하루를 보내고 오늘처럼 내일도 아이 곁에 있어줄 수 있다는 사실에 고마움을 느낄 수 있기를 바랍니다. 엄마와 아이가 함께 보내는 하루하루는 사실, 우리는 도저히 알 수 없는 엄청나게 많은 우연들이 만들어 낸 조용한 기적들입니다. 그 기적에 감사할 줄 알게 되면 엄마는 새로운 관점으로 세상을, 그리고 아이를 바라볼 수 있게 될 것입니다. 불현듯 감사해야 할 많은 것들이 보이기 시작할 것이며 그 때문에 지금 그대로의 삶을 조금은 더 행복하게 느낄 수 있을 것입니다.

완벽한 엄마에 대한 환상

3

아이는 엄마의 계획대로 크지 않는다

엄마는 완벽함에 대한 부담을 덜어내야 합니다. 아이는 절대로 엄마의 계획대로 크지 않습니다. 하지만 엄마는 아이들이 무엇이든 될 수 있는 가능성을 가지고 있는데, 혹여 엄마의 현명함이나 노력 또는 재력이 부족해서 아이가 자신이 될 수 있는 최고의 삶을 누리지 못할까봐 부단히 걱정합니다. 이 세상에 완벽한 엄마는 없습니다. 아무리 노력해도 분명히 부족한 짐과 아쉬운 점이 있을 수밖에 없습니다. 그리고 엄마의 노력만으로 아이의 인생이 완성될 수도 없습니다.

운동선수가 올림픽 같은 큰 대회에 출전할 때 코치들은 늘 가르칩니다.

결과에 대한 부담을 떨치라고요. 결과에 대한 부담은 심리적 압박만을 가져올 뿐 실제로는 선수들의 경기력 향상에 그리 도움이 되지 못합니다. 우리는 가끔 결승전 마지막 홀에서 불과 30cm짜리 퍼트를 두고도 그 부담감을 이기지 못해 아쉽게 퍼트를 놓치는, 그래서 트로피를 놓치는 골프 선수들을 종종 봅니다.

엄마의 경우 이것보다 더 힘들 것입니다. 왜냐하면 운동선수들은 최소한 몇 년 이상 시합을 준비해 온 베테랑들이지만, 엄마는 특별한 경우가 아니라면 아이를 기르는 경험이 이번이 처음이기 때문입니다. 아이가 둘째이거나 셋째일 경우에는 사정이 조금 나을 것입니다.

엄마는 아주 오래전 사는 법을 모른 채 세상에 태어나 지금까지 살아왔던 것처럼, 엄마가 되는 법을 모른 채 이제 한 명의 아이를 책임 지고 길러야 합니다. 게다가 결과에 대한 부담감까지 있습니다. 그 둘은 좋지 않은 조합입니다. 전자야 어쩔 수 없다지만, 후자는 욕심 또는 무지에 의한 것입니다. 아이도 자기만의 인생을 가진 사람으로 자기만의 고난과 도전 그리고 십자가가 있습니다. 그 모든 것을 엄마가 다 관리할 수 있다는 생각은 지나친 욕심입니다.

싯다르타 이야기

헤르만 헤세의 소설《싯다르타》의 마지막 부분에 보면, 싯다르타가 한때 사랑을 나누었던 기녀 카밀라와의 사이에서 낳은 아들을 만나는 장면이 나옵니다. 그는 이미 세속의 모든 것을 버리고 강에서 여행객을 위해 노를 젓는 뱃사공으로 평화로운 삶을 살아가고 있었습니다. 한때 커다란 부자가 되어 세속의 모든 쾌락과 타락에도 빠져보았다가 스스로 그 모든 것을 버리고 강으로 와 뱃사공이 된 그는 자신의 삶에 매우 만족하고 있었습니다.

하지만 어느 날 카밀라는 아들을 데리고 나타난 후, 그곳에서 독사에게 물려 죽고 맙니다. 그리고 아들은 싯다르타와 남게 됩니다. 마치 부처의 삶과도 같이 평화로운 나날을 보내고 있던 싯다르타의 삶은 아들의 등장으로 고통의 소용돌이 속으로 빨려 들어가게 됩니다. 부잣집에서 자라 아들은 버릇이 없었으며, 가난한 자신의 아버지를 업신여기고 경멸했습니다. 싯다르타는 그런 아들의 행동을 불평하지 않고 아들에게 그가 줄 수 있는 최고의 사랑과 인내를 보여주었습니다.

하지만 어느 날 아침 아들은 도망을 가버립니다. 그때부터 싯다르타는 견딜 수 없는 고통에 빠지게 되었습니다. 바로 아들에 대한 걱정 때문입니다. 그는 마치 미친 사람처럼 아이를 찾아 숲속을 헤매고 다닙니다. 아들은 아직 어리고 세상도 모르는 데다 부잣집에서 응석받이로 자라나 성질까지 고약해서 험한 일을 당할 것이 분명해 보였기 때문입니다. 싯다르타는 아들

생각에 잠을 이룰 수 없을 정도로 슬프고 괴로웠습니다.

그때 그와 함께 뱃사공 일을 하고 있던 늙은 현자 바주데바가 그에게 말을 겁니다.

"도대체 당신이 무슨 능력으로 아들을 세상의 소용돌이로부터 보호해 줄 수 있습니까? 부잣집 아들이었던 싯다르타 당신도 오래전 아버지와 어머니의 가슴에 대못을 박고 수행자가 되겠다고 집을 뛰쳐나오지 않았습니까? 당신 부모 역시 아들이 집을 뛰쳐나와 그동안 온갖 고생을 하는 것을 막지 못하지 않았습니까?"

바주대바는 이어서 말합니다.

"모름지기 모든 인간의 삶에는 그 각각의 고통과 좌절 그리고 방황이 있는 것인데 정말로 그런 것이 오직 당신의 아들에게만 면제될 수 있다고 믿고 있습니까? 설령 당신이 아들을 위해 열 번을 대신 죽어준다고 하더라도 그것으로 그 아이의 운명은 눈곱만큼도 덜어줄 수는 없을 것입니다."

엄마도 생각해보면 알 것입니다. 자신의 현재 삶이 엄마들의 부모님이 꿈꾸고 계획했던 것이나 본인 자신이 꿈꾸고 계획했던 것과도 일치하지 않는다는 것을 말입니다. 아마 어떤 부분에서는 조금 더 잘되었고 또 어떤 부분에선 덜 그럴 것입니다. 그 모든 결과가 엄마의 부모님의 잘잘못 또는 본인의 잘잘못 때문만은 아닐 것입니다. 그것은 삶이라는 묘한 퍼즐이 가진 수많은 요소들이 작용한, 우리로서는 그 모든 것을 완전히 이해하거나 통제할 수 없는 어떤 운명에 의한 결과라고 봐야 합니다.

엄마가 아무리 잘해도 아이의 결과는 장담할 수 없습니다. 반대로 엄마가 조금 부족하더라도 아이가 잘될 수 있습니다. 엄마는 그저, '진인사대천명'이라는 오래된 지혜의 말처럼, 엄마가 할 수 있는 최선을 다하고 그 결과는 하늘에 맡길 뿐입니다. 그러니 머릿속에 아이에 대해 너무 완벽한 그림을 가지고 있지 마십시오. 행복에 대한 가장 오래된 비결 가운데 하나는 통제할 수 없는 것에 대해 마음을 비우는 것입니다.

완벽보다 최선이 중요한 이유

삶에는 분명 계획과 관리가 필요합니다. 하지만 우리가 삶에서 계획하고 관리할 수 있는 부분들은 우연이라는 변덕이 차지하고 있는 그 나머지 부분들에 비하면 극히 미미할 뿐입니다. 그래서 우리는 최선을 다하면서도 늘 기도하는 마음으로 살아가야 하는 것입니다. 게다가 우리 인간들은 부족한 상태로 태어나 최선의 경우 그나마 조금 덜 부족한 상태로 삶을 떠날 뿐입니다. 아이도 마찬가지고 엄마도 마찬가지고 또 저도 마찬가지입니다. 이렇게 부족한 사람들이 어울려 사는 세상, 거기에다 우연의 변수까지 더해진 삶에서 어떤 완벽함을 기대하는 것은 무리입니다.

이 세상에 완벽한 엄마는 존재하지도 않고 존재할 수도 없습니다. 그저 덜 실수하도록 조심하고 늘 행운이 함께 따라주기를 기도할 뿐입니다. 스스로 완벽한 엄마가 되지 못할지도 모른다는 걱정은 어리석은 것입니다. 그것은 불가능한 기준에 자신을 매어놓고 불필요하게 자신을 고통스럽게 만드는 것이기 때문입니다.

그보다는 하루가 다르게 변하는 아이들에게 온전한 관심을 가지고, 그 변화에 맞추어 그때그때마다 자신이 할 수 있는 최선을 다하고자 다짐하고 실천하는 것이 최선이자 현명한 엄마의 태도입니다. 그런 태도로 늘 자신이 할 수 있는 최선을 다한다면 바로 그것이 결코 완벽할 수 없는 엄마가 기대할 수 있는 최선의 완벽함입니다.

그리고 혹시 그런 마음을 가지고 있는 분이 계시는 줄은 모르겠습니다만, 다른 엄마들에 비해 자신은 별로 줄 것이 없는 엄마라고 걱정하는 분이 있다면, 절대로 그런 생각은 하지 않으시길 바랍니다. 자신이 줄 것이 별로 없어도 괜찮습니다. 엄마가 아이에게 줄 수 있는 최고의 것은 세상 모든 엄마들이 이미 가지고 있습니다. 그것은 '사랑이고 관심이고 시간'입니다. 따라서 그저 자신이 가진 최고의 것을 주겠다는 마음만 간직하고 노력할 수 있다면 그것으로 이미 충분한 것입니다.

아이가 태어날 때 엄마도 태어난다

4

배움이 엄마를 자라게 한다

삶에 대해 전해져오는 오래된 진실 하나를 알려드리겠습니다. 그것은 바로 '만족스러운 삶을 얻기란 결코 쉽지 않다'입니다. 그것은 엄마에게나 아이에게나 마찬가지입니다. 많은 사람들이 생각하듯 명문 대학에 입학한다고 해서 그때부터 엄마와 아이의 삶이 행복해질 것이라는 생각은 정말이지 순신한 생각입니다. 그것은 아마도 사람들이 행복에 대한 명확한 의미도 또 그것을 얻을 수 있는 방법도 모르기 때문에, 일단 확실해 보이는 '대학'이라는 목표에 매달리다 보니 생겨난 잘못된 믿음인 것 같습니다. 그건 마치 우리가 돈에 집착하는 이유와도 비슷합니다. 많은 사람들이 믿는다고 해서 꼭 그것이 진실인 것은 아닙니다.

과거에 그리고 현재 행복한 삶을 누리는 그 소수의 사람들은 어느 날 우연히 그들에게 떨어진 행운 때문에, 또는 부모로부터 물려받은 재산이나 그 무엇 때문에 아무 노력도 없이 행복한 삶을 누리게 된 것이 아닙니다. 우리가 몰라서 그렇지 그들의 행복 뒤에는 수많은 경험과 깨달음, 그리고 공부와 자기 계발을 위한 노력이 있었을 것입니다. 호수 위를 여유롭게 거니는 백조의 다리가 물속에서 부단히 움직이듯, 또한 나라의 평화가 지옥 같은 전쟁을 통해 얻어지는 것이듯 편안한 삶도 보이지 않는 치열함의 결과로 얻어지는 것이기 때문입니다.

저는 이 글을 읽고 있는 엄마들이 행복하길 바랍니다. 그래서 이런 글을 쓰고 있는 것이고요. 그런데 전 엄마들이 행복할 수 있는 쉬운 방법을 알려드릴 수가 없습니다. 그런 것을 찾아보려고 나름 다방면으로 알아보았지만 찾을 수가 없었습니다. 아마도 그런 것은 세상에 없을지도 모르겠습니다. 그래서 그저 고리타분한 옛날 방식밖에 알려드릴 수가 없을 것 같습니다.

그것은 바로 '배움'입니다. 배우지 않고 사람은 성장할 수 없습니다. 그저 자신이 살던 그 좁은 테두리 안에서만 빙빙 돌며 같은 선택을 하게 될 뿐입니다. 아마도 이미 알고 계신 이야기였을 것 같네요.

하지만 그럼에도 불구하고 많은 엄마들이 새로운 것이나 이미 알고 있는 것에 대해 더 자세히 배우려 하지 않습니다. 그 이유 중에 하나는 자신이 이미 학교를 졸업했기 때문에, 그리고 이제는 나이를 먹었기 때문에 무엇을 배운다는 것이 어색하고 불가능하다고 생각해서인 것 같습니다.

그것은 착각입니다. 사람의 뇌세포는 죽을 때까지 새로 생성되고 활동합니다. 그리고 나이가 있는 사람들은 어린 학생들에 비해 경험이 많기 때문에 이해력이 높아 더 빨리 배울 수 있습니다. 3부 교육 부분에서 자세히 다루겠지만, 진짜 공부는 학교를 졸업한 후부터 시작되는 것입니다. 삶에 있어서는 엄마도 여전히 학생입니다.

엄마들은 늘 아이의 가능성에 대해서 이야기합니다. 하지만 그것만큼이나 중요한 것은 엄마 본인이 여전히 가지고 있는 가능성입니다. 아이가 태어날 때 엄마도 태어났습니다. 사실상 그 둘의 나이는 같습니다. 엄마는 지금도 성장하고 있습니다. 엄마는 작년의 당신, 지난달의 당신도 아니고 지난주의 당신도 아닙니다. 엄마는 지금 이 글을 읽고 있는 동안에도 계속 성장하고 있고, 그 성장은 본인이 죽을 때 비로소 끝이 납니다.

엄마는 평생 새로운 것을 경험할 수 있고 또 배울 수 있습니다. 본인이 원하기만 한다면 말이죠. 그래서 더 현명해지고 고상해지고 아름다워지고, 더 행복해질 수 있습니다. 지금 나이가 어떠하고 또 상황이 어떠하든, 자신 안에는 개발되지 않은 가능성과 발견되기를 기다리는 새로운 재능과 아름다움들이 있습니다. 어쩌면 그동안 잊고 지냈을지도 모르지만 본인이 정말로 바라는 것이 있을 것입니다. 그것을 새로운 목표로 정하십시오. 그렇게 삶은 다시 새롭게 시작되고 엄마는 다시 젊어지는 것입니다.

어쩌면 터키의 시인 나짐 히크메트의 시 한 편이 엄마의 마음속에 작은 스파크를 일으켜, 엄마가 다시 자신의 여행을 시작하게 하는데 도움이 되어줄지도 모르겠습니다. 참고로 나짐 히크메트는 감옥에 23년간이나 투옥된 적이 있을 정도로 자신의 인생이 끝이라고 생각될 만한 시련도 겪었고 그래서 한때는 자살을 기도하기도 했지만, 예순의 나이에 그의 삶에서 가장 아름다운 사랑에 빠졌던 로맨티스트였습니다. 인생 마지막에 쓴 그의 어느 시 마지막 이런 부분에는 이런 글귀가 있습니다.

"누가 알겠는가 내가 얼마나 더 살 수 있고, 또 무엇을 경험할지."

〈진정한 여행〉

가장 위대한 시는 아직 쓰여지지 않았으며
가장 아름다운 노래는 아직 불려지지 않았다.
가장 영광스러운 날들은 아직 오지 않았다.
가장 넓은 바다는 아직 항해되지 않았으며
가장 먼 여행은 아직 시작되지 않았다.

불멸의 춤은 아직 추어지지 않았으며
가장 빛나는 별 또한 아직 발견되지 않았다.

무엇을 해야 할지 더 이상 알 수 없을 때

그때가 마침내 진실로 무엇인가를 할 수 있을 때이다.

어떤 길로 가야 할지 더 이상 알 수 없을 때

그때가 비로소 진정한 여행의 시작이다.

정말로 다시 젊어지기 위해서는 엄마는 강한 사람이 되어야 합니다. 그런데 강한 사람이란 어떤 사람일까요? 바로 자기를 극복하는 사람입니다. 지금 자신이 생각하고 있는 자신의 한계와 무력감을 극복하고, 자신과 아이의 삶을 위해 더 현명하고 건강하고 강한 사람으로 거듭나는 것입니다. 강하다는 건 섹시하다는 뜻이기도 합니다. 그건 일종의 정신의 섹시함 같은 것이죠.

오직 강한 사람만이 목표를 가질 수 있습니다. 여기서 꿈 대신 목표라고 한 것은 제가 꿈이라는 표현을 별로 좋아하지 않아서입니다. 왠지 '어차피 도달할 수 없는'이라는 뜻을 담고 있어 미리부터 변명을 준비하고 있는 것처럼 여겨져서 말입니다. 목표는 노력과 시간이 있으면 충분히 도달할 수 있는 대상을 뜻합니다. 약한 사람들은 목표 대신 꿈을 좋아합니다. 바라기만 할 뿐 아무 노력도 하지 않기 때문에, 나중에 가서는 '어차피 꿈'이었다고 편리하게 변명할 수도 있으니까요.

목표를 가진 사람은 아무에게도 보이지 않는 곳, 무대 뒤에서 소리 없이 자신만의 싸움을 치르고 있는 사람입니다. 그러니까 더 좋은 부모가 되기 위해 시간을 쪼개어 책을 찾아 읽는다든지, 새로운 요리를 배운다든지, 아니면 체력을 기르고 몸매를 가꾸기 위해 매일 산책을 하거나 체육관에서 운동을 하는 것처럼, 말하자면 인내를 가지고 꾸준히 자신의 삶에서 긍정적인 변화를 조용히 만들어가는 사람, 그런 사람이야말로 정말 강하고 지혜로운 사람이라고 할 수 있습니다.

그래서 그 결과 아이에게 더 현명한 조언을 할 수 있는 엄마, 더 맛있는 요리를 만들어 주는 엄마, 나이에 비해 또는 친구들의 엄마들에 비해 더 건강하고 젊어 보이는 엄마, 그리고 언제나 자신을 발전시키기 위해 열심히 노력하는 엄마를 보는 아이들은 아마도 학교에서나 세상에서 제일 유명한 철학자가 쓴 책에서도 발견할 수 없는 정말 근사한 롤모델을 발견하게 되지 않을까요?

엄마는 아이 인생의 첫 번째 롤모델

엄마는 아이들의 첫 번째 롤모델입니다. 아이들은 무의식적으로 자신이 지켜본 엄마의 모습을 자신에게 투영시킵니다. 만약 엄마가 그렇게 열심히 노력하며 자신을 더 현명하고 건강하게 가꾸어 가는 훌륭한 모습을 보여준다면, 제대로 된 아이들이라면 누가 시키지 않아도 저절로 열심히 공부를 하려고 할 것이며, 자신을 발전시킬 방법을 스스로 찾아보려고 할 것입니다. 이 세상에서 모범처럼 확실한 효력을 발휘하는 교육방법은 없기 때문입니다.

새로운 것을 배우는 것은 그게 무엇이든 자신에게 도움이 됩니다. 몇 가지만 나열해보자면 요리, 독서, 요가와 명상, 음악, 산책, 등산, 테니스, 수영, 자원봉사, 글쓰기, 블로그 하기, 인문학, 미술관 다니기, 여행, 공예, 컴퓨터 등 그 리스트는 한 페이지를 채워도 부족할 것입니다.

우리는 우리가 무엇을 모르는지 모릅니다. 다시 말하면 무언가 새로운 것을 배우는 것이 얼마나 재미있을지, 또 그것이 본인과 아이의 삶에 앞으로 얼마나 큰 도움이 될지 감히 미루어 짐작할 수 없습니다. 무엇이든 좋습니다. 중요한 것은 그게 무엇이든 새로운 것을 배우기 시작하는 것입니다. 그러면 곧 알게 될 것입니다. 자신에게도 여전히 엄청난 즐거움과 행복의 가능성이 남아 있다는 것을 말입니다.

노력하는 것을 두려워하지 마십시오. 대부분 사람들이 노력을 두려워하는 것은 그 최종 결과를 마음에 담아두고 있기 때문입니다. 엄마는 누구와도 경쟁하지 않아도 됩니다. 그저 어제의 내가 그 유일한 경쟁자일 뿐입니다. 드라마틱한 변화는 없습니다. 매일 엄마는 어제보다 조금 나아지거나 나빠질 뿐입니다. 알아볼 수 없을 정도로 아주 조금씩 말입니다.

그러다 어느 날 자신을 보면 모든 게 달라져 있을 것입니다. 어느 쪽으로든 말입니다. 왜냐하면 운동과 마찬가지로 노력이나 나태의 힘은 누적이 되기 때문입니다. 아무리 천천히 나아가도 절대로 걱정하지 마십시오. 자신의 노력이 아무리 더디더라도, 적어도 매일 TV 앞에서 감자자루처럼 누워 있는 다른 사람들보다는 훨씬 빠르게 앞서 나가고 있으니까요. 그리고 그 더딘 진전에 시간의 힘이 곱해지면 머지않아 모두가 알아볼 수 있는 커다란 차이가 보이기 시작할 것입니다.

지금 본인의 상황이 어떠하든, 엄마로서 그동안의 성과가 어떠했는지는 그리 중요하지 않습니다. 지금부터 어디로, 또 어떤 태도로 자신의 삶을 이끌어 가느냐가 중요합니다. 과거에 연연하지 마십시오. 오직 멍청이만이 자기 뒤에 있는 돌멩이에 걸려 넘어지는 법입니다.

삶에서는 한 가지가 좋아지면 마치 엉켜있던 실타래가 풀리듯 다른 모든 것들이 뒤따라 좋아지는 경우가 많습니다. 삶에서 그런 긍정적인 변화를 일으킬 수 있는 기회를 발견해 보십시오. 그러면 어느새 본인의 삶도 가정도 그리고 아이의 삶까지도 놀라울 정도로 좋아진 것을 발견하게 되는 날이 올지도 모릅니다.

이 장을 시작하며 제가 소개했던 말, 즉 '만족스러운 삶은 결코 쉽게 얻어지지 않는다'는 그 말을 반대로 생각해보면, 건강한 목표를 가지고 꾸준히 노력하는 사람은 만족스런 삶을 얻게 될 것이라는 뜻이 내포되어 있습니다. 왜냐하면 자신의 한계를 극복하고 건강한 목표를 설정하고 꾸준히 노력한다는 것은 결코 쉽지 않은 일이니까요. 그리고 무엇보다, 그렇게 자신의 행복을 위해 열심히 노력하는 그런 드물고 소중한 모습을 아이에게 보여줄 수 있는 엄마가 된다는 것은 아이를 위한 가장 소중한 선물이 될 것입니다.

대치동의 추억

5

학원가의 습격

초등학교 때 저희 가족이 살게 될 아파트가 완성되면서 대치동으로 이사를 왔습니다. 그때는 주변에 논이나 밭도 많이 보였고 대형 상가도 많지 않았으며 무엇보다 지금처럼 학원이 많지 않았습니다. 아니, 거의 없었다고 하는 것이 더 정확한 표현일 것 같네요.

중학교 때 유학을 떠난 지 10여 년 정도 지난 후였던 건 같습니다. 방학을 맞아 오랜만에 한국에 돌아오면서 2가지에 크게 놀랐습니다. 먼저 공항에서 집으로 차를 타고 돌아오는 길에 전에는 보지 못했던 엄청난 높이의 건물들이 옆 동네 도곡동에 들어서고 있었습니다. 프루덴셜 타워나 핸콕

빌딩 등 몇 건물을 제외하고는 다운타운에서조차 고층 건물을 찾아보기 어렵던 보스턴의 풍경에 어느새 익숙해져 있던 저는 처음 보는 타워펠리스 건물을 보고는 많이 놀랐습니다. 그리고 집에 짐을 풀어놓고 동네를 둘러보며 동네 주변에 눈에 띄게 늘어난 학원 간판을 보고는 다시 한 번 놀랐습니다.

미국에서는 대학생들이 용돈벌이로 하는 과외는 있었어도 학원이라는 것은 본 적이 없었기 때문에, 눈에 보이는 모든 상가 건물들의 외벽을 장식하고 있던 수많은 학원 간판의 모습은 어딘지 이상할 정도로 부자연스럽게 느껴졌습니다. 거리와 도로 위에서도 전에는 보지 못했던 풍경이 벌어지고 있었습니다. 학교가 끝난 지 한참 지난 시간, 마치 학교를 가듯 가방을 메고 어디론가 가고 있는 학생들이 드물지 않게 보였고, 도로 위에는 그들을 태우고 바쁘게 움직이는 학원 차량들이 상당히 많이 보였습니다.

그때의 대치동 풍경은 제게 매우 낯선 것이었고, 충격까지는 아니었지만 동네의 모습이 어떤 방향을 향해 빠르게 변해가고 있다는 점은 분명히 알 수 있었습니다. 방학을 마치고 전 다시 미국으로 돌아갔고 이후 다시 찾은 대치동은 전에 느꼈던 그 방향으로 훨씬 더 빠르게 변해 있었습니다.

눈에 보이는 모든 건물의 외벽에는 오직 학원 간판밖에 보이지 않는 것 같았습니다. 그리고 거리에서 학원 차량을 보는 것은 그리 새로울 것도 없었지만, 초등학교 시절 수학여행을 떠날 때 타고 갔던 것과 같은 대형 버스들이, 그것도 같은 학원 로고로 도색을 한 여러 대가 학원 차량으로 사용되고 있는 것은 분명 새로운 풍경이었습니다. 학교를 이미 마쳤을 저녁 시간이 되었음에도 가방을 메고 어디론가 분주하게 걸어가는 학생들의 수는 더 많아졌고, 그 모습도 어딘가 주변의 학원 간판들과 어울리며 이제는 꽤 자연스러워 보였습니다.

늦은 밤이 되자 학원들이 입주해 있던 건물과 상가 그리고 그 앞에서는 낮과는 또 다른 진풍경이 벌어지고 있었습니다. 건물들의 창문들 대부분은 불이 환하게 켜져 있었고, 그 안에서는 진지하게 수업이 진행되고 있는 것이 보였습니다. 건물 앞에는 지금 막 수업을 마치고 거리로 쏟아져 나오는 학생들과 이제 막 도착해서 건물 안으로 들어가는 아이들, 그리고 학원 버스에 탑승하기 위해 삼삼오오 모여 기다리고 있는 아이들, 또 어디 혼자 여행이라도 떠나는 듯 캐리어 같은 것을 손으로 끌며 집으로 걸어가는 아이들까지, 마치 새벽의 동대문 시장 일대나 뉴욕의 타임스퀘어를 보는 듯 대치동은 전혀 잠들 기색이 없어 보였습니다.

당시 건물들 앞의 도로는 매우 혼잡해 보였는데, 그것은 아이들을 집으로 데려다주기 위해 오가는 학원 버스 외에도 아이를 태우기 위해 건물 앞 도로에 정차를 한 채 기다리고 있던 엄마들의 자동차가 무척 많았기 때문입니다. 이처럼 늦은 시간까지 학원에서 수업을 받아야 하는 아이들이 참 힘들겠구나 하는 생각이 들었지만, 그것은 그들의 엄마들도 마찬가지일 것이라는 생각이 들었습니다.

엄마는 아이들의 매니저

유학을 떠난 후 몇 년에 한 번씩 한국에 들어올 때마다 보았던 대치동의 풍경에서 느낄 수 있었던 한 가지가 바로 아이들이 아주 어릴 때부터 학원을 다니기 시작한다는 점이었습니다. 그리고 학원의 학습 강도와 학생들 서로 간의 경쟁이 엄청나게 치열하다는 것 역시 알게 되었습니다. 그리고 잠깐이지만 대치동 학원에서 일도 해보았기 때문에 아이들의 상황도, 그리고 엄마들의 입장도 구체적으로 이해할 수 있게 되었습니다.

요즘 아이들이 힘들 것이라는 사실은 누구나 어렵지 않게 알 수 있을 것입니다. 우리 대부분의 어른들은 그렇게 밤늦게까지 학원을 오가며 공부해 본 기억이 없을 것입니다. 그것도 입시가 아닌 초등학교나 중학교의 기억을 떠올려 본다면 사실 전무할 것입니다.

오전 일찍부터 시작되어 오후까지 이어지는 학교 공부는 기본이고, 아이들은 잠시 휴식을 취한 후 곧바로 학원 수업을 시작해야 합니다. 일반적으로 학원에서 가르치는 공부는 선행학습인 경우가 많기 때문에 학교 공부보다 더 어렵습니다. 대부분의 직장인들이 퇴근은 물론 술자리까지 끝냈을 무렵인 늦은 밤까지, 여러 학원들을 이동하며 그 딱딱한 의자에 앉아 대낮처럼 밝은 형광등 밑에서 어려운 공부를 해야 한다는 것은 사실 끔찍한 경험입니다.

저를 포함해서 우리 어른들 대부분은 결코 그런 생활을 견디지 못할 것입니다. 학원 수업은 물론, 요즘 아이들이 견디고 있는 학교 생활조차 견디기 어려울 것입니다. 그런데 많은 아이들은 처음 학교를 다니면서부터 이런 생활을 시작했기 때문에 본인들이 힘든지도 모른 상태로 그런 생활을 이어가고 있습니다. 고통이 없는 것이 아니라 고통을 이해하지도, 또 그래서 느끼지 못하는 것뿐입니다.

아이들은 자신이 지금 얼마나 힘든 생활을 견디고 있는지 모르지만 엄마들은 압니다. 왜냐하면 엄마도 한때 아이였고 학생이었는데, 그들이 어렸을 때에는 이런 생활을 상상도 할 수 없었기 때문입니다. 그런데도 엄마는 아이를 그 고통에서 면제시켜줄 수 없습니다. 그랬다가는 아이가 경쟁에서 뒤쳐질 것이기 때문이며 그 결과는 두고두고 아이와 엄마에게 짐이 될 것이기 때문입니다.

그래서 저는 사실 아이들보다도 엄마들의 고통이 더 우려가 됩니다. 조금 이상한 예를 들어 미안합니다만, 어떤 영화를 보면 모진 고문에도 절대로 자백하지 않는 주인공이 나옵니다. 그때 고문하던 이들이 어디에서 데려왔는지 그의 자식을 앞에 세워 놓고 협박하기 시작합니다. 그러면 그때까지 잘 버텨왔던 주인공은 너무도 쉽게 무너져 버립니다. 부모에게 있어 자신이 고통을 감당하는 것보다 자기 아이의 고통을 목격해야 하는 것이 백배는 더 큰 고동이기 때분입니다. 그렇기 때문에 자신의 아이가 겪는 그 모든 고통을 바로 옆에서 지켜보아야 하는 엄마들은 육체적으로 경제적으로 그리고 심리적으로도 상당히 지쳐있을 것이라고 생각합니다.

물론 엄마들도 지금 그들이 동참하고 있는 현실이 어딘가 분명 잘못되어 있다는 것, 우리 아이들의 소중한 어린 시절을 추억과 놀이 그리고 긴 낮잠 대신 지겨운 공부와 스트레스로 채워주고 있으며, 이것은 미래에 아무리 커다란 보상이 기다리고 있다 한들 이해 받기 어려운 선택이라는 사실을 잘 알고 있습니다.

그럼에도 불구하고 세상의 북소리에 발을 맞춰 함께 따라갈 수밖에 없습니다. 그래서 엄마들의 가슴에는 굳은살이 박힙니다. 많이 느끼면 그만큼 약해질 것이고 또 아플 것이기에, 차라리 아이가 힘든 만큼 자신도 더 힘들게 고생하려고 합니다. 그래야만 그 미안한 마음이 조금 덜할 수 있을 것 같고, 그렇게 바쁘게 움직여야 불필요한 생각에 고통 받지 않을 것 같기 때문입니다.

그래서 엄마들은 정보를 구하기 위해 이런저런 오프라인 모임이나 온라인 커뮤니티로 동분서주하고, 밤늦게까지 아이를 위해 마치 연예인의 매니저가 그렇게 하듯 때로는 차 안에서 쪽잠을 자기도 하면서 모든 스케줄을 함께하고, 그 고통을 자신도 함께 나누려고 합니다.

어떤 엄마들은 빠듯한 가정 형편 때문에 혹시 아이가 필요한 공부를 하지 못할까봐 하루 종일 서서 일해야 하는 대형마트의 캐셔로 일하며, 아이를 위해 유명한 선생님이 계시다는 비싼 학원에 보내기도 합니다. 어디에선가 들은 이야기이지만, 대형마트의 캐셔 직원 가운데 많은 분들이 생활비가 아닌 아이의 학원비 때문에 나와서 일하는 것이라는 이야기를 들었던 것 같습니다.

하지만 이 이야기에도 구원은 있습니다. 분명 오늘날의 교육 환경이 가까운 시일 내에 바뀌는 일은 없을 것입니다. 아마도 아이가 학교를 모두 졸업 한 이후에까지 조금도 바뀌지 않을 수도 있습니다. 어쩌면 더 치열해지고 고통스러워질 것이라는 예측이 더 합리적인 전망인지도 모르겠습니다. 그렇기 때문에 우리나라의 교육 환경에 대해 불평을 하는 것은 아무런 도움이 되지 않습니다.

대신 엄마들 자신이 조금 더 현명해지고, 조금 더 나은 방법을 발견하기 위해 노력해서 삶과 양육 그리고 교육이라는 과제에 대해 다른 관점으로 접근해 보려는 노력을 할 수 있다면, 엄마와 아이의 삶에서 고통을 줄이고 더 나은 결과를 기대할 수 있습니다.

높은 산을 오르고 있는 사람을 가장 힘들게 하는 것은 그 산의 높이가 아니라 때로는 그의 신발 속으로 들어간 작은 돌멩이인 경우도 있습니다. 마찬가지로 작은 관점의 변화는 때로는 우리의 세계관 전체를 다시 새로운 눈으로 볼 수 있도록 해줍니다.

엄마의 사랑 사용법

6

사랑은 온전한 관심이다

우리는 '사랑'에 대해 늘 이야기합니다. 어쩌면 사랑만큼 흔하고 또 성급하게 사용되는 단어도 없을 듯합니다. 그런데 사랑이 정확히 무엇인지에 대해서는 의견이 분분합니다. 사랑은 감정이라고 하는 사람도 있고 또 사랑은 관심이라고, 또는 행동이라고 하는 사람도 있습니다.

에리히 프롬 같은 철학자는 사랑을 '기술'이라고 표현하였습니다. 그 모든 의견들은 각각 조금씩 나름의 진실을 담고 있습니다. 엄마는 우선 사랑이 무엇인지에 대해 명확히 알아야 합니다. 왜냐하면 그것이 엄마가 아이에게 줄 수 있는 전부이자 가장 소중한 것이기 때문이며, 우선 그게 무엇인지 알아야 줄 수 있기 때문입니다.

사랑은 감정과 별개의 것입니다. 왜냐하면 사랑은 변하지 않기 때문입니다. 감정은 수시로 변합니다. 우리는 인기 스타를 좋아하기는 하지만 그들을 사랑하지는 않습니다. 왜냐하면 언제든지 그들에 대한 우리의 호감은 사라질 수 있고, 다른 스타들로 대체될 수도 있기 때문입니다.

많은 젊은이들이 영원한 사랑을 맹세하며 그들의 연애를 시작하지만, 그 관계가 그들의 맹세처럼 오래 이어지는 경우는 많지 않습니다. 왜냐하면 그들은 서로를 좋아하는 감정을, 그러니까 우리가 인기 스타를 좋아하는 그런 감정과 비슷한 느낌을 사랑으로 착각하고 있기 때문입니다.

그리고 그들이 착각하고 있는 것이 또 하나 있습니다. 바로 사랑을 받는 것으로 생각하는 것입니다. 무엇인가 상대방으로부터 받거나 누리는 것으로 믿는 것입니다. 사랑은 주는 것입니다. 아무것도 바라지 않고 오직 주기만 하는 것이 사랑이 가진 가장 확실한 특징입니다.

사랑은 어떤 계기나 행운에 의해 획득되는 것이 아니라 언제나 현재진행형입니다. 그것은 아리스토텔레스가 말한 저 유명한 '탁월함의 특성'과 같습니다. 그는 탁월함, 즉 '용기'로 예를 들자면, 용기란 가지는 것이 아니라 반복적으로 용기 있는 행동을 함으로써 그 행위 속에 존재하는 것이라고 하였습니다.

다시 말하면 누군가 꽃을 사랑한다고 말한다면, 우리는 매일매일 꽃의 상태에 관심을 가지며 잊지 않고 물을 주는 그의 행동에서 사랑이 존재함을 발견할 수 있는 것입니다. 따라서 사랑이란 '일종의 지속적인 관심이자 활동이며 그 대상을 향한 변함없는 태도'입니다.

그리고 사랑에 대한 한 가지 매우 중요한 진실은 그것이 그냥 자연적으로 습득되는 것이 아니라는 것입니다. 엄마가 아이에게 가지는 그 애틋한 마음은 사랑이라기보다는 본능입니다. 하지만 아이를 위해 필요한 행동을 하지 않는다면 그것은 본능은 있되 진정한 사랑은 없음을 의미합니다. 그러니까 사랑은 배워서 익혀야 하는 기술에 가깝습니다.

예를 들면 집에 강아지가 새로 들어왔다고 가정을 해봅니다. 모두가 강아지를 예뻐합니다. 하지만 언젠가부터 강아지가 골칫거리가 되기 시작합니다. 신발을 물어뜯고 아무데나 변을 보고 밤에 시끄럽게 짖기까지 합니다. 사랑이 아닌 그저 본능적인 가벼운 호감이나 호기심만을 가지고 있는 사람은 그 강아지와 함께 행복하게 살 수 없습니다. 최악의 경우에는 얼마 전까지 자신이 그 강아지를 좋아했던 사실도 잊고 그냥 방치해버리거나 때로는 학대자가 될 수도 있습니다.

하지만 강아지에 대해 진심 어린 사랑을 가지고 있는 사람은 배울 것입니다. 그 강아지의 필요를 이해하고 그것을 잘 채워줄 수 있는 기술들을 익힐 것입니다. 신발 대신 물건을 가져다주어 간지러운 그 이를 달래줄 것이고, 간단한 훈련을 통해 한곳에서 변을 볼 수 있도록 가르쳐 줄 것입니다. 그리고 몸은 조금 피곤하더라도 강아지를 위해서 퇴근 후나 주말에 산책을 시켜 줄 것입니다. 그런 관심, 그런 태도, 그런 일련의 노력들이 바로 사랑입니다.

사랑하면 알게 된다

사실은 아주 오래전부터 아테네의 델포이 신탁에 쓰여 있던 격언이지만, 철학의 뿌리라고도 할 수 있는 소크라테스의 저 유명한 문구 '그노시세아우톤', 즉 '너 자신을 알라'는 다른 말로 하면 '자신에 대한 관심과 사랑을 깊이 하여, 결국 자신에 대해 그리고 나아가서는 세상에 대해 깨우쳐라'는 말이기도 합니다. 왜냐하면 사랑하면 알게 되기 때문입니다. 조금 더 설명을 해보자면, 철학을 지칭하는 영어 단어는 philosophy입니다. 이것은 사랑이라는 뜻을 가진 그리스어 philos와 지혜라는 뜻을 가진 그리스어 sophia가 합해져 만들어진 단어입니다. 그래서 일반적으로는 '지혜에 대한 사랑'으로 해석을 하지만, '사랑하면 알게 된다'로 해석하기도 합니다.

실제로 그렇지 않나요? 어떤 여자를 사랑하게 된 남자의 모든 관심은 마치 그녀의 삶과 그녀의 표정, 그녀의 동작 하나하나에 마치 현미경을 갖다 댄 듯 그의 모든 관심은 그녀에게 집중됩니다. 그녀를 이해하고 그녀가 원하는 것을 제공하여 사랑을 얻어내기 위해서 말입니다. 물론 그런 노력이 그녀가 자신의 것이 된 후에는 빠르게 시들해진다는 것이 문제이긴 하지만, 아무튼 바로 그 욕망의 정점에 있을 당시 남자의 태도가 바로 사랑하는 사람이 보여줄 수 있는 관심의 정도입니다.

진정한 사랑은 바로 그런 관심의 진정성을 변함없이 유지하는 것입니다. 그 대상을 기쁘고 행복하게 해주기 위한 지식과 기술을 배우고 완성하려는 노력을 결코 멈추지 않는 태도입니다.

끝으로 사랑이란 내 것을 주는 단순한 희생이 아닌 나에게 넘치는 무언가를 주는 행위입니다. 스스로 사랑으로 넘쳐나는 사람이 아니면 타인에게 사랑을 줄 수 없습니다. 다시 말하면 외로운 사람은 온전한 사랑을 할 수 없습니다. 그 또는 그녀는 먼저 자신을 사랑하는 법을 배워야만 하는 것입니다.

그렇지 않으면 자신이 사랑하게 되는 모든 대상을 향해 사랑이 아닌 집착을 가지게 될 것입니다. 집착은 사랑과 비슷한 형태를 가진, 감정이 부패하게 되면 나타나는 모습입니다. 사랑은 주는 것이며 그것이 엄마의 역할입니다. 그러기 위해서는 우선 엄마가 자신에 대한, 그리고 삶에 대한 사랑으로 가득해야 하는 것입니다.

엄마의 사랑에 대하여

누구도 부정하지 않겠지만 아이에 대한 엄마의 사랑은 전설적입니다. 죽음마저도 만약 그것을 대신할 수 있다면 엄마는 아이를 위해 기꺼이 수백 번도 더 자신의 삶을 희생할 것입니다. 그것은 자연 상태의 생명이 보여줄 수 있는 가장 강력하고 위대한 힘입니다. 분명 엄마는 아이를 위해 말 그대로 모든 것을 주고 싶어 합니다. 오직 단 한 가지만을 빼놓고 말입니다. 그것은 바로 '아이가 아이 자신이 되는 것'입니다. 종종 엄마들은 아이가 본인 자신이 아닌 엄마의 아이로 영원히 남길 바랍니다.

이런 엄마의 마음은 충분히 이해할 수 있습니다. 엄마에게 아이는 문자 그대로 자신의 일부이기 때문입니다. 왜냐하면 세상의 모든 사랑은 두 사람이 모든 물리적, 정신적 차이를 극복하고 하나가 되려는 노력인데, 엄마와 아이의 관계는 반대로 하나가 둘로 분리된 관계이기 때문입니다. 둘은 애초에 한 사람이었고, 아이는 한때 엄마의 일부였습니다. 그만큼 엄마가 아이를 사랑하는 마음은 쉽고 자연스럽게 일어나며, 또 그만큼 그런 아이가 자신을 떠나 독립된 사람이 되는 것을 허용하기 어려운 것입니다.

엄마는 아이가 갓난아기일 때부터 젖과 관심 그리고 사랑 등 자신이 줄 수 있는 모든 것을 아낌없이 제공하며 아이를 기릅니다. 하지만 아이가 나이를 먹으며 점점 자신만의 관념과 세계를 갖게 되며 아이는 엄마로부터 분리되어 갑니다. 둘의 생각은 종종 충돌하기도 하고, 엄마는 그런 아이에게 실망과 배신감을 느끼기도 합니다.

그때 엄마는 선택에 기로에 서게 됩니다. 엄마는 언젠가 아이를 놓아주어 아이가 온전한 독립된 한 명의 인간으로서 존재할 수 있도록 해주어야 하지만, 그것은 마치 자신의 일부를 잘라내어야 하는 것처럼 미련이 남고 또 고통스럽습니다. 그 순간 엄마는 자신의 사랑이 진짜 사랑인지 아니면 집착인지 비로소 알 수 있습니다.

개구리가 되지 못한 커다란 올챙이들

엄마가 아이를 위해 존재하는 이유는 단 한 가지입니다. 언젠가 아이 스스로가 독립하여 혼자 살아갈 수 있는 인간이 될 수 있도록 준비시켜주기 위함이 바로 그것입니다. 그리고 때가 되면 아이를 보내주어야 합니다. 결혼을 이야기하는 것이 아닙니다. 정신적인 독립을 말하는 것입니다.

'엄마 없이도 혼자 충분히 행복하게 살아갈 수 있는 아이로 자라는 것'이 엄마의 최종 목표가 되어야 하는 것입니다. '엄마 없이도 충분히 행복하게'라는 부분은 생각만 해도 슬픔이 몰려오며 눈물이 날 것 같고, 또 어떻게 생각하면 조금 억울하고 화가 날 것 같기도 하는 그런 복잡한 감정이 들게 할 것입니다.

하지만 아이를 영원히 품고 살려는 마음, 설령 그것이 아이 옆에서 그림자처럼 존재하며 그저 아이가 필요할 때마다 도움을 주려는 마음이라고 할지라도, 그런 마음은 자칫 아이에게 엄마라는 목발을 짚지 않고서는 홀로 설 수 없는 장애를 안겨줄 수 있습니다.

우리가 보통 '마마보이'라고 부르는 아이들이 바로 그런 장애를 안고 있는 아이들입니다. 이런 아이들은 스스로 판단하지 못합니다. 에리히 프롬의 표현을 빌려보자면, 그들은 여전히 '젖에 매달려 있는 사람들'입니다. 또는 개구리가 되지 못한 아주 커다란 올챙이들입니다.

남자의 경우를 예로 들자면, 그들은 소년에서 남자가 되었음에도 여전히 어린아이와 같은 감정을 가지고 있는 사람들입니다. 그만큼 약합니다. 그들은 언제나 자신의 삶에 조금만 바람이 세게 불어도 엄마의 보호와 배려 그리고 따뜻함을 찾으며 불안한 눈빛으로 주변을 두리번거립니다. 그들에게는 엄마의 무조건적인 사랑만이 세상의 법칙이기 때문에, 그리고 오직 그런 사랑에만 익숙해져 있기 때문에 그보다 가혹한 상황은 그들에게 고통으로 다가옵니다. 다시 말하면, 그들에게는 세상이 온통 고통인 것입니다.

이들은 독립심이라는 반드시 필요한 도구를 가지지 못한 채 가혹한 세상에 던져진 사람들입니다. 말할 필요도 없이, 마마보이의 삶은 결코 만족스럽거나 평탄할 수 없습니다. 그들이 결혼을 하더라도 엄마처럼 무조건적인 사랑을 줄 수 있는 아내는 없습니다. 그것은 오직 엄마에게서만 받을 수 있는 특권이기 때문입니다. 엄마의 사랑 안에 있을 때, 그들은 그 무한한 사랑을 받을 수 있는 권리를 위해 엄마의 아들로 존재하는 것 외에는 아무것도 할 필요가 없었습니다.

하지만 결혼으로 묶여진 아내와의 관계는 그 둘 사이의 사랑이 아무리 위대한 것일지언정, 그는 한 인간으로서, 남자로서 그리고 남편으로서 자신의 의무를 성실히 수행해내야만 아내로부터 마땅한 사랑을 받을 수 있습니다. 그런데 연약한 그에게는 그런 모든 역할과 책임이 생소하기만 합니다. 그는 능력도, 또 의지도 부족합니다. 그는 힘들어질 때면 오직 엄마만을 찾게 됩니다. 엄마는 그의 삶을 처음 함께 시작하였지만, 끝까지 함께해줄 수는 없습니다. 그래서 대개 성인이 된 마마보이들의 삶은 불완전하고 불행합니다. 사사건건 엄마만을 찾는 이 거대한 올챙이들은 그들의 아내들에게 차라리 재앙에 가깝습니다.

그러므로 엄마가 아이를 위해 줄 수 있는 궁극의 사랑은 바로 아이가 온전히 독립적인 인간으로 성장할 수 있도록 도와주는 것이며, 언젠가 때가 왔을 때 아이를 보내주는 것입니다. 세상의 많은 엄마들이 마치 자비로운 신이 그러하듯 아이를 위해 모든 것을 희생하고 내어주는 것을 할 수는 있습니다.

하지만 오직 소수의 강한 엄마들만이 그렇게 자신의 모든 것을 다 바쳐 기른 아이가 홀로 세상으로 걸어 들어갈 수 있도록 아이를 잡고 있던 손을 놓을 수 있습니다. 이 책의 여러 곳에서 아이의 자립심에 대해 이야기를 했습니다. 왜냐하면 그것이 교육의 첫 번째 목표이자 엄마가 아이를 위해 해줄 수 있는 가장 소중한 선물이기 때문입니다. 엄마의 사랑이 맺을 수 있는 최고의 열매는 '아이의 자립심'입니다.

그렇기 때문에 엄마는 언제나 이 사실을 명심해야 합니다. 언젠가 아이는 나를 떠나 홀로 살아가야 한다는 것을, 사랑의 목표는 내 아이가 온전한 독립적인 인간이 될 수 있도록 필요한 준비를 해주는 것이라는 사실을 말입니다. 이 차이를 아는 것이 아이를 위해 사랑을 주는 엄마와 삶을 주는 엄마의 차이입니다.

쇼펜하우어가 우울한 이유

7

여자를 혐오했던 철학자

이 장은 잠시 쉬어가는 장입니다. 제가 너무도 좋아하는 철학자 쇼펜하우어의 우울함의 비밀에 대해 이야기하고자 합니다. 쇼펜하우어가 우울한 이유는 바로 그의 어머니 때문입니다. 그는 우리가 알고 있는 모든 염세주의 철학자 중에서도 가장 유명할 정도로 삶을 미워하고 아파했습니다.

흔히 그와 함께 거론되는 철학자가 니체입니다. 하지만 니체는 대학교 때 방문했던 쾰른의 매춘굴에서 얻어 온 매독균이 훗날 척추를 타고 전이되어 실제로(의학적으로) 미치광이가 되어버린 상태에서 삶을 향해 독설을 내뿜었지만, 쇼펜하우어는 온전히 멀쩡한 정신으로 니체의 비판보다 훨씬 논리적이고 설득력 있게 삶을 염세적으로 그렸다는 점에서 더 끔찍합니다.

그의 철학처럼, 실제 쇼펜하우어의 삶 역시 매우 우울했습니다. 그에게는 애지중지 기르던 푸들 빼고는 평생 친구가 단 한 명도 없었습니다. 그는 평생을 어쩌면 스스로 자초한 외로움 속에서 살다 갔습니다.

일흔두 살로 세상을 떠나기 몇 년 전, 그는 자신의 대표작이었던 〈의지와 표상으로서의 세계〉가 뒤늦게 세상으로부터 인정을 받으며 아주 잠시 염세주의자의 본분을 잊은 채 수줍은 행복을 맛보았습니다. 하지만 생애 마지막에 찾아 온 그 짧은 몇 년을 빼고는, 쇼펜하우어는 마치 온통 주변이 적으로 둘러싸인 곳에 남겨진 마지막 병사처럼 외롭게 지내며 그 고통 속에서 세상을 온갖 목소리로 저주하며 살았습니다.

쇼펜하우어가 여자를 혐오했다는 사실은 이미 잘 알려진 사실입니다. 〈의지와 표상으로서의 세계〉를 읽어보면, 그 책의 절반 가까이는 여자에 대한 미움과 그 미움을 정당화하기 위한 이야기들로 가득 채워져 있습니다. 그 책의 요지는 이렇습니다.

'의지'는 우리가 일반적으로 이야기하는 성적 충동을 말하는 것이고, 그 의지에 의해 보여지는 세상이 바로 '표상'이라는 것입니다. 다시 말해 남자가 어떤 여자를 볼 때 그녀가 아름답다고 느끼는 이유는 그녀가 아름다워서가 아니라, 그의 성적 충동 때문에 그녀가 아름답게 보이는 것입니다. 그러니까 모든 것이 오직 종의 지속과 번식을 위한 삶의 속임수라는 주장입니다.

이때 쇼펜하우어가 피해자로 지적하는 대상은 남자입니다. 그리고 가해자는 바로 여자입니다. 그는 여자가 의지라는 악마와 손을 잡고 남자를 속인다고 주장합니다. 그의 말에 따르면 여자의 아름다움이라는 것은 극히 짧은 시간만 유지되는 일종의 속임수인데, 여자는 이 짧은 기간 동안 자신의 아름다움을 이용해 적절한 남자를 유혹하여 그와 결혼하고, 그의 아이를 낳은 후 평생 동안 남자가 희생하도록 음모를 꾸민다는 것입니다.

아이를 낳음으로써 그녀는 의지라는 악마와 맺은 계약에서의 자신의 책임을 다하게 되는 것이고, 의지는 그녀의 아름다움이 사라진 이후에도 남자가 그녀와 아이를 위해 평생 헌신하도록 만듦으로써 자신의 책임을 다한다는 것입니다. 그렇게 의지와 여자는 서로 윈윈하여 만족하는 반면 불쌍한 남자만 피해자로 남는다는 것이 쇼펜하우어의 주장입니다. 여성에 대해 이렇게 적대적이고 우울한 세계관이 나올 수 있었던 배경에는 바로 그의 엄마와의 관계가 있습니다.

돈이 줄 수 없는 행복

어린 쇼펜하우어의 아버지 하인리히는 상당한 재산가였는데, 쇼펜하우어가 어렸을 때 자살로 추정되는 죽음으로 그를 떠납니다. 남편보다 훨씬 젊고, 또 작가로서 어느 정도 이름이 나있었으며, 사교계에 출입하는 것을 좋아했던 쇼펜하우어의 어머니는 남편이 죽자마자 남편이 남겨놓은 유산을 가지고 마음껏 사교계를 출입하며 자유로운 인생을 즐기기 시작합니다. 심지어 자유연애를 하기 위해 남편이 죽은 이듬해 어린 쇼펜하우어를 떨어뜨려놓고 이웃 도시로 이사를 가버립니다.

어린 쇼펜하우어는 바른 아이였습니다. 그리고 할 말은 하는 아이였죠. 그래서 어머니의 태도를 종종 지적하고는 했습니다. 그의 어머니는 그렇게 입바른 소리를 하는 어린 쇼펜하우어가 몹시 불편했습니다. 그래서 둘은 항상 충돌했는데, 쇼펜하우어의 어머니는 아들에게 매정했고 그 과정에서 몹시 비정한 말들을 쏟아내고는 했습니다. 작가의 재능을 살려 그 비정함을 보다 충격적인 단어의 배열로 표현해놓은 편지를 아들에게 쓰기도 했습니다.

그 결과, 아직 아이에 불과했던 쇼펜하우어와 그의 어머니는 서로 따로 살기로 합의를 봅니다. 다시 말하면 그의 어머니가 아들에게 약간의 재산을 떼어 주고는 고아나 다름없는 처지로 내몰았던 것이지요. 여담이지만, 그의 어머니는 무분별한 사치로 곧 아버지가 남겨놓은 모든 유산을 탕진하여 또 한 번 쇼펜하우어에게 비난을 받습니다.

너무 빨리 아버지가 돌아가시는 바람에 어머니 손에 맡겨졌지만, 쇼펜하우어는 사교계를 출입하느라 늘 바빴던 어머니의 사랑을 받지 못했고, 게다가 어린 나이에 어머니로부터 애정은커녕 심각한 정신적 학대에다 버림까지 받습니다. 이런 상황에서 쇼펜하우어의 마음 속에 염세주의 철학이 자라나지 않았다면 오히려 그것이 이상했을 것입니다. 이 때문에 쇼펜하우어는 여자를 극도로 혐오하게 됩니다. 그리고 나아가서 사람을 혐오하고 세상을 혐오하는 어른으로 자라납니다.

우리는 종종 돈이 모든 것을 대신해 줄 수 있다고 믿는 것 같습니다. 그리고 어쩌면 그 말은 일부분 사실일지도 모릅니다. 하지만 이 세상에서 단 한 가지 돈이 대신 해줄 수 없는 것이 있다면, 그것은 바로 엄마라는 존재일 것입니다. 쇼펜하우어는 어머니로부터 분리되어 나왔을 때에도 이미 상당한 부자였습니다. 그의 아버지가 남긴 유산이 워낙 많았기 때문입니다.

그는 평생 일하지 않고 그 돈으로 죽을 때까지 살았습니다. 그는 부자였고 최고의 대학을 나왔으며, 그리스어부터 라틴어 그리고 독일어와 영어를 비롯하여 6개의 언어를 구사할 정도로 천재였지만, 그에게는 엄마라는 존재가 없었습니다. 그 때문에 결코 짧다고 할 수 없는 70여 년의 삶 동안, 그 많은 돈과 재능을 가지고도 그는 극도의 외로움과 세상과 사람에 대한 혐오를 안고 살아가야만 했습니다.

엄마라는 존재와 엄마의 사랑이 아이에게 각인시켜주는 것 가운데 어쩌면 가장 소중한 메시지는 바로 이런 것입니다. '세상은 따뜻한 곳이고, 우호적인 곳이다'라는 느낌 말입니다. 아이는 엄마의 품 안에서, 그리고 엄마가 아낌없이 제공하는 그 사랑 속에서 말하지 않아도 안전한 느낌을 받으며 자신의 영혼 속에 그 믿음을 깊이 각인시킵니다.

쇼펜하우어는 자신의 어머니로부터 그런 메시지를 결코 받지 못했습니다다. 그가 자신의 어머니로부터 받은 메시지는 '세상은 외로운 곳이고, 적대적인 곳이다'라는 것이었을 것입니다. 그리고 그는 실제로 자신의 어머니가 각인시켜준 그런 믿음대로 삶을 바라보았던 것입니다.

엄마의 권위, 행복을 가져다 주는 질서

8

미움보다 무시를 두려워해야 하는 이유

아이가 엄마를 미워하는 것은 괜찮습니다. 그것은 그리 심각한 문제가 아닙니다. 하지만 아이가 엄마에 대한 존중을 잃어버리는 것은 절대로 허용해서는 안 되는 재앙입니다. 우리가 누군가를 미워할 때는 아직도 감정이 남아 있다는 것을 뜻합니다. 미움이라는 감정에는 작게나마 상대에 대한 존중이 담겨 있습니다.

아이가 엄마에 대한 존중을 잃어버렸다는 것은 사랑도, 존경도, 미움도 가지고 있지 않다는 뜻입니다. 다시 말하면 그 대상이 아이에게 아무런 가치도 가지지 못한다는 의미입니다. 그런 대상이 자신에게 하는 말에 귀를 기울일 아이는 없습니다. 아이가 엄마의 말을 듣지 않게 된다는 것은 엄마로서는 아이에게 교육을 할 수 있는 기회를 잃어버린다는 뜻이며, 아이에게는 자신 인생의 최고의 후원자이자 보호자를 잃어버리게 된다는 뜻입니다. 그래서 아이로부터 존중을 지켜내지 못한다는 것은 엄마와 아이 모두에게 가장 위험한 상황입니다.

따라서 엄마는 자신의 권위를 확립하는 과정에서 아이의 미움을 사는 것을 두려워해서는 안 됩니다. 조금 과장해서, 목숨처럼 자신의 권위를 지켜내야만 합니다. 그래야 올바로 아이를 사랑할 수 있고, 또 아이로부터 사랑받을 수 있습니다.

엄마와 아이는 그들의 만남 초기부터 일종의 힘겨루기를 합니다. 아이는 우는 것과 떼쓰는 것으로 자신의 요구를 관철하려고 합니다. 대부분의 엄마들은 아이가 원하는 것은 무엇이든 들어주는 것이 사랑이라고 생각합니다. 그래서 아이가 울며 떼를 쓰면 하던 일을 멈추고 곧바로 아이의 요구를 들어줍니다. 아이에게 필요한 것을 제공해주는 것이 엄마의 역할이기는 하지만 아이가 원하는 모든 것이 아이에게 필요한 것, 아이에게 유익한 것일 수는 없습니다.

아이에게는 그런 판단력이 존재하지 않습니다. 아이가 세상에 대한 어느 정도의 가치관과 분별력을 갖추기 전까지는 엄마가 그 판단을 대신 해주어야 하며, 아이는 그런 엄마의 판단을 존중해야만 합니다. 그래야만 아이가 건강하고 훌륭한 아이로 잘 자라날 수 있습니다.

엄마와 아이의 관계는 말하자면 험난한 사막을 가로지르는 아주 긴 여행을 앞두고 있는 관광객과 길잡이의 역할과도 같습니다. 이 둘의 관계에서 리더는 사막에 대해 잘 알고 있는 길잡이가 되어야 할 것입니다. 그렇지 않으면 그들은 여행 도중 엉뚱한 길로 들어서서 고생을 하거나 충분히 예방할 수도 있었을 위험에 빠져 곤란한 상황을 맞이할 수도 있기 때문입니다.

관광객에게 잘 보이고 싶은 바람 때문에 길잡이가 자신의 권위를 포기하고 관광객의 말을 듣다가는, 모두에게 아주 위험한 상황이 닥칠 수 있다는 예상은 불을 보듯 뻔한 일입니다. 엄마와 아이의 관계도 마찬가지입니다. 엄마가 리더입니다. 그 리더십을 얼마나 잘 지켜내느냐에 따라 아이가 어떤 아이로 자라나는지가 달려 있습니다. 아이에게 잘 보이려는 욕심은 근시안적 바람에서 비롯된 커다란 실수가 될 수 있습니다.

우리는 주변에서 아이와 싸우는 엄마들의 모습을 어렵지 않게 볼 수 있습니다. 대형마트에서는 그런 모습이 더욱 흔하게 목격됩니다. 무언가를 사달라며 떼를 쓰는 아이와 그에 맞서 악을 쓰는 엄마의 모습 말입니다. 이런 모습은 보기에도 흉하지만 더 큰 문제는 보이지 않는 곳에 있습니다. 사람들이 많은 공공장소에서 그렇게 서로 마치 두 마리 맹수처럼 으르렁대며 싸우는 관계라면, 그 엄마와 아이는 그들의 집에서 양육과 관련된 거의 모든 부분에서도 그와 마찬가지로 싸움을 할 것이 분명하기 때문입니다.

우선 그런 삶이 엄마와 아이에게 얼마나 피곤한 삶인지는 굳이 말할 필요도 없지만, 중요한 것은 그런 과정을 통해 아이는 분별력 없고 고집만

센 나약한 아이로 자라나게 될 것이 분명하다는 점입니다. 떼를 쓴다는 것은 아이 내면에 올바른 기준이 없으며, 설령 있다 한들 그것을 스스로 선택할 수 있는 힘이 없다는 뜻입니다. 다시 말하면, 떼를 쓰는 아이는 나약한 아이입니다.

이에 대해 루소는 이렇게 말합니다.

"아이는 울면서 뭔가를 부탁한다. 도와달라고 울지만 나중에는 시중을 들어달라고 운다. 자신의 나약함에서 비롯된 의존이 어느 순간 지배와 통치의 욕구로 변질되는 것이다. 그러한 변질에 대한 책임은 어른들에게 있다. 어른들이 아이들을 섬기면 섬길수록 그 욕구는 강화된다. 원하는 것을 갖다 주지 말고 그쪽으로 아이를 데리고 가라. 아이가 고약한 성격을 가지고 있다면 그것은 아이가 약하기 때문이다. 아이를 강하게 키워라. 그러면 아이는 착해질 것이다."

밖에서도 새는 바가지

최근에 일부 카페에서 목격되는 버릇없는 아이들과 그들의 엄마들을 상대로 일명 '노키즈 존'이라는 새로운 현상이 생겨나고 있는 것 같습니다. 저도 카페를 자주 이용합니다. 적당한 소음과 적당한 움직임이 있는 카페는 때로는 일을 하기 아주 좋은 환경이 되어주기 때문입니다.

카페에 아이를 데리고 오는 엄마들을 종종 봅니다. 사실 그 자체로는 아무 문제가 될 것이 없습니다. 그런데 이 아이들이 고함을 지르며 카페 여기저기를 뛰어다니고, 소파를 기어오르고, 음료를 쏟고, 무엇을 발견했는지 카페 반대편에서 엄마를 시끄럽게 부르기도 합니다. 저는 주로 구석에 자리를 잡고 귀에는 이어폰을 끼고 있기 때문에 그런 아이들의 테러로부터 꽤 안전할 수 있지만, 카페에 앉아 있던 다른 손님들의 얼굴은 빠르게 일그러집니다.

사람들은 아이를, 그리고 그 아이의 엄마를 번갈아 쳐다봅니다. 한 가지 흥미로운 점은, 그 엄마는 애써 아이들의 난동도 또 사람들의 시선도 모른 척한다는 것입니다. 누가 봐도 문제가 있는 상황이지만, 마치 그렇게 자신이 데리고 온 상황을 무시하는 것이 자신의 자존심을 지키는 것이라는 듯 아무것도 못 보고, 아무것도 들리지 않는 것처럼 가끔 힐끔힐끔 주변의 눈치만 볼 뿐 어색한 웃음으로 하던 수다를 이어갑니다.

엄마가 태연한 듯 그 알 수 없는 자존심을 지키며 상황을 무시하고 있는 동안, 아이는 불편한 구경거리가 되어 사람들로부터 경멸과 동정이 섞인 씁쓸한 시선을 한 몸에 받고 있습니다. 자신의 아이가 다른 사람들로부터 그런 취급을 받도록 방치하는 엄마에게 과연 자존심이라는 것이 있는지, 또 남들로부터 그런 시선을 받는 것에 익숙해지며 자란 아이가 어떤 정상적인 자존감을 가진 아이로 성장할 수 있는지 저는 잘 모르겠습니다.

한편으로는 그 엄마의 입장도 이해가 갑니다. 그녀도 예쁜 카페에 와서 친구들과 조용히 커피 한 잔을 나누며 그동안 미뤄왔던 대화도 나누고 싶었을 것입니다. 하루 종일 집안에 갇혀 아이를 기르느라 쌓였던 스트레스를 밖에 나가 조금은 풀고 싶었을 것입니다. 창피하지만 때로는 고함도 지르고 얼굴도 붉히면서, 함께 데리고 나왔던 아이가 카페를 휘젓고 다니며 난동을 부리는 것을 제지해 본 적도 있었을 것입니다.

그러나 아이가 엄마의 말을 듣지 않기 때문에 아마 언젠가부터 포기하게 되었을 것이고, 지금과 같은 좌불안석의 어색하고 불편한 평화라도 누리려는 입장에 놓이게 되었을 것입니다. 엄마가 아이를 통제하지 못하면, 카페에서 구경거리가 되는 것이 문제가 아닙니다.

아이는 제대로 공부도 하지 못할 것이고, 바른 인격도 가지지 못하게 될 것이며, 결국 필요한 자제력과 분별력을 가지지 못해 행복하지 못한 삶을 살게 될 확률이 높습니다. 아이의 삶이 그런 함정에 빠지지 않도록 하기 위해서는 좋은 학원을 보내거나 비싼 옷을 사 입히려는 노력보다, 엄마로서 갖추어야 할 단호한 권위를 확립하는 것이 그 무엇보다 중요합니다.

칩스 사감이 보여준 품위 있는 권위

엄마가 권위를 갖는 방법은 여러 가지가 있겠습니다만 가장 기본적이면서도 효과적인 방법이 바로 '원칙을 세우는 것'입니다. 처음 보스턴으로 유학을 떠나 도착한 중학교에서 저는 태어나서 처음으로 기숙사 생활이라는 것을 시작했습니다. 이제 더 이상 부모님이 곁에 안 계시다는 생각에 슬픔도 있었지만, 이제는 내 마음대로 할 수 있을지도 모른다는 기대감 역시 있었습니다. 그 기대에 부흥이라도 하듯 미국이라는 나라의 교육과 문화는 학생들에게 많은 자유를 보장해주고 있었습니다. 하지만 곧, 그들이 몇 가지 원칙에 대해서는 일체의 타협이 없다는 것을 알게 되었습니다.

제가 처음에 학교에 도착해서 새로운 문화에 잘 적응할 수 있도록 가장 큰 도움을 주었던 사람 중 한 명이 바로 저희 기숙사의 사감이였던 칩스 노크로스였습니다. 제가 활동했던 레슬링 팀의 코치이기도 했던 그는 땅딸막한 키에 다부진 몸매 그리고 선량하면서도 현명함이 빛나는 눈을 가진 나이가 많은 유대인 남자분이였습니다.

그는 집을 떠나 멀리 외국으로 공부하러 온 제게 언제나 친절했었고, 제게 필요한 것은 무엇이든 발 벗고 나서서 도움을 주고자 노력하였습니다. 제가 레슬링팀에 가입하여 생각 외로 열심히 해주자 그는 저를 더욱 좋아해 주었던 것 같습니다. 그는 마치 친구 사이처럼 제가 자신을 '미스터 노크로스'가 아닌, 첫 번째 이름인 '칩스'로 불러주는 것을 좋아했을 정도로 그와 저 사이의 관계는 격이 없는 것처럼 느껴졌습니다.

그러나 그에게는 절대 침범할 수 없는 권위가 있었습니다. 당시 기숙사에는 기숙사 생활에 대한 몇 가지 규칙이 있었습니다. 그중 하나가 기숙사 내에서는 일명 핫팟hot pot이라고 불리는, 주로 몇몇의 일본 유학생들이 컵라면을 끓여 먹기 위해 몰래 가지고 있었던 작은 전기주전자 같은 것인데, 그것을 소유하는 것은 규칙에 어긋나는 행위였습니다.

그런데 어느 날 저녁, 저와 친했던 일본 학생과 함께 밤에 몰래 컵라면을 끓여 먹기 위해 방에서 문을 닫고 물을 끓이고 있었습니다. 그때 다른 이야기를 전하러 제 방을 방문한 칩스 사감에게 저희가 하고 있던 그 작은 불법 행위를 현장에서 들키고 말았습니다.

조금 놀라긴 했지만 저는 전혀 걱정하지 않았습니다. 그와는 무척 친한 관계였기 때문에, 제게 평소의 그의 습관처럼 살짝 윙크를 하고는 "빨리 먹고 자거라" 하는 정도의 잔소리만 하고 떠날 줄 알았습니다. 게다가 그 즈음 저는 한국에 계신 어머니께 전화를 하기 위해 종종 12시가 넘은 시간에도 기숙사의 같은 층에 살고 있던 그를 깨워 국제통화를 하곤 했기 때문에, 그가 원칙대로 할 것이라고는 상상도 하지 못했습니다.

전기주전가가 발각된 경우의 처벌은 전기주전자 압수입니다. 그는 차분한 목소리로 "너희는 이것이 규칙에 어긋난다는 것을 알고 있었을텐데……"라고 말하며 간결하면서도 빠른 동작으로 전기주전자를 정리해서는 들고 방을 나갔습니다. 물론 제게 전하려고 했던 말을 전하는 것도 잊지 않고 말입니다.

그는 화를 내지도 않았고 목소리를 높이지도 않았으며 전기주전자 원칙에 대해 불필요한 설명이나 다른 말도 하지 않았습니다. 게다가 방을 나가며 평소처럼 웃는 얼굴로 잘 자라는 인사까지 해주었습니다. 그는 그저 원칙대로 서로가 합의한 필요한 절차만을 밟았던 것뿐입니다.

다음날 레슬링팀 훈련시간에 만난 그는 별다른 말을 하지는 않았지만 어젯밤의 일이 떠오르는지 저를 보며 혼자 살짝 웃는 듯했을 뿐, 그 외에 그와 저는 평소와 전혀 다를 바 없는 원래의 관계로 돌아가 있었습니다.

이와 같은 원칙 존중 그리고 그로 인한 선생님들과 학교 어른들의 권위 확립은 아주 자연스럽게, 그리고 예외 없이 학교 곳곳에서 이루어졌습니다. 저 역시 곧 그것이 그들의 문화라는 것을 깨닫게 되었고, 또한 그것이 그들이 서로를 문화인으로 존중할 수 있게 해주는 문화의 바탕이라는 사실을 배우게 되었습니다.

제가 그날 저녁의 일 때문에 칩스 사감에게 나쁜 감정을 가지게 되었을까요? 전혀 그렇지 않았습니다. 오히려 그를 더 존경하게 되었고, 그 후로는 기숙사 규칙을 잘 지켜 제가 그를 존중하고 있음을 표현하고 싶은 마음이 들었습니다.

프랑스 엄마들과 카드르 이야기

서양의 많은 나라들, 특히 미국 엄마들은 프랑스 엄마들의 양육 시스템을 높이 삽니다. 프랑스 엄마들은 일명 '카드르 교육법'이라는 방식을 통해 매우 효율적으로 권위를 확립하기 때문입니다. 불어인 카드르cadre는 우리나라 말로 하면 액자, 틀, 뼈대, 또는 기본 규칙 등의 의미를 가지고 있습니다.

카드르는 프랑스 가정 문화의 중요한 일부분으로, 프랑스의 청소년들이 세계에서도 으뜸갈 만큼 자유분방하면서도 동시에 행복도가 높은 성인으로 성장할 수 있게 해주고, 또한 그들의 나라가 세계 최고의 강대국으로 유지될 수 있는 바탕이 되어주는 프랑스의 힘이자 문화입니다.

엄마와 아이 사이에 서로 합의한 카드르는 엄마로 하여금 최소한의 힘으로 최대의 영향력을 행사할 수 있게끔 해주며, 반대로 아이에게는 역설적으로 보다 많은 자유와 자신감을 제공합니다. 아이는 카드르라는 정해진 규칙 내에서는 자신의 자유를 누릴 수 있고, 그 경계를 분명히 알기 때문에 자신의 엄마에 대한 공연한 도전의식 때문에 갈등할 필요가 없어 자신의 행동에 확신을 가질 수 있기 때문입니다.

가정마다 상황이 다르기 때문에 어떤 카드르를 결정할지에 대한 원칙은 없습니다. 아마도 TV 시청 시간, 게임, 스마트폰 사용 관련 사항들, 귀가 시간, 주말 활용 방법 등이 그 작은 예가 될 수 있겠습니다.

카드르를 결정하는 것은, 그러니까 그 초안을 작성하는 것은 엄마가 하는 것이지만 최종적인 결정은 아이와 함께 결정해야 합니다. 아이가 카드르 결정 과정에 참여해야만 아이가 책임감을 가지고 그 카드르를 존중할 수 있기 때문입니다.

그리고 어쩌면 조금 지나치다 싶을 수도 있겠지만, 그렇게 함께 정한 카드르를 문서로 만들어 일종의 계약서처럼 엄마도 그리고 아이도 그 위에

서명을 하여 공식화하는 것입니다. 이렇게 문서로 카드르를 공식화하는 방법은 꽤 효과가 큽니다.

우선 그것이 언제든 쉽게 잊힐 수 있는 말로써만 존재하는 것이 아니라, 필요할 때는 언제든 다시 확인할 수 있는 문서로 남게 되기 때문이며, 또한 아이는 어른들만 하는 계약서 서명 행위에 직접 참여함으로써 책임감과 함께 자신도 어른으로 존중받고 있다는 느낌을 받기 때문입니다.

엄마가 자신의 권위를 확보하는 이유는 역설적이지만 그 권위를 행사하지 않기 위함입니다. 하지만 아이도 완벽하지 않기 때문에 원칙에 익숙해질 때까지는 다소 충돌이 있을 것입니다. 그때 엄마는 자신의 권위가 큰 목소리로 화를 내거나 잔소리를 하는 것에서 나오는 것이 아닌, 서로가 합의한 원칙에서 나온다는 사실을 기억해야 합니다. 따라서 엄마는 목소리를 높일 필요도 없고, 또 높이지도 않아야 합니다. 왜냐하면 목소리를 높인다는 것은 이미 자신의 권위에 대한 불안을 암시하는 것이기 때문입니다. 그리고 불필요한 잔소리도 필요가 없습니다. 이미 서로가 합의한 원칙이 있기 때문입니다.

만약 칩스 사감이 주전자를 가져가며 화를 냈다거나 이러쿵저러쿵 잔소리를 남기고 갔다면, 그에 대한 저의 존중은 적지 않게 손상을 입었을 것입니다. 그는 주전자를 발견하고 원칙대로 벌칙을 수행한 후 방을 나가는 순간까지 자신의 권위를 품위 있게 유지했습니다. 마찬가지로 엄마는 아이와 함께 신중히 결정한 카드르에 따라 아이가 그것을 어길 경우에는, 품위를 잃지 않으면서도 단호하게 상황을 처리해야 합니다.

일단 카드르가 자리를 잡게 되면 엄마는 곧 큰 변화를 느끼게 될 것입니다. 서로 목소리를 높이는 상황이 눈에 띄게 줄어들고, 엄마와 아이 모두 서로 품위를 지키면서 현명하게 더 나은 방향으로 양육이라는 어려운 과제를 이끌어 갈 수 있다는 것을 느끼게 될 것입니다.

하지만 엄마는 유혹을 받게 될 것입니다. 바로 예외를 두고 싶은 유혹 말입니다. 절대로 예외를 두어서는 안 된다는 뜻은 아니지만, 자신의 기분에 따라 한두 번씩 예외를 허용하다 보면 자칫 엄마의 권위가 우스워질 수 있습니다.

오늘은 기분이 좋아서 또는 아이가 착하게 행동해서 허용해 주었는데, 내일 아이가 또다시 같은 것을 요구하면 그때는 뭐라고 해야 할까요? 어제 허용한 것을 오늘 불허하는 태도는 아이를 혼란스럽게 할 것입니다. 엄마의 말에 불신을 품게 하여 다른 카드르에 대해서도 신뢰를 잃게 될 것입니다.

카드르를 지키는데 가장 방해가 되는 것은 바로 아이에게 호감을 얻고자 하는 엄마의 바람입니다. 예외를 둔다는 것은, 작은 호감을 얻고 그 대가로 어렵게 쌓아온 소중한 권위를 상실하는 것입니다. 엄마가 자신이 정한 원칙을 번복하지 않는 모습은 아이로 하여금 엄마라는 사람에 대해 존중과 신뢰를 갖도록 해줍니다. 말할 필요도 없이, 아이의 미래에 있어 엄마에 대한 신뢰는 예외를 통해 짧게 느껴지는 고마움보다 훨씬 더 소중한 것입니다.

원칙에 바탕 한 엄마의 권위는 마치 산과 같아야 합니다. 그래야 아이도 분명히 체념을 하고 엄마에 대해 신뢰와 존중을 가질 수 있습니다. 무엇보다 가장 피해야 하는 상황은 엄마와 아이가 원칙을 두고 실랑이를 벌이는 것입니다. 그것은 앞서도 이야기한 것처럼 둘 중에 누가 리더인가에 대한 다툼으로, 그 다툼 자체가 아이에게 해롭습니다. 그런 다툼이 발생하면 아이는 엄마라는, 믿고 따를 수 있는 듬직한 리더를 잃게 되고 그 대신 싸워서 이기려는 경쟁자를 얻게 되는 것이기 때문입니다.

그런 다툼을 미연에 방지하기 위해서 엄마는 무엇보다 단호해야 합니다. 권위를 행사할 때에는 목소리와 표정 모두에 권위가 서려있어야 합니다. 그리고 간결해야 합니다. TV를 보면서 건성으로 말로만 '안 돼'라고 말하는 것이 아닌, 정말 안 된다는 의지를 담고 있는 눈빛과 목소리로 단호하게 그 메시지를 전해야 한다는 뜻입니다. 그리고 언제나 특정 상황이나 그날의 기분이 아닌, 둘이 합의한 원칙을 바탕으로 아이의 행동을 관리해야 합니다.

엄마의 카드르는 마치 양들이 위험한 절벽으로 떨어지지 않도록 보호하는 울타리와도 같습니다. 현명한 양치기는 결코 양의 호감을 얻기 위해 그 울타리를 치우지 않을 것입니다.

엄마가 존재하는 이유

9

세상에서 제일 안전한 이름

오직 엄마만이 아이에게 해줄 수 있는 것들이 있습니다. 그것에 따라 아이가 자존감 강하고 독립적이며 행복하고 건강한 아이로 자라날 수 있는가 하면, 그렇지 못한 아이로 자라나기도 합니다. 우선 엄마라는 존재가 제공하는 매우 중요한 역할 가운데 하나가 아이로 하여금 삶은 즐거운 것이고 세상은 따뜻하고 우호적인 곳이라는 생각을 심어주는 것입니다. 정신이라는 것은 어떻게 훈련되느냐에 따라 같은 대상을 보고도 완전히 다른 것을 보게 되기 때문입니다.

삶에 대해 긍정적인 태도를 가지는 것은 제아무리 유명한 학원에서도 배울 수 없는 것입니다. 그것은 엄마라는 따뜻하고 견고한 울타리 안에서 길러진 자신감을 통해서만 얻어질 수 있는 것입니다.

아이에게 있어 엄마는 무엇보다 일종의 피난처 같은 곳이 되어 주어야 합니다. 피난처라는 단어가 주는 첫 번째 느낌은 바로 '안전함'일 것입니다. 엄마는 아이에게 세상에서 제일 안전한 사람입니다. 자신이 아무리 못났거나 세상 모두가 손가락질을 하는 잘못을 저질렀다고 해도, 마치 신뢰로 지어진 탄탄한 성벽으로 이루어진 거대한 벽과 같이 아이는 엄마라는 이름만 떠올려도 마음이 든든해지고, 언제든지 안전과 평온을 누릴 수 있는 권리가 자신에게 있다는 사실을 압니다.

그렇게 엄마는 부주의한 세상이 아이의 자존감에 상처를 내는 것을 막아주어야 합니다. 말할 필요도 없이 엄마 자신이 아이의 자존감에 상처를 주는 일은 없어야 할 것입니다. 엄마에게 가면 모든 것이 안전하고 평화롭고 괜찮다, 라는 믿음을 아이가 가질 수 있어야 합니다. 엄마라는 존재에 대한 이런 안전한 믿음이 중요한 이유는 그래야만 아이가 마음 놓고 세상을 향해 달려 나갈 수 있는 자신감을 가질 수 있기 때문입니다. 그리고 두려움 없이 세상 속으로 뛰어들어야만, 아이는 점차 아이는 결국 엄마라는 존재 없이도 스스로 안전함을 느낄 수 있는 독립적인 존재가 될 수 있습니다.

아이가 엄마의 품을 안전하게 느낀다는 것은 어떤 새로운 목표나 위험에 두려움 없이 도전할 수 있는 자신감을 갖고 있다는 뜻이기도 합니다. 그런 아이는 실패를 두려워하지 않습니다. 비록 실패한다 해도 그는 다시 안전한 엄마 품으로 돌아와 기운을 회복할 수 있으며, 실패했다고 그를 비난할 사람도 없기 때문입니다.

삶에서 우리가 맞닥뜨리는 대부분의 상황은 위험과 기회를 모두 품고 있습니다. 어떤 이들은 거기에서 오직 위험만을 발견하고 잔뜩 움츠리는 반면, 어떤 이들은 기회를 발견하고 기꺼이 뛰어듭니다.

우리가 아는 벤처 신화를 이룩한 사람들은 모두가 새로운 영역을 개척하거나 엄청난 실패의 리스크를 이겨내고 성공한 사람들입니다. 그들은 위험 속에서 기회를 발견하고 두려움을 극복해 도전한 사람들입니다. 그들이 실패를 두려워했다면 그 신화들은 결코 써지지 못했을 것입니다.

엄마의 보살핌 덕분에 세상을 따뜻하고 우호적인 곳으로 볼 수 있는 아이들은 세상을 생존을 위한 잔혹한 투쟁으로 보지 않고 하나의 거대한 게임으로 볼 것입니다. 그리고 어둠 속에서도 기어코 밝음을 찾아내려고 노력할 것이며, 그런 노력은 언젠가는 보상을 받을 것입니다. 삶에서 어둡고 부정적이기만 한 상황은 없으니까요.

또한 아이는 자신이 살면서 만나게 되는 사람들을 밝은 마음으로 대하게 될 것입니다. 그들을 나를 짓누르려는 적, 그래서 이겨야 할 경쟁자로만 보는 대신 협력하고 서로 도와가며 함께 더 큰 성공을 거둘 파트너로 볼 수 있게 될 것입니다.

사람들은 밝은 사람을 좋아합니다. 아이가 다른 사람들에게 그런 호감 가고 신뢰할 수 있는 사람으로 다가갈수록 세상이 아이에게 협력할 가능성도 높아집니다. 세상이 우리를 어떻게 대접하는지는, 먼저 우리가 세상을 어떤 눈으로 바라보고 있는지에 의해 결정되기 때문입니다.

아이가 실패하더라도 결과를 두고 질책하는 것이 아닌 도전한 그 용기를 칭찬해주고, 성공했을 때의 경험과 마찬가지로 실패 역시 값진 교훈을 얻을 수 있기 때문에 소중한 경험이라는 사실을 깨닫도록 해주는 것은, 아이로 하여금 어떤 도전이든 편안한 마음으로 부담 없이 최선을 다해 임할 수 있도록 해줍니다. 그리고 문제 해결에 대한 도전이 끝나지 않는 삶을 능숙하게 헤쳐나가기 위해서는, 그리고 커다란 도전을 통해 커다란 성공을 이루어내는 사람으로 성장하기 위해서는 바로 그런 마음이 필요합니다.

아이의 재능을 찾아주는 사람

엄마들이 자신이 왜 아이에게 필요할까 생각해보면 아마도 다음의 3가지가 떠오르지 않을까 싶습니다.

첫 번째는 우선 아이가 생존할 수 있도록 보호해주고 건강을 지켜주는 것입니다.

두 번째는 아이가 자신만의 목표를 갖게 되면 그것을 이룰 수 있는 도구와 능력을 갖추는데 필요한 교육을 제공하는 것입니다.

마지막으로는 아이가 세상을 두려워하지 않는 강한 마음을 갖도록 해주는 것입니다.

오늘날 이 첫 번째 목표는 크게 문제가 되지 않습니다. 인간의 생존율은 유사 이래 그 어느 때보다 높고 건강을 위한 다양한 기술들이 발달했기 때문에, 아이의 생존과 건강문제로 고민하는 엄마는 찾아보기 어려운 반면, 아이의 손에 삶을 향한 목표와 그것을 이룰 수 있는 능력을 쥐어 주는 문제는 여전히 쉬운 문제가 아닙니다. 그것은 아직 아이가 엄마의 보호 아래 있을 때 재능이라는 것을 찾아주어야 한다는 의미이며, 또 아이가 세상을 두려워하지 않도록 고난을 잘 다룰 수 있는 태도를 길러주어야 한다는 뜻으로도 볼 수 있습니다.

문제는 독일이나 기타 북유럽의 선진국들처럼 어릴 때부터 아이의 재능을 찾아주는 제도적 노력과 의식이 부족한 것에 더해, 아이들이 이미 학업만으로도 너무나 벅차기 때문에 자신의 재능을 발견하기 위한 기회나 경험이 너무 부족하다는 점입니다.

그래서 모두가 자신만의 꿈이나 재능을 삶의 목표로 삼기보다는 대학이라는 어딘지 막연하지만 뚜렷해 보이는 목표에 집중하고 있는 듯합니다. 그러나 대학에서의 전공마저도 아이의 선호가 아닌 종종 대학 진학을 위한 점수에 의해서만 결정되다 보니, 실제로 아이가 대학에 들어가서 보내는 4년 동안에도 자신이 무엇을 잘하고 또 무엇을 좋아하는지에 대해 알고 졸업하는 경우가 드뭅니다.

직업이나 직장을 결정할 때에도 상황은 크게 다르지 않습니다. 어떤 직업이 특히 끌린다거나 무엇을 배우고 경험하고 싶어 하는 마음보다는, 대학교 선택과 마찬가지로 그저 유명한 대기업에 들어가는 것을 우선순위로 두는 듯 보입니다. 그래서 그곳에 들어가 자신이 무슨 일을 하게 될 것이며, 또 무엇을 경험하고 배우게 될 것인지 역시 아이들에게는 그리 중요하지 않은 것만 같습니다.

유대인 부모들은 세상에는 3000여 가지의 직업과 그것에 맞는 재능이 있다고, 그리고 모든 아이는 최소한 그중 한 가지를 타고난다고 믿습니다. 그래서 그들은 부모의 역할이란 아이가 대학을 졸업할 때까지, 또는 대학 졸업이 아니더라도 세상에 나갈 때까지는 그것을 찾아주는 것이라고 여깁니다.

아이가 부모로부터 떠나 세상에 홀로 나가게 되면 더 이상 부모는 아이를 도와줄 수 없습니다. 그때 아이는 자신이 발견한 자신의 재능, 그러니까 자신이 가진 최고의 강점과 그 재능이 꽃을 피울 수 있게 도와줄 수 있도록 손에 쥐고 있는 기술과 능력으로 자신만의 세상을 살아나가야 합니다. 그렇기 때문에 아이가 엄마의 손을 떠나기 전에 이 재능을 발견해주는 것은 매우 중요합니다.

좋은 대학을 나오는 것은 물론 나름의 어드밴티지가 있습니다만, 그것만으로는 세상을 행복하게 살아가는 데 부족합니다. 오히려 좋은 대학을 나오지는 못했지만 진작 자신의 재능을 발견하고 필요한 능력을 손에 쥐고 있는 사람이 더 행복한 삶을 이룰 가능성이 높습니다.

또한 조금 더 넓은 관점으로 삶을 본다면, 자신의 재능을 발견하는 것은 자신이 잘하는 것은 물론 좋아하는 것을 발견한다는 말도 포함이 됩니다. 직장이 삶의 전부가 아니며, 직장 밖의 삶은 더 크고 깁니다. 따라서 아이들에게 자신의 재능을 발견해주는 것은 언제나 기댈 수 있는 친구로서, 그리고 유용한 방패와 칼로써 아이의 옆을 지켜줄 수호자를 찾아주는 것과도 같습니다.

엄마들이 흔히 하는 실수

10

아이는 트로피가 아니다

세계의 다른 나라에서도 마찬가지이긴 하지만, 우리나라의 엄마들이 대학입시에 거는 기대는 정말 큰 것 같습니다. 게다가 마치 그것을 자신과 아이가 성취할 수 있는 일생일대의 목표처럼 여기는 것 같습니다. 실제로 우리 사회에서는 아이를 훌륭한 인격과 자립심을 갖춘 사람으로 길어내야 할 12년의 교육을 모두 좋은 대학에 가기 위한 내용으로만 채우고 있는 듯 합니다. 이 때문에 좋은 대학교에 다니는 아이를 둔 엄마들은 의식적으로 또는 무의식적으로 우월감을 가질 수밖에 없습니다. 물론 오랜 시간 그 힘든 공부를 잘 참고 해준 아이에게 그런 대견함을 가지는 것은 어쩌면 당연할 수도 있습니다.

문제는 아이의 성적이 엄마의 자존심이 되어버릴 때 발생합니다. 아이는 그 자체로 엄마에게 있어 자부심이어야 합니다. 시험을 잘 치거나 좋은 대학에 들어가서가 아닌, 아무리 부족하고 말썽꾸러기 아이라 하더라도 그 존재 자체로 충분해야 합니다.

하지만 엄마의 마음속에는, 물론 아이가 자신의 앞날을 위해 좋은 대학에 들어가기를 바라는 마음이 대부분이겠지만, 내심 그런 명문대 학생을 아이로 둔 엄마로서 누릴 수 있는 우월감을 기대하기도 합니다. 이런 기대감을 갖는 순간 아이는 엄마의 트로피가 되어버립니다.

아이는 트로피가 아닙니다. 그런 기준으로 따진다면, 매년 전국의 입시생 가족 중 99%의 엄마들은 필연적으로 패배자가 되어야 하고, 자신의 엄마에게 그런 패배감을 안겨주는 아이들은 모두 죄인이 되어야 합니다. 정말로 그 99%의 엄마들과 아이들이 모두 패배자일까요? 설령 아이가 좋은 대학교가 아니라 고등학교를 진학하지 못했다 하더라도 엄마에게 그 아이는 세상에서 가장 소중한 보물입니다. 옛날 말로 눈에 넣어도 아프지 않은 존재입니다.

그리고 아이에게도, 엄마는 마찬가지의 존재입니다. 아이를 트로피로 여기는 순간 둘 사이는 더 이상 엄마와 아이의 관계가 아닌게 됩니다. 그것은 세상의 분별없는 잣대에 휘둘려 엄마와 아이가 서로에게 사랑을 베풀고 받기 위한 조건을 요구하는 이상한 관계가 되어버리는 것입니다.

학업 성취에 관해서는 아이와 함께 최선을 다해 준비하되, 그 결과에 대해서는 어느 정도 마음을 비워야 합니다. 그리고 비교하지 않아야 합니다. 오래된 격언 중에 '비교는 행복 도둑이다'라는 말이 있습니다. 그리고 그 말은 제가 볼 때 너무도 소중한 진실입니다.

아이는 오직 엄마 자신의 아이이기 때문에 세상에서 제일 소중한 존재이지, 어느 학교 학생이거나 다른 아이들보다 더 공부를 잘하기 때문에 소중한 존재가 아닙니다. 그 둘이 진정한 엄마와 아이의 관계라면 아이가 어느 학교를 다니든 엄마에게는 세상에 단 하나뿐인 소중한 트로피가 되어야 합니다.

인생의 승자는 좋은 대학을 나온 사람이 아니라, 행복한 사람입니다. 엄마는 아이가 열심히 공부하여 그 1%에 들어갈 수 있도록 물심양면으로 도움을 주는 한편, 만약 아이가 99%에 속하더라도 여전히 자신을 좋아하고 또 행복할 수 있도록 해주어야 합니다. 그래야만 아이는 어떤 결과에서도 행복한 아이로 남을 수 있습니다.

진정한 사랑은 조건이 없습니다. 아이가 예뻐서 또는 학교에서 좋은 성적을 받기 때문에 내 아이인 것이 아닙니다. 만약 아이가 예쁘지 않고 공부를 못한다면 엄마는 아이를 더욱 사랑해 주어야 합니다. 그러면 아마도 아이는 더욱 예뻐지고 공부도 더 잘하게 될 것입니다. 그것은 영문학 세계에서 최고의 여성 시인으로 꼽히는 엘리자베스 베렛 브라우닝의 사랑 이야기를 보아도 알 수 있습니다.

엘리자베스는 여섯 살 때부터 시를 쓰고 10살 때부터 이미 그리스어로 된 호머의 작품들을 읽었을 정도로 문학적 재능이 뛰어났었다고 합니다. 그러나 15살 때 말에서 떨어져 척추를 크게 다칩니다. 엎친 데 덮친 격으로 사고의 후유증으로 머리와 척추에 늘 심한 통증을 앓게 됩니다. 당시의 의학기술로는 치료할 수 없는 증상이어서 그녀는 평생 그 고통을 안고 살아야 했습니다. 게다가 22살 때에는 심장의 동맥이 터졌고, 31살 때에는 폐결핵을 앓아 몇 번이나 죽을 고비를 간신히 넘깁니다. 잠정적인 시한부으로 살아가며 걷지도 못하는데다 몸은 아주 약해져서 바깥 활동은 전혀 하지 못한 채 집 안에만 갇혀서 생활을 했습니다. 그래서 자신이 할 수 있는 유일한 일이었던 시 쓰기를 통해 세상과의 연결고리를 붙들고 있었습니다.

그런데 32살 때 첫 시집이 발표되고 한 통의 편지가 그녀의 집으로 배달됩니다. 편지의 주인공은 그녀보다 6살이나 어린 잘생긴 시인 로버트 브라우닝이었습니다. 로버트는 그녀의 시에 매료되어 사랑에 빠져 있었습니다.

하지만 엘리자베스는 불구의 몸에다 오랜 투병 생활로 이미 여성으로서의 매력을 잃어버린 자신이 부끄러워 그의 사랑을 너무도 원했지만 받아들이지 못했습니다. 그러나 수백 통의 편지와 함께 이어진 로버트의 끈질긴 구애로 결국 둘은 결혼합니다.

로버트는 그녀의 모든 것, 즉 그녀의 장애와 모습 그대로 모두를 사랑했습니다. 놀랍게도 그때부터 엘리자베스의 건강은 놀랍도록 좋아집니다. 게다가 비록 네 번의 유산을 하기도 했지만 둘은 건강한 아들까지 낳습니다.

시인들의 아이답게 그들은 아이를 '펜'이라 불렀습니다. 시한부 인생으로 간신히 건강의 끝자락을 잡고 살아가던 엘리자베스는 로버트와 무려 15년의 행복한 결혼생활을 합니다. 그리고 그녀의 최고의 시들도 모두 그 결혼 생활 동안 탄생했습니다.

아이를 향한 엄마의 사랑은 엘리자베스를 향한 로버트의 사랑 같아야 합니다. 그러면 아이의 성적이 어떻든 또는 그의 성취나 모습이 어떻든, 엘리자베스가 그랬던 것처럼 그 위대한 사랑 속에서 아이는 행복하고 성공적인 삶을 살 수 있습니다.

오직 엄마의 조건 없는 사랑이라는 태양만 있으면 아이는 행복한 인간으로 자라날 수 있습니다. 진정한 사랑은 조건이 없으며 영원한 흔적을 남깁니다. 이 시는 엘리자베스가 로버트의 사랑을 너무도 간절히 원하면서 자신의 부족한 조건 때문에 그가 사랑을 거두어 갈까봐 두려워하는 마음을 담은 시입니다. 그녀는 로버트의 사랑이 진정한 사랑이기를 기도하고 있습니다. 엄마의 아이도 그렇습니다.

〈당신이 날 사랑해야 한다면〉

만약 당신이 날 사랑해야 한다면,

오직 사랑을 위해서만 사랑해주세요.

그리고 부디 미소 때문에,

미모 때문에

부드러운 말씨 때문에

나와 잘 어울린다고 여겨지는 재치 있는 생각 때문에

그런 것들에 대한 확신이

당신에게 즐거운 날들을 선물해 주었기 때문에

나는 저 여인을 사랑한다고 말하지 말아주세요.

그대여, 이런 것들은 그 자체로 변하거나

아니면 당신에 의해 변하기도 합니다.

그런 것들로 묶여진 사랑의 마법은

그렇게 그것들이 변하며 풀려버리기도 합니다.

내 뺨에 흐르는 눈물을 닦아 주고픈 당신의

연민 때문에 나를 사랑하지는 말아주세요.

당신의 위안이 나의 눈물을 멈추게 해줄 수는 있지만,

그것에 익숙해짐으로써 사랑을 잃을 수도 있습니다.

그러니 오직 사랑을 위해서만 날 사랑해주세요.

당신이 날 사랑해야 한다면,

그 사랑이 영원할 수 있도록.

자신의 꿈을 아이를 통해 이루려는 엄마

엄마들이 하는 두 번째 실수는 바로 자신이 소녀 적 못다 이룬 꿈을 아이를 통해서 이루려는 것입니다. 어릴 적 바이올린 연주가가 되는 것이 꿈이었으나 가정 형편 때문에 그 꿈을 이루지 못했다던가, 의사가 되고 싶었지만 성적이 부족해 되지 못한 경우 등 엄마들은 자신의 아이를 통해 그 꿈을 대신 이루려고 하는 경우가 있습니다. 엄마와 아이는 이 세상에서 그 누구보다도 가까운 관계이지만, 둘은 엄연히 다른 사람입니다. 그 둘은 재능도 다르고 취향도 다르며, 또 만약 그런 것이 있다면 운명도 다를 것입니다.

자신이 못다 이룬 꿈을 아이를 통해 이루려는 이런 바람은 어떻게 보면 일종의 보상심리에 있습니다. 그것은 아이를 통해 이루지 못했던 자신의 꿈을 보상받으려는 마음이며, 일부의 경우 자신이 아이를 위해 헌신했기 때문에, 그 보상으로 엄마가 원하는 삶을 아이가 살아주었으면 하고 바라는 마음입니다.

이 2가지 보상심리 모두 대부분 엄마가 원치 않는 결과로 이어질 확률이 높습니다. 엄마의 사랑은 아낌없이 주는 것이기도 하지만, 더 중요한 것은 그 보상으로 아무것도 바라지 않는 것이어야 합니다. 그것이 고대 그리스인들이 최고의 사랑이라고 불렀던 '아가페'입니다. 아가페는 보상을 바라지 않습니다. 아이의 삶에 욕심을 내서는 안 됩니다. 그건 온전히 아이의 것이며, 엄마의 역할은 온전히 아이의 것을 아이가 가질 수 있도록 도와주는 것입니다.

이 세상 그 어떤 직업이나 삶도, 우리가 겉에서 보는 것과 그것을 실제로 사는 것과는 적지 않은 차이가 있습니다. 어쩌면 엄마는 자신이 그 직업을 가지고 삶을 살아보지 못했기 때문에 막연한 동경심을 가지고 있을 수 있습니다. 하지만 실제로 그런 직업을 가지고 산다는 것이 정말로 행복할지 어떨지는 엄마는 모릅니다. 더욱이 그런 삶이 자신도 아닌, 아이에게 만족스러울지 아닐지는 더더욱 알 수 없습니다.

아이의 삶은 아이의 재능과 취향 그리고 호기심의 흐름에 이끌려 자연스럽게 흘러갈 수 있도록 해야 합니다. 대학 전공 같은 것뿐만 아니라 심지어 무엇을 좋아해야 한다는 등의 고집은 아이가 자신의 재능이나 꿈을 발견하는 데 방해만 될 뿐이며, 결코 엄마나 아이가 원하는 결과를 가져오지 않을 것입니다.

혹시라도 엄마가 원했으나 이루지 못했던 꿈이 있었다면, 그 기회는 이미 지나갔습니다. 이제는 새로운 꿈을 가지면 되는 것입니다. 그 꿈을 늦게나마 아이를 통해 이루려는 바람은 건강하지 못한 바람이며, 무엇보다 아이의 행복을 담보로 치르는 아주 위험한 도박이 될 것입니다. 못다 이룬 엄마의 꿈은 추억으로 간직하고(누구에게나 그런 추억이 하나씩은 있습니다) 아이는 온전히 자신의 삶을 살 수 있도록 해주어야 합니다. 그것이 엄마의 역할입니다.

일찍 피는 꽃, 늦게 피는 꽃

아이의 삶에 대해 너무 미리부터 결론을 내리려는 조급함을 가져서는 안 됩니다. 인생은 깁니다. 굳이 인생 전체를 이야기하지 않고 그저 아이가 학교 다니는 동안만 보더라도 무려 12년이나 됩니다. 달리기 경주로 보자면 단거리가 아니라 마라톤인 것입니다. 엄마는 아이가 자신의 삶을 길게 보길 바랄 것이고, 그 과정에서 맞닥뜨리게 되는 크고 작은 실패와 성공에 일희일비하지 않기를 바랄 것입니다.

원칙적으로 엄마는 아이에게 가르치려는 모든 자질을 본인 스스로에게 먼저 가르쳐야 합니다. 따라서 엄마는 아이의 양육을 길게 보고 그 과정에서 일어나는 일들, 특히 일시적인 실패에 흔들리지 않아야 합니다.

이를테면 아이가 좋은 중학교로 진학하지 못할 수도 있습니다. 또는 학교에서 문제를 일으키거나 심지어 퇴학을 당할 수도 있습니다. 작게는 중학교 선생님으로부터 아이가 학업에 소질이 없다는 이야기를 듣거나, 이후 아이가 사춘기를 거치며 이성 친구를 사귀며 문제를 일으킬 수도, 아니면 같은 영어 학원에 다니는 또래 친구들보다 영어 실력이 뒤처질 수도 있습니다. 아이를 기르며 발생할 수 있는 이런 모든 문제들에 현명히 대처하되 필요 이상으로 흔들리지는 말아야 합니다.

삶에서 우리가 저지르는 많은 실수들이 서둘러 결론을 보려고 하는 것에서 발생합니다. 모든 아이들이 어릴 때에는 불안정한 상태이며 온전한 자신도 아닙니다. 그렇기 때문에 실제로는 머리가 좋으면서도 공부를 못할 수도 있고, 착한 아이면서도 문제를 일으킬 수 있으며, 나중에는 좋은 대학교로 진학을 할 수 있는 아이임에도 중학교 때에는 성적이 낮을 수도 있습니다.

인생 전체를 본다 해도 마찬가지이지만 우선 학창 시절만 두고 본다고 해도 그 과정은 매우 길며, 그 최종 결과가 어떻게 나타날지는 아무도 모릅니다. 아이의 진짜 삶은 학교를 졸업한 이후에 본격적으로 시작이 됩니다. 아이가 성인이 되어 얼마나 훌륭한 사람이 될지, 또 얼마나 성공적인 사업가가 될지, 얼마나 행복한 사람이 될지는 미루어 짐작하기 어렵습니다.

최근 전 세계적으로 가장 성공한 사람으로 자주 언급되는 사람 중 한 명이 바로 중국 알리바바사의 대표 마윈일 것입니다. 재산을 기준으로 보았을 때 마윈은 현재 중국 1위, 세계 15위 부자입니다. 한국의 이건희 회장보다도 무려 66계단이나 높은 순위에 있습니다. 그런데 그는 고등학교 진학에서도 재수를 했고 대학 입시에서도 두 번이나 재수를 한 학생이었습니다. 삼수 끝에 어렵사리 들어간 사범대학을 졸업한 후에는 몇 년 동안 월급 1만 5000원짜리 영어강사로 일했습니다. 아무도 멀지 않은 미래에 몸무게도 45kg밖에 나가지 않는 이 조그만 사내가 미국의 공룡기업 이베이를 중국에서 철수시키고, 미국 뉴욕증권거래소에 자신의 회사를 입성시키며 무려 174조 원의 가치를 지닌 사업가로 성공할 것이라고는 상상하지 못했습니다.

4월에 피는 꽃도 있고 5월에 피는 꽃도 있듯, 엄마는 언제 아이의 삶이 활짝 필지에 대해 미리 짐작하지 않아야 합니다. 그저 자신이 그 곁을 지켜 줄 수 있는 동안 최선을 다해서 아이가 건강한 몸과 훌륭한 인격을 갖춘 행복한 사람이 될 수 있도록, 흔들림 없는 믿음과 지지를 잃지 않고 마치 산과 같은 듬직한 존재로서 함께해주어야 합니다.

엄마가 철학자가 되어야 하는 이유

11

철학하는 엄마

이 책의 제목을 〈아이와 함께하는 엄마 철학〉이라고 지은 이유를 이 장에서 설명할 수 있을 것 같습니다. 만약 아이를 잘 기르고 싶다면 엄마는 다른 무엇보다 우선 철학자가 되어야 합니다.

철학자, 즉 '필로소퍼philospher'라는 단어를 처음 사용한 것은 피타고라스라고 알려져 있습니다. 그의 시대 이전에는 그런 사람들을 '세이지sage'라고 불렀습니다. 세이지는 '앎을 가진 사람'이라는 뜻인 반면, 필로소퍼의 뜻은 '알고 싶어 하는 사람'입니다.

피타고라스는 모든 것을 아는 사람은 이 세상에 있을 수 없기에 인간은 오직 알고자 원하고 노력할 뿐이라고 생각하여 스스로를 '세이지'가 아닌 '필로소퍼'로 불렀습니다. 피타고라스 이후의 철학자들인 소크라테스와 플라톤 그리고 아리스토틀레스 모두 이런 그의 사상을 본받아 스스로를 필로소퍼로 부르게 되었습니다.

그렇기 때문에 철학자란 특별하거나 대단한 사람이 아닙니다. 대학에서 철학을 전공하거나 철학서를 집필해야만 철학자가 되는 것도 아닙니다. 사실 늘 문제를 해결하기 위해 고민하며 사는 우리 모두는 이미 철학자입니다.

혹시 지금 이 글을 읽고 계신 엄마께서는 자신이 양육과 관련된 모든 부분에 대해 제일 좋은 방법을 알고 있다는 어리석은 자만심을 가지고 있지는 않겠지요. 그것은 다시 말하면 지금 하고 있는 양육과 관련된 거의 모든 부분에서 발전이 가능하다는 의미입니다. 새로 배우고 나아질 여지가 있다는 것입니다. 바로 그런 가능성을 받아들이고 엄마와 아이를 위한 더 나은 방법(그것을 지혜라고 불러도 좋을 듯합니다)을 찾기 위해 노력하는 엄마들이 바로 철학하는 엄마입니다.

지혜의 힘을 중요시하는 유대인들은 이렇게 말합니다. 지혜는 마치 길거리에 널려있는 돌멩이처럼 흔하지만, 그것을 줍기 위해 허리를 굽히는 노력을 하는 사람은 많지 않다고 말입니다. 그들이 말하는 길거리의 돌멩이는 바로 머리로 아는 지혜를 뜻합니다. 그리고 허리를 굽혀 줍는 노력은 바로 그 지혜를 실천하는 노력을 의미합니다.

이 세상에서 제일 먼 거리가 아는 것과 하는 것 사이에 있다는 말처럼, 지혜가 우리의 머리 밖으로 나와 실천이 되지 않는다면, 그 지혜는 삶에 아무런 긍정적인 영향도 미치지 못합니다. 따라서 엄마는 아이를 훌륭하게 기를 수 있도록 다양한 지혜를 발견하기 위해 부단히 노력해야 함과 동시에 그렇게 얻게 된 지혜를 부지런히 실천하여 삶에서 그 열매를 맺어야 합니다. 물론 아는 것만으로는 부족하지만, 아는 것이 올바른 실천의 시작이기 때문에 엄마는 철학자가 되어, 아니 '실천하는 철학자'가 되어 아이를 위한 많은 것을 알고 또 많이 실천하는 사람이 되어야 합니다.

너무 많은 정보들

인터넷 덕분에 세상의 모든 사람들이 엄청난 양의 정보를 활용할 수 있게 된 것은 분명 커다란 혜택입니다. 사실 그것은 지금 세대가 누리는 큰 축복 가운데 하나입니다. 그러나 역설적으로 그것은 폐해가 되기도 합니다. 왜냐하면 너무 많은 선택들 속에는 언제나 가짜가 한 가득 섞여 있기 때문입니다.

아이를 보낼 학원 한 곳을 결정하는 데에도 엄청난 양의 정보와 선택 때문에 엄마들은 종종 길을 잃게 됩니다. 일단 학원의 수가 너무 많은 데다, 저마다 자기들이 최고라고 광고하기 때문입니다. 정보를 얻기 위해 가입한

온라인 커뮤니티에서의 상황도 이와 크게 다르지 않습니다. 대략 수십 개에서 수백 개의 각기 다른 목소리들이 나름의 설득력으로 다양한 의견을 내놓습니다. 어떤 정보는 그냥 보아도 설득력이 떨어지는 것 같아 쉽게 제외시킬 수 있지만, 꽤 설득력이 있게 보이는 의견이 한 개가 아닌 다섯 개 또는 열 개일 때에는 엄마는 혼란스러울 수밖에 없습니다.

이런 혼란은 엄마들끼리 정보를 주고받는 오프라인에 나가 보아도 마찬가지입니다. 엄마들 모임에는 정보의 출처가 되는 엄마가 있습니다. 그런 엄마를, 뒤에 다른 엄마들을 줄줄 이끌고 다닌다고 하여 '돼지엄마'라고 부른다 하더군요. 이들 돼지엄마는 주로 공부 잘하는 아이의 엄마로, 자신이 알고 있는 정보를 다른 엄마들에게 이야기해주고 엄마들은 그 이야기들을 진지하게 참고합니다. 하지만 정보를 나누는 엄마는 돼지엄마만이 아니며, 다른 엄마들 역시 서로 정보를 주고받기 때문에 오프라인 모임에서도 정보의 양은 결코 부족하지 않습니다. 오히려 서로 방향이 엇갈리는 너무 많은 정보 때문에 엄마들은 여전히 혼란스럽습니다.

게다가 그 정보들이 사실인지 그 말만 듣고서는 확인하기 어렵습니다. 우선 아무리 성공적인 경험이 있다고 하더라도 한 엄마의 아이와 다른 엄마의 아이는 다르기 때문입니다. 엄마들의 아이가 모두 서로 암묵적인 경쟁관계에 있는 상황에서 실제로 다른 아이에게 득이 되는 정보를 솔직하게 나누고 있다는 보장도 없습니다. 물론 악의적인 마음으로 잘못된 정보를 일부러 전하는 엄마들은 드물겠지만, 거짓말이 아니더라도 본인이 알고 있는 정보의 모든 면을 이야기해줄 것이라고 기대하는 것도 쉽지 않습니다.

또한 올바른 정보와 조언이라고 하더라도 그것이 서로 모순되는 경우도 있습니다. 예를 들면 아이가 가진 재능을 발견하고자 노력할 때, 어떤 조언은 아이의 의견에 귀를 기울이라고 하는 반면 또 다른 조언은 아직 아이는 자신의 재능을 이해할 정도로 스스로에 대해 알지 못하니 엄마가 판단해서 끌어주어야 한다고 말합니다.

이 2가지 조언 모두 각각 어느 정도 진실을 담고 있습니다만 그러면서도 둘은 서로 상충됩니다. 엄마는 아이를 기르기 위해 정보와 조언을 구하다보면 이런 상황에 자주 부딪치게 됩니다.

중요한 것은 이런 정보나 조언들이 모두 단지 일종의 지식이라는 점입니다. 이 지식들이 내 아이에 대한 정보와 상황과 더해져서 신중히 판단되어야만 지혜로 다시 태어날 수가 있습니다. 그래서 엄마에게는 풍부한 재료, 즉 지식과 날카로운 판단력이 필요합니다.

엄마는 최대한 많은 정보와 조언을 얻기 위해 노력해야 하지만, 궁극적으로 엄마와 아이 외에는 그 결과에 아무도 책임지지 않을 것이라는 사실을 늘 명심해야 합니다. 엄마는 무엇보다 날카로운 판단력을 갖추어, 다양한 경로로 수집한 정보들을 자신만의 기준으로 선별할 수 있어야 합니다. 이런 판단력이 없는 엄마들은 온갖 광고와 정보 그리고 주변의 조언들에 흔들려 결국 무수한 시행착오를 겪게 됩니다. 물론 시행착오는 판단력을 기르는 데 가장 좋은 방법이기는 하지만, 그러는 동안 시간과 비용이 낭비되기 때문에 가장 좋은 방법은 자신의 판단력을 높이고 시행착오를 최소한으로 줄이는 것입니다.

재료가 될 지식을 모으는 것은 인터넷에서 손품을 팔거나 오프라인을 통해 직접 알아보는 방법으로 충분히 해낼 수 있습니다. 그러나 판단력을 높여주는 방법에는 특별한 지름길이 없기 때문에 엄마는 아주 오래전부터 철학자들이 해오던 방법을 신뢰하는 수밖에 없습니다. 그것은 무척 많이 그리고 깊이 생각하는 것이며, 그 생각의 결과를 직접 확인하는 것입니다.

생각은 상당한 에너지를 요구합니다. 다시 말하면 피로를 동반하는 정신적 노동이라는 뜻입니다. 많은 엄마들이 그 노동을 하는 대신 유명한 원장의 말이나 함께 어울리는 돼지엄마의 말을 그냥 믿는 쪽을 택합니다. 그러면 자신은 그 힘든 노동에서 면제되기 때문이죠. 운이 좋은 경우 그것은 올바른 선택이 될 수도 있지만, 그렇지 않은 경우 엄마는 시간과 비용을 낭비한 후 다시 원점으로 돌아와야 합니다.

지혜로워지는 방법은 어떻게 보면 단순합니다. 하지만 안타깝게도 쉬운 길은 없습니다. 부단히 지혜로워지도록 노력해야 합니다. 무엇이 진실인지 알고자 스스로 생각하고 판단하고 확인해야 합니다. 그런 노력이 이루어지는 과정에서 엄마는 더 지혜로워지고 더 옳은 선택을 더 많이 할 수 있게 됩니다. 이 경우, 엄마가 힘든 만큼 아이의 삶은 더 수월해지고 행복해진다고 할 수 있을 것입니다.

제비 뽑기

너무 많은 정보들 때문에 혼란스러워지는 경우도 있지만, 때로는 막연히 모두가 그렇게 하고 있기 때문에 나도 따라 하는 경우도 있습니다. 과연 그것이 나와 아이를 위해 옳은 선택인지 따져보지 않고서 말입니다. 특히 그것이 일종의 당연한 문화나 관습처럼 보일 때에는 더욱 의심을 하지 않게 됩니다.

조금 극단적인 예를 찾아 비유해보자면 셸리 잭슨의 〈제비 뽑기〉의 경우를 살펴볼 수 있습니다. 〈제비 뽑기〉는 영어로 쓰여진 단편 중 인기 있는 소설로 손꼽힙니다. 미국 중학교 또는 고등학교 영어 교과서에 꼭 등장하는 작품으로 우리나라의 〈소나기〉와 비슷한 경우라고 볼 수 있습니다. 〈소나기〉의 결말이 슬프다면 〈제비 뽑기〉의 결말은 충격적입니다. 1948년 이 소설이 최초 실렸던 '더 뉴욕커' 잡지사가 당장 수천 통의 항의 편지를 받았을 정도이니까요.

소설은 미국의 작은 농촌 마을을 배경으로 그려집니다. 여름이 이제 막 시작되려는 계절의 아침에 어떤 축제가 있는지 마을 사람들이 세금이나 씨뿌리기, 트랙터와 같은 사소한 담소를 나누며 하나둘씩 마을 광장으로 모이는 모습이 그려집니다. 그렇게 모두가 광장으로 모이자 광장 중앙 맨 앞에 놓여진 테이블 위에서 늘 그렇듯 마을의 어른 서머스 씨가 행사를 진행합니다. 중간에 늦게 온 사람도 몇 있고, 여기저기에서 서로 정겹게 인사하는 소리도 들립니다. 서머스 씨가 한 명씩 호명하며 출석을 확인합니다. 대답하는 사람들 중에는 유머스럽게 대답하는 사람도 있어 모인 군중은 중간중간 큰 웃음을 터뜨립니다.

그리고 드디어 행사가 시작됩니다. 한 명씩 앞으로 나와 검은색 상자에 손을 넣어 종이쪽지를 꺼냅니다. 그러던 중 허친슨 부인이 뽑은 종이에서 검은색 석탄으로 그린 동그라미가 나왔습니다. 그러자 서머스 씨는 "여러분, 빨리 끝냅시다"라고 말하며 행사를 마무리하라고 마을 사람들을 종용하고, 마을 사람들은 어른과 아이 할 것 없이 광장에 널려있는 돌멩이를 하나씩 들고 모입니다. 그리고 원형 모양으로 모여든 사람들 중앙에 홀로 서 있는 허친슨 부인을 향해 던집니다.

매년 한 사람을 추첨해서 돌을 던져 죽이는 것이 이 마을의 전통이었으며, 마을 사람들은 늘 모두가 해오던 것이라는 이유 하나 때문에 그런 말도 안 되는 전통을 올해도 치르고 있었던 것입니다.

세상에는 다양한 삶이 있습니다. 어떤 이들은 남들과 다른 특별한 삶을 살기도 하지만 대다수는 사는 방식이 비슷합니다. 우리는 그것을 문화라고 부르기도 하고 일반적인 삶이라고 부르기도 합니다. 하지만 이란이나 파키스탄 같은 곳에서는 다수가 〈제비 뽑기〉에서 그려진 것과 같은 돌 던지기를 노인과 결혼하기를 거부하는 13세의 어린 소녀들에게 하고 있습니다.

다수가 한다고 해서, 또 그것이 일반적인 삶이라고 해서 꼭 옳은 방식은 아닙니다. 엄마는 스스로에게 물어봐야 합니다. 지금 내가 아이를 위해

하고 있다고 믿는 그것들의 뿌리를 말이죠. 그 뿌리는 아이의 행복이어야 합니다. 성공이나 출세와 같은 그 의미가 애매모호한 사회적 용어가 아닌, 실제로 아이가 경험하며 느끼는 마음 상태의 질이 되어야 합니다. 물론 이런 질문을 해보았지만 역시 답은 지금과 똑같을 수도 있습니다. 하지만 다를 수도 있습니다. 그 차이는 엄마의 철학에 있습니다.

가장 중요한 질문

엄마가 철학자가 된다는 말은, 엄마가 사물이나 현상의 허상을 꿰뚫어 보고 진실을 명확히 안다는 뜻이기도 합니다. 우리가 믿고 있는 많은 것들 중에는 사실 아무런 확인도 거치지 않은 채, 상식이라는 말로 받아들여진 것들이 많습니다.

예를 들면 엄마는 아이가 행복한 사람으로 자라나길 원합니다. 그런데 정작 그 행복이라는 것이 무엇인지에 대해서는 잘 모르고 있습니다. 어쩌면 그것에 대해 깊이 생각해 본 적이 없을지도 모릅니다. 그래서 그저 남들이 그렇게 하듯, 아이가 좋은 대학을 졸업한 후 좋은 직장에 들어가 많은 돈을 벌면 그게 행복이라고 막연히 생각하고 있을 수도 있습니다. 보이지 않는 과녁은 맞출 수가 없습니다. 많은 엄마들은 그저 활을 저쪽으로 쏘면 어딘가에는 맞겠거니 하는 마음으로 활시위를 당기고 있는 것이나 마찬가지입니다.

행복은 누구에게나 다릅니다. 에피쿠로스는 행복의 조건이 '소박한 식사와 마음을 나눌 수 있는 친구들'이라고 생각했던 반면, 니체는 '자신을 사랑해주는 아내를 가진 군인'이 되었더라면 행복했을 것입니다. 피카소에게 행복은 그림이었고, 모차르트에게는 작곡이었으며, 스티브 잡스에게는 기가 막힌 새로운 제품을 만드는 것이 행복이었습니다.

따라서 내 아이에게 무엇이 행복일지 누가 감히 말할 수 없습니다. 그것을 발견하는 것이 삶이며, 엄마와 아이에게 주어진 가장 큰 과제입니다. 그것을 단순히 좋은 대학이나 돈일 것이라고 별로 고민도 해보지 않고 미루어 짐작해버린다면 지금은 편할 수 있어도 언젠가는, 이미 너무 늦어버렸을 때 다시 원점으로 돌아와 같은 고민을 하는 날이 올 것입니다.

많은 사람들이 행복의 기준이라고 여기는 돈은 분명 행복에 큰 도움이 됩니다. 하지만 돈이 행복의 필수조건이기는 하지만 충분조건은 아닙니다. 세상에는 많은 돈을 가지고 있지만 불행한 사람들이 너무나도 많고, 반대로 적은 돈을 가졌지만 누구 못지않게 자신의 삶에 감사하며 행복하게 사는 사람도 많습니다. 그 차이는 '무엇이 자신의 삶에서 행복인가?'라는 중요한 물음에 답을 가지고 있는지 또는 그렇지 못한지에 달려 있습니다.

철학자 엄마는 이런 질문들에 관심을 가집니다.

"무엇이 나의 아이를 행복하게 해주는가?"

결코 쉽지 않은 질문이지만, 아이의 행복을 위해 그 어떤 것보다도 가치 있는 질문입니다. 엄마는 이 질문에 답을 찾기 위해 이런 질문을 해볼 수도 있습니다.

"어떻게 하면 내 아이가 행복해하는 것을 발견할 수 있는가?"

바로 이런 일련의 질문과 그 해답을 찾기 위한 크고 작은 노력들이 역사를 통해 철학자들이 고민해왔던 방식이며, 또한 가장 순도 높은 지혜를 얻을 수 있는 거의 유일한 방법입니다.

너무나도 많은 엄마들이 다른 사람이 던져주는 삶과 행복의 정의를 자신의 것으로 받아들입니다. 스스로 과연 그것들이 얼마나 진실인지에 대해 고민해 보지도 않고 말입니다.

하지만 아이의 삶은 그렇게 나태하고 위험한 도박의 희생양이 되기엔 너무 소중한 것 아닌가요? 엄마가 철학자가 된다는 것은 지혜로 만들어진 일종의 필터를 갖추고 세상의 상식들을 한 번 걸러, 진짜와 가짜를 분별하여 아이를 위해 가장 확실하고 좋은 것만을 제공해준다는 뜻입니다. 그리고 어떤 질문들이 먼저 대답되어야 하는지를 알고, 그 정답을 알기 위해 다양한 방법으로 고민하고 노력한다는 뜻이기도 합니다. 진심으로 아이를 사랑하는 엄마라면 마땅히 철학자가 될 수밖에 없습니다.

3
부

진정한 상위 1% 교육

교육의 목적

1

자유를 위한 티켓

대한민국에서 교육이 차지하는 비중은 가히 전설적입니다. 우리는 막대한 경제적 비용과 학생 본인은 물론 부모의 절대적인 희생을 감수하면서도 교육에 모든 것을 올인합니다. 그리고 그 모든 노력의 목적은 대학 입학으로 귀결됩니다.

그런데 우리가 그처럼 커다란 희생을 마치 당연한 듯 감수하면서까지 자녀를 좋은 대학에 보내려는 이유는 뭘까요? 또 우리에게 대학 입학으로 대변되는 교육이라는 것의 목적은 뭘까요? 또 너무나도 당연하고 그 어떤 질문보다도 가장 먼저 대답되었어야 할 이 간단한 질문에, 교육을 위한 그 엄청난 자발적 헌신에도 불구하고 누구도 선뜻 대답하지 못합니다.

우리가 아이들에게 교육의 기회를 제공하는 이유는 그들에게 자유를 주기 위함입니다. 그것이 교육의 목적입니다. 우리는 교육에 대한 이야기를 많이 하지만 정작 그 교육이라는 단어가 무엇을 의미하는 것인지에 대해서는 깊이 묻지 않는 듯합니다. 그저 좋은 성적을 받아 유명한 대학교에 입학하기 위한 과정 정도로만 생각하는 것 같습니다.

엄마들의 논리는 언제나 비슷합니다. 좋은 성적을 받아야 좋은 대학교에 들어갈 수 있고, 좋은 대학교를 졸업해야 높은 연봉을 받을 수 있는 직장에 들어갈 수 있으며, 경제적으로 여유롭게 살아야만 행복할 수 있다는 이야기 말입니다. 물론 틀린 말은 아닙니다. 돈은 중요합니다. 하지만 이 논리에 따르면 아이들의 삶은 오직 돈을 버는 기계로 완성되기 위한 힘겨운 과정이 될 뿐이며, 그들의 교육도 오직 경제적 논리에 의해서만 그 가치가 매겨지게 됩니다.

인간이 이 세상에 태어나 삶이라는 소중한 과정을 거치는 이유에는 분명 생존 이상의 무엇이 있어야 할 것입니다. 그렇지 않다면 우리의 생존도 그리 의미가 있다고 볼 수 없기 때문입니다.

그래서 우리는 여기서 한 번 더 질문해야 합니다.

"왜 돈을 많이 벌면 좋은가?"

그것은 자유를 주기 때문입니다. 아이가 자신의 삶을 살 수 있는 자유 말입니다. 돈이 없으면 아이는 자신의 일생 중 대부분을 누군가를 위한 일을 하며 보내야 합니다. 저는 요즘 자본주의에 대한 이야기를 하는 많은 사람들이 즐겨 사용하는 '노예'라는 표현을 그리 좋아하지 않습니다만, 사실 그 단어만큼 정확하게 상황을 표현하는 단어도 없다고 생각합니다.

인간이 가진 것 가운데 가장 소중한 것은 시간입니다. 삶 자체가 시간으로 이루어진 것이기 때문입니다. 일은 자신의 시간을 돈과 바꾸는 거래입니다. 돈이 많을수록 아이는 자신의 시간, 자신으로 살 자유를 지킬 수 있는 것입니다.

물론 이렇게 풀어보아도 돈이 중요하다는 사실은 변하지 않습니다만, 돈을 벌려는 이유를 알고 사는 삶과 마치 그저 돈을 많이 버는 것이 인생의 최종 목표인 것으로 착각하고 사는 삶에는 아주 커다란 차이가 있습니다.

자신의 시간을 확보할 수 있을 정도로 돈을 벌게 되면, 이후에는 그 자유를 활용해 자신이 정말로 하고 싶은 무언가를 하고 살아야 합니다. 그게 바로 삶의 목적입니다. 그것을 자아실현이라고도 부르는 것 같습니다.

바로 여기에서 교육의 역할이 등장합니다. 세상에는 어릴 적부터 공부를 잘하여 좋은 대학교를 졸업하고 높은 연봉을 받는 직장에 들어가서 경제적으로 풍요롭게 사는 사람들이 적지 않게 있습니다. 엄마들이 꿈꾸는 이상적인 어른의 모습이지요.

하지만 이들 가운데 자신의 삶을 정말로 가치 있게 행복을 일구며 살아가는 사람들은 극소수입니다. '정말로 가치 있는 행복'이라는 표현이 조금 막연하여 와 닿지 않을 수도 있을 것 같습니다.

설명해보자면, 행복에는 여러 종류가 있습니다. 단순한 감각적 쾌락도 있고, 육체적 즐거움도 있으며 정신적 유희도 있습니다. 그리고 영혼 깊숙이 만족감이 느껴지는 지고한 행복감도 있습니다. 오직 자신이 정말로 하고 싶은 일을 하며 사는 사람만이 '정말로 가치 있는 행복'을 누리며 삽니다. 그 나머지 사람들은 그보다는 훨씬 더 열등한 쾌락만을 쫓으며 삽니다.

경제적으로 여유로운 사람이나 그렇지 못한 사람이나 그들이 추구하는 행복은 대동소이 합니다. 쇼핑, 술, 골프, TV, 남자는 여자, 여자는 남자, 비교에서 오는 우월감 등 각자 그것을 즐기는 가격대만 다를 뿐 메뉴는 한정되어 있습니다.

이와는 반대로 정말로 자신이 원하는 것을 하며 사는 사람은 평생을 성장합니다. 그들은 계속 배우고 성장하기 때문에 늘 변합니다. 그래서 삶이 계속 새로워집니다. 그들은 내일을 기대하고 내년을 기대하며 삽니다. 그런 사람들은 나이가 들어 피부에 주름이 갈지언정 언제나 젊은 영혼들입니다. 그들은 자신을 찾은 사람들이며, 자신이 이 세상에 온 이유를 발견한 사람들입니다. 그들은 진정 행복한 사람들입니다.

아는 만큼 자유롭다

우리는 아무것도 모르는 상태로 이 세상에 태어납니다. 그래서 2가지에 대해 배우게 되죠. 하나는 세상에 대해, 그리고 다른 하나는 자신에 대해. 둘 중 어느 하나가 부족해도 안 됩니다. 교육이란 이 2가지를 가르쳐 주는 것입니다. 내가 누구인지 알고 또 이 세상이 어떤 곳인지 알게 되며, 내가 이 세상에서 무엇을 하면 가장 행복할 수 있는지에 대해 알게 됩니다. 그런 깨달음이 자유를 줍니다. 사람은 아는 만큼 자유롭습니다.

만약 자신이 무엇을 원하는지 모르면 어떻게 되나요? 남들에게 의견을 구합니다. 거기서 이미 자유 중 커다란 부분을 잃어버리게 됩니다. 게다가 세상에는 이렇게 자신이 무엇을 원하는지에 대한 명확한 판단력을 가지고 있지 못하는 사람을 전문적으로 노리고 이익을 보는 이들이 아주 많이 있습니다.

예를 들면 광고 같은 것을 말하고 있는 것입니다. 광고란 소비자에게 필요한 물건을 알리는 것이 아니라, 그들에게 필요도 없는 물건을 사도록 설득하는 기술입니다. 최근 들어 유행의 주기가 전보다 훨씬 더 짧아지고 있습니다. 그때마다 거리의 모습이 달라집니다. 그 거리의 모습을 디자인하는 것은 사람들의 개성이나 취향이 아닌 광고이고 또 유행입니다. 똑같은 옷을 입고 똑같은 백을 든 수백 명의 사람들이 거리를 채웁니다.

그 모두가 정말로 자신이 그 옷과 백을 원해서 입고 또 들고 다니는 것은 아닐 것입니다. 뭐가 좋은지 몰라, 자신의 개성에 대해 모르기 때문에 최소한 남들에게 뒤쳐지지 않기 위해 동조하는 것뿐입니다. 유행은 상당 부분 이처럼 자신의 개성에 대해 뚜렷한 의식이 없는 사람들을 매개로 생명력을 얻습니다.

옷이나 백의 경우에는 그래도 조금 낫습니다. 행복이라는 주제에서 자신이 무엇을 좋아하고 원하는지에 대해 모르고 있는 경우 문제는 심각해집니다. 그런 사람들은 학교에서 무엇을 전공해야 할지, 어떤 직장에 들어가야 할지, 자신에게 주어진 돈과 시간을 가지고 무엇을 해야 할지 모른 채 평생 다른 사람들의 의견에 휘둘리며 살아갑니다.

생존은 물론 우선 과제이지만, 그 다음에는 자신이 원하는 일을 하며 사는 것이 삶의 지상과제입니다. 보이지 않는 과녁은 맞출 수 없듯이, 자신에 대해 알지 못하면 원하는 일도 행복한 삶도 요원합니다. 그러므로 교육의 목적은 이렇게 정의할 수 있겠습니다.

'나와 세상에 대해 제대로 아는 것. 그래서 내가 원하는 것을 하며 삶을 보낼 수 있는 자유를 얻는 것.'

오늘날 아이들이 받고 있는 교육은 부족하고 위험합니다. 그들은 자신에 대해서나 세상에 대해서 제대로 배우지 못한 채, 세상으로 내보내지고 있습니다. 그들이 배우는 것은 오직 의미 없는 지명과 연도들, 평생 한 번도 써먹지 않을 다른 나라의 말, 이해하지 못하지만 기계처럼 외울 수 있는 능력, 서로를 경쟁자로 보고 경계하고 이기려는 적대감, 그리고 삶은 지루함과 고통이라는 믿음과 두려움 등 이런 것들이 요즘 아이들이 그 아름답고 소중한 유년 시절을 모두 바치는 대가로 배우고 있는 것들입니다.

여기에 앞서 정의한 진정한 교육은 없습니다. 오직 훈련만 있을 뿐입니다. 이 아이들 가운데 대부분은 장차 훌륭한 직원이 될 것입니다. 학교에서 잘 훈련받은 대로, 스스로 생각하는 것이 아닌 늘 누군가의 명령과 허락을 기다리는 사람이 될 것입니다. 그들은 또한 훌륭한 소비자가 될 것입니다. 자신이 무엇을 좋아하는지도 모르지만, 언제나 무언가를 열심히 소비하며 시장이 제대로 돌아갈 수 있도록 해주는 자본주의의 톱니들 말입니다.

하지만 한 가지 그들이 절대로 될 수 없는 것이 있습니다. 그것은 바로 진정으로 행복한 사람입니다. 앞서 말했듯, 자신과 세상에 대해 제대로 배우지 못하는 한 진정한 자유도 또 행복도 불가능하기 때문입니다.

저는 이상주의자가 아닙니다. 오히려 그 반대에 가깝습니다. 지금 이 글을 읽고 계시는 엄마에게 아이로 하여금 학교 공부를 그만두고 그 대신 온종일 자연 속에서 뛰어놀게 하며 삶의 아름다움과 영혼의 가치에 대해서 배우도록 해야 한다고 말하는 것이 아닙니다.

앞서도 말했지만, 생존이 우선입니다. 그저 생존이나, 돈과 사회적 성공이 전부가 되어서는 안 된다는 말을 하고 싶은 것입니다. 우리는 살고 있는 이 세계를 벗어나서는 살 수 없고, 이 세상은 자본주의라고 불립니다. 우리가 할 수 있는 최선은 그 안에서 일구어 낼 수 있는 최선의 행복을 발견하고 찾는 것입니다.

공부도 중요하고, 일류 대학에 보내는 것도 중요하며, 돈도 중요합니다. 다만 행복, 자연, 인격, 사랑, 우정, 영혼, 자유 그리고 내면의 평화 등 삶에는 '그것과 함께' 추구되어야 할 다른 중요한 가치들도 있다는 것을 말하고 있는 것입니다. 그리고 그 가치들을 아이의 삶에 제공해 주려는 노력이야말로 진정한 교육이라고 말하고 싶은 것입니다.

교육의 목표는 궁극적으로 아이들이 행복한 사람으로 자라날 수 있도록 준비시켜주는 것입니다. 그리고 그 행복이란, 루소의 표현을 빌려보자면 '권력보다는 자유로부터 얻어지는 것'입니다.

자유의 시작은 올바른 지식입니다. 나와 세상에 대한 올바른 지식 말입니다. 그래서 아이들의 삶에 있어 행복이 중요한 만큼 자유가 중요한 것이고, 자유가 중요한 만큼 나와 세상에 대한 올바른 지식이 가장 우선적으로 중요합니다. 교육은 바로 아이들에게 그런 소중한 지식을 제공하는 과정이며, 그것이 제대로 아이들에게 제공되었는지 아닌지에 따라 아이 삶의 질이 결정됩니다. 그것이 진짜 교육입니다.

아이를 정말로 사랑하신다면, 지금 하는 교육과 함께 진짜 교육도 시켜주십시오. 내 아이에게 필요한 진짜 교육이 무엇인지 알고자 노력해 주십시오. 그것은 옆집 엄마에게 배울 수 있는 것도, TV나 인터넷에서 배울 수 있는 것도, 유명한 학원 원장에게 들을 수 있는 것도 아닙니다.

오직 엄마만이 아이의 삶에 진정한 자유와 행복을 위해 줄 수 있는 마음으로, 진지하고 꾸준히 알고자 노력해야 비로소 보이는 것입니다. 돈, 성공, 학교, 명예, 스펙은 모두 수단이지 결코 목적이 될 수 없습니다. 내 아이에게 있어서 무엇이 진정한 자유이며, 무엇이 행복인지를 고민하다보면 자연스럽게 그에게 필요한 교육이 무엇인지를 좀 더 이해할 수 있게 될 것입니다. 제가 여기서 제공하는 아웃라인들이 부족하나마 그 소중한 노력의 출발점이 되기를 바랍니다.

학교,
엄마도 잘 아는 그곳

2

시험이라는 괴물

잠시 우리 아이들에게 있어 이 학교라는 곳이 어떤 곳인지 생각해 볼 수 있었으면 합니다. 왜냐하면 학교는 아이가 집 다음으로 가장 많은 시간을 보내는 곳이기 때문이며, 무엇보다 아이의 교육이 이루어지는 곳이기 때문입니다. 만약 학교가 아이에게 필요한 올바른 교육을 제공하고 즐거운 곳이라면 엄마는 안심하고 아이를 학교에 맡겨도 될 것이며, 반대로 학교가 그런 곳이 아니라면 엄마는 그에 대해 필요한 조치를 취해야 할 것이기 때문입니다.

안타깝게도 아이들에게 있어 학교라는 곳은 그리 유쾌한 곳이 아닙니다. 나아가 아이들에게 올바른 교육을 제공하고 있지도 못합니다. 학교에 들어가기 전 아이들의 입에서는 질문이 끊이질 않습니다. 그들의 호기심은 멈추질 않습니다. 그들은 언제나 더 알고 싶어 하고 더 경험하고 싶어 합니다. 학교에 들어가기 전까지 그들에게 세상은 말 그대로 거대란 신비이자 놀이터입니다. 하지만 학교를 들어가게 되면 모든 것이 바뀝니다.

아이들이 경험하는 학교에서의 삶은 스트레스의 연속입니다. 무엇보다 바로 시험 때문입니다. 학교는 아이들이 세상에 대해 무엇을 배우고 싶어 하는지 어떤 것에 호기심을 가지고 있는지에 대해 진지한 관심을 가지고 있지 않습니다. 게다가 아이들이 훌륭한 인격과 바른 지식을 가진 사람으로 자라나기 위해서 어떤 것을 우선적으로 가르쳐야 하는지에 대해서도 그다지 관심이 없는 듯 보입니다. 그래서 아이들은 재미도 없고, 자신의 삶과 아무런 연관도 없는 엄청난 양의 지식들을 강제로 외워야 합니다. 그것이 아이들이 받는 수업의 주된 과정입니다.

그리고 한 학기에도 몇 번씩 시험을 봅니다. 사실 시험 그 자체는 그리 나쁜 것이 아닙니다. 아이들이 무엇을 알고 또 모르는지 어떤 형태로든 확인을 하고 넘어가야 하니까요. 문제는 바로 아이들이 시험을 본 후에 나타납니다. 학교는 아이들의 시험 성적을 비교하여 일등부터 꼴등까지 서열을 매깁니다. 각각의 아이들에게 허락된 자존감의 크기가 바로 이 서열에 의해 결정이 나버리는 겁니다.

엄마도 한 번 생각해 보십시오. 미모, 요리 솜씨, 청소 상태, 자상함, 재력, 지적 능력 등과 같은 과목으로 나누어서 전국의 다른 엄마들과 비교하여 일등부터 꼴등까지 서열을 매긴 후, 그 성적을 만인에게 공개한다고 생각을 해보십시오. 그것은 정말 상상만으로도 자존심이 상하는 일이며, 끔찍한 스트레스일 것입니다.

아이들이 학교를 다니며 느끼는 가장 큰 스트레스는 아마도 바로 그런 종류일 것입니다. 그리고 그것은 결코 학생이니 당연하게 견뎌야 하는 것이라는 안이한 생각으로 치부해서는 안 될 무겁고 고통스런 정신적 부담입니다.

또한 학교는 아이들의 시간을 남김없이 빼앗고 있습니다. 제가 어릴 적, 그러니까 초등학교 때에는 학교를 마치면 할 일이 별로 없었습니다. 그래서 친구들과 함께 동네를 돌아다니며 해질녘까지 놀다 집으로 돌아가는 것이 하루 일과였습니다. 학교 과제도 적었고, 시험에 대한 스트레스는 아예 없었으며, 무엇보다 방과 후에 다녀야 할 학원 같은 것들이 없었기 때문입니다. 참 좋았던 시절인 것 같습니다.

그러나 요즘 아이들의 상황은 그때와는 아주 다릅니다. 그때에 비해 엄청나게 늘어난 양의 수업 내용을 소화해야 하며 원어민이 들어오는 영어 수업까지 들어야 합니다. 그리고 학교를 마친 후에는 학원으로 가서 더 힘든 수업을 감당해야만 합니다. 집에 돌아와서는 학교와 학원에서 받아 온 과제를 하느라 늦게까지 책상 앞에 앉아 있어야 하고, 그래서 아이들은 잠도 충분히 잘 수가 없습니다. 친구들과 노는 것은커녕 잠을 잘 시간도 부족한 것입니다.

교육에서 가장 우선시되어야 할 목표는 우선 아이들이 배우는 것을 좋아하도록 만들어야 한다는 것입니다. 이 사실을 잘 알고 있는 유대인들은, 그들의 아이들에게 처음으로 알파벳을 가르칠 때 꿀로 철자를 쓴 후, 그것을 손가락으로 따라 그리게도 하고 또 그 중간중간 손가락에 묻은 꿀을 빨아 먹도록 하며 수업을 진행한다고 합니다. 그들이 알파벳을 가르치는 데 이런 난리를 피우는 이유는 무엇보다 아이들에게 배움이란 즐겁고 달콤한 경험이라는 것을 가르치기 위해서입니다.

아이들로 하여금 배움에 대해 그런 마음을 갖게 만드는 것이, 얼마나 빨리 얼마나 알파벳을 잘 외우는지보다 훨씬 더 중요한 과제인 것을 알기 때문입니다. 배움을 즐겁게 받아들일 줄 아는 아이들은 누가 시키지 않아도 스스로 공부하며 또 즐겁게 공부하기 때문에 그 효과도 더욱 좋습니다.

그런데 우리나라 학교에서는 아이들로 하여금 다른 그 어떤 지식보다도 배움이라는 것과 학교라는 곳이 정말 지루하고 고통스러운 경험이라는 사실을 먼저 가르치는 듯합니다. 그래서 아이들은 자발적으로 배움에 임할 수 없게 되고, 또 그래서 학교의 규율은 더 강제적으로 변할 수밖에 없게 됩니다. 강제하지 않고서는 누구도 이런 교육을 스스로 받으려고 하지 않을 테니 말입니다.

결과적으로 아이들에게 학교란 하기 싫은 것을 억지로 해야 하는 곳, 하기 싫은 것을 억지로 하는 법을 배우는 곳이라는 인식이 심어지게 됩니다. 이 때문에 아이들은 학교를 싫어할 수밖에 없습니다.

하지만 원래 교육이란, 특히 아이들에게는 가장 재미있는 놀이여야 합니다. 왜냐하면 그들은 다른 무엇보다 세상에 대해 배우는 것에 왕성한 호기심을 가지고 있는 존재들이니까요. 아이들은 배움을 싫어하는 것이 아닙니다. 그저 학교가 싫을 뿐입니다.

그럼에도 가야만 하는 길

어쩌다보니 제가 학교에 대해 매우 우울한 그림을 그려낸 것 같습니다. 하지만 어쩔 수 없습니다. 그건 사실이니까요. 그렇다고 우리가 오늘날 학교 시스템이나 학교에서 교육을 담당하고 있는 사람들을 비난하는 것은 옳지 않다고 생각합니다. 만약 비난을 받아야 한다면 저와 지금 이 글을 읽고 있는 엄마를 포함하여 이 사회의 모든 어른들이 그 대상이 되어야 할 것입니다. 학교는 시대가 원하는 바에 맞추어 그 형태를 갖추는 곳이기 때문입니다.

제가 아이들이 경험하고 있는 학교라는 곳에 대해 이야기하는 이유는, 엄마들이 아이가 겪고 있는 고통과 스트레스에 대해 조금 더 깊은 이해를 가질 수 있기를 바라서입니다. 요즘 아이들이 겪는 스트레스는 전설적입니다. 저나 엄마들이 학교를 다니던 때와는 비교도 할 수 없습니다. 그래서 그 고통에 공감해 보려고 노력하지 않는 한 쉽게 이해할 수 없습니다.

아이들이 겪는 고통은 보통 겉으로는 잘 드러나지 않습니다. 〈달과 6펜스〉에서 서머싯 몸은 '인간들은 서로 각자의 구리탑 안에 갇혀 불확실한 신호로만 교신한다'고 표현한 바 있습니다. 정말로 알려고 하지 않는다면, 설령 그것이 가족이라 할지라도 다른 사람들의 마음속에서 어떤 고통과 괴로움이 일어나고 있는지 알 수가 없습니다. 게다가 아이들의 경우에는 자신의 감정을 해석하거나 그것을 적절하게 표현할 언어도 용기도 없는 경우가 많습니다. 그래서 많은 아이들이 속으로는 심각한 병을 키워가면서도 겉으로는 그 징후를 전혀 보이지 않을 수도 있는 것입니다.

헤르만 헤세의 자전적 소설 〈수레바퀴 아래서〉는 시골 마을에서 수재라고 불리던 한 아이의 이야기를 다루고 있습니다. 한스는 마을의 유명인사였습니다. 그는 우리의 중학교격인 라틴어 학교에서 최우등생이었습니다. 그래서 교장선생님과 선생님들은 물론 마을 사람들 모두는 한스가 마을의 명성을 드높이는 훌륭한 신학자가 될 것이라고 믿었고, 그 기대를 숨기지 않았습니다.

당시 독일에서는 최고의 수재들이 신학교로 진학한 후, 목사가 되어 설교단에 서거나 대학 강당에 서는 것을 당연하게 여겼습니다. 그것은 대단한 영예였고, 나라에서는 이들에게 평생 후원을 제공했습니다. 그래서 모든 학생들이 신학교로 진학하는 것을 꿈꾸었지만, 한 해에 오직 36명만을 뽑았기에 그 문은 매우 좁았습니다.

사실 한스는 직접 집을 만들어 토끼들을 길러오고 있었고, 강에서 수영하며 낚시를 하고 가재 잡는 것에서 가장 큰 행복을 느꼈습니다. 그는 풀 베는 일이나 자두나무를 흔들어 자두를 떨어뜨려 먹는 것, 그리고 풀밭에서 불을 지펴 감자를 구워 먹는 일 역시 무엇보다 좋아했습니다. 그러나 어른들의 기대와 함께 그런 것들은 금지되었습니다.

대신 그의 삶은 어려운 라틴어 공부와 그것보다 더 어려운 그리스어 공부, 성경 읽기와 어려운 기하학 문제를 푸는 것들로 채워졌습니다. 방과 후에는 교장선생님께 라틴어를, 목사님께 그리스어를 배웠고, 주말에는 수학 과외와 밀린 숙제들을 해야 했기 때문입니다. 그의 삶은 공부로 채워졌습니다. 드디어 나라에서 주관하는 시험 날이 왔고, 한스는 그동안의 노력 덕분에 전체 2등으로 당당히 합격합니다. 모두가 그를 자랑스러워합니다.

그러나 정작 신학교에 입학한 한스는 불과 한 학기 만에 신경쇠약에 걸려 집으로 돌아옵니다. 그리고 한스는 공장의 견습공이 됩니다. 더 이상 신학교 학생이 아닌 그는 어느새 무가치한 존재가 되어 있었습니다. 그토록 찬사를 보내던 모두가 그로부터 관심을 걷어가 버렸습니다. 그리고 얼마 후 한스는 차가운 강물 속에서 시체로 발견됩니다.

〈수레바퀴 아래서〉는 헤르만 헤세의 자전적 소설입니다. 그도 한스처럼 어릴 적에 공부에 특별한 재능을 보이며 신학교에 입학한 적이 있습니다. 소설 속에서 한스가 입학했던 그 마울브론 신학교는 이름도 그대로, 실제로 헤세가 다녔던 학교입니다. 그러나 헤세는 곧 그곳에서 도망쳐 나왔고 방황하다 시계공장에서 견습공으로 일한 적이 있습니다. 그리고 열다섯 살 때에 자살을 시도한 적이 있을 정도로 실제 헤세의 삶은 한스의 삶과 무척 닮았습니다.

그 둘의 삶의 차이가 있다면 바로 헤세에게는 있었던 엄마라는 존재가 한스에게는 없었다는 점입니다. 헤세의 어머니는 아들이 아주 어릴 때부터 헤세에 대한 강한 믿음으로 그에게 큰 힘이 되어주었던 사람입니다. 그도 그런 어머니를 몹시 사랑하고 의지했으며, 그녀에게 헌정한 시집까지 낸 바 있습니다. 그래서 헤세는 사춘기 시절 어려운 고비를 넘기며 흔들릴 때마다 엄마에게 되돌아가 필요한 위안과 용기를 얻을 수 있었지만, 한스 주변에는 그를 자신들의 허영심을 채우기 위한 재물로만 보는 어른들밖에 없었습니다. 한스의 내면에서 일어나는 고통에 귀 기울여주고, 그 고통을 어루만지며 치유해 줄 사람은 이 세상에 아무도 없었던 것이죠. 만약 한스에게도 헤세처럼 엄마라는 존재가 있었다면, 이 소설의 결말은 아마 매우 달랐을 것입니다.

아이들을 더 따뜻하게 대해주어야 합니다. 더 많이 이해하려고 노력해야 하고, 더 큰 인내를 가지고 기다려 주고, 무엇보다 엄마가 아이들이 겪고 있는 그 고통에 대해 알고 있으며 엄마도 그 고통을 함께 나누고 있다는 것을 알려주어야 합니다. 어쩌면 한스의 경우보다 더, 요즘 아이들에게는 그런 정신적 지원이 절실하게 필요합니다.

엄마는 생각도 많이 해야 합니다. 조금 극단적이기는 하지만 한 번 비유를 해보자면 이렇습니다. 학교를 다닌다는 것은 암 선고를 받은 후 꾸준히 치료를 받아야 하는 사람의 입장과도 같습니다. 환자가 살려면 치료를 받아야만 하듯이 아이들도 꼭 학교를 다녀야만 합니다. 그 과정은 매우 길고 고통스럽습니다. 하지만 아이가 어른이 되고 난 후 산속에서 집을 짓고 홀로 살아갈 것이 아니라면 그 과정은 반드시 거쳐야만 합니다.

따라서 치료를 받아야 하느냐 마느냐에 대한 고민이나, 병에 대한 불평 같은 것은 전혀 도움이 되지 않습니다. 현명한 태도는 '그렇다면' 어떻게 하면 그 과정을 덜 고통스럽게, 그리고 성공적으로 통과하느냐가 되어야 합니다. 문제를 해결하는 방법에는 언제나 나쁜 방법과 좋은 방법 그리고 더 좋은 방법이 있습니다. 마찬가지로 아이가 학교생활을 하는 데 있어서도 분명 더 현명한 방법들이 있을 것입니다.

지금 이 책에서도 그런 고민에 도움이 될 만한 작은 조언들을 제안하고 있습니다만, 이 책에서 다루지 못하고 있는 수많은 방법들이 있을 것입니다. 그렇기 때문에 엄마는 지속적인 관심을 가지고 어딘가 있을 더 좋은 방법을 찾도록 노력해야 합니다. 알고 있습니다. 제가 이 책에서 반복적으로 엄마의 관심과 노력에 대해 말하고 있다는 것을 말입니다. 그 이유는 그것이 모든 해결의 출발점이자 상황을 개선시킬 수 있는 가장 강력한 힘이기 때문에 그렇습니다.

아이의 입장에서 12년 동안 학교를 다니고 입시를 준비한다는 것 그리고 엄마의 입장에서 그 과정을 옆에서 준비시켜주고 함께한다는 것은 결코 만만한 일이 아닙니다. 마치 유리로 만든 다섯 개의 공을 가지고 저글링을 하는 것만큼이나 매우 조심스럽고 어려운 일입니다.

무엇보다 그 과정에서 아이의 영혼이 다치지 않도록 노력해야 합니다. 아이가 세상에 대해 긍정적인 태도와 자신감을 잃지 않도록 해주어야 합니다. 아무리 성공적으로 학업을 마치고 좋은 대학에 들어갔다 하더라도 건강하지 못한 영혼을 가지게 되었다면, 그 아이의 교육은 결코 성공적이었다고 말할 수 없을 것이며 장래 아이의 행복도 보장하기 어려울 것입니다.

비록 학업은 학교에서 하는 것이지만, 아이의 교육은 그저 학교와 학원에게만 맡겨둘 수 없는 중대한 과제입니다. 늘 아이의 곁을 지켜주십시오. 이 세상에서 아이의 고통과 미래에 대해 진심으로 관심을 가지고 있는 사람은 엄마밖에 없습니다.

앞서 예로 든 암 치료의 과정을 빗대어 보아도 성공적으로 암을 치료한 사람들은 약물이나 의학의 힘만큼이나 환자 자신의 긍정적인 마음, 의지 그리고 그 모든 과정을 함께 한 가족들의 흔들림 없는 지원이 있었기 때문에 가능했습니다. 궁극적으로 아이의 교육은 학교가 아닌 엄마의 책임입니다. 그리고 그 책임을 엄마만큼 정성껏 그리고 훌륭하게 완수할 수 있는 사람은 이 세상에 없습니다.

가정교육은 모든 교육의 뿌리

3

엄마라는 교과서

모든 교육은 가정에서 시작합니다. 학교 교육 역시 그 뿌리는 가정과 엄마로부터 시작합니다. 우리는 종종 뉴스를 통해 회사에서 돈을 횡령하거나, 성공하기 위해 학력을 위조하고 또 거짓말을 하여 사회적으로 물의를 일으키는 사람들에 대한 이야기를 듣습니다. 그 사람들의 문제는 근본적으로 회사나 학교에서 교육을 잘못해서라기보다는 적절한 가정교육이 이루어지지 않았기 때문에 발생한 문제로 보아야 합니다.

가정교육은 아이가 사회인이 되기 전에 먼저 인간으로 준비시켜주는 교육입니다. 그 때문에 그 어떤 교육보다도 중요한 교육입니다. 학교를 다닌

적이 없지만 훌륭한 엄마로부터 좋은 가정교육을 받은 사람은, 최고의 대학에서 교육을 받았지만 좋지 못한 가정교육을 받은 사람에 비해 훨씬 더 행복하고 성공적으로 세상을 살아갈 수 있습니다. 가정교육은 쉽게 말해서 인성교육이라고 할 수 있습니다.

가정교육은 오직 엄마만이 제공할 수 있는 소중한 교육입니다. 물론 아버지도 나름의 역할이 있습니다만, 엄마의 역할에 비하면 옆에서 도움을 주는 정도라고 할 수 있습니다. 아이가 가장 많은 시간을 함께 보내고 또 가장 많이 의지하는 사람은 엄마이기 때문입니다.

가정교육은 미룰 수 없습니다. 엄마가 가정교육을 제공할 수 있는 기회가 그리 많지 않기 때문입니다. 아이가 대학에 들어가면 아이는 엄마와 떨어져 생활하는 시간이 많아집니다. 그리고 이미 자기만의 생각과 가치관을 가지게 되기 때문에 엄마의 영향은 상대적으로 약해질 수밖에 없습니다. 그래서 실질적으로 가정교육이 가능한 기간은 아이가 고등학교를 다닐 때까지라고 말할 수 있습니다. 아이는 이때 배우고 길러진 가정교육을 바탕으로 평생을 살아갑니다. 따라서 아이가 어떤 인성을 지닌 사람으로 성장할 것인지는 바로 이 기간을 거치며 그가 받게 될 가정교육에 달려 있습니다.

당연한 이야기이지만, 학교에서도 선생님이 아이를 가르치기 위해서는 아이들보다 많이 알고 있어야 합니다. 단순히 나이가 많다거나, 어른이라고 해서 저절로 교육이 되지는 않습니다.

엄마의 경우도 마찬가지입니다. 아이에게 좋은 가정교육을 제공하기 위해서는 엄마의 사랑과 관심만 가지고서는 부족합니다. 그와 함께 적절한 기술과 지식이 필요합니다. 그리고 엄마는 아이에게 가르치려는 교육의 내용들을 먼저 자신이 가지고 있어야 합니다. 가정교육에 있어 제일 우선이 되는 교과서는 엄마의 모습 그 자체이기 때문입니다.

아이들은 언제나 부모의 모습을 관찰합니다. 그리고 무의식적으로 자신의 모습을 그 모습에 동화시킵니다. 만약 집에서 엄마와 아빠가 싸우며 욕설이 오갔다면, 얼마 지나지 않아 아이의 입에서도 같은 욕설이 등장할 것입니다. 반대로 부모가 보여주는 좋은 모습 역시 같은 이치로 아이에게서 나타날 것입니다.

그렇기 때문에 엄마는 언제나 자신이 입으로 가르치는 것이 자신이 행동으로 보여주는 것과 모순되지 않도록 조심해야만 합니다. 성공적인 교육의 핵심은 '신뢰'입니다. 엄마의 말과 행동에 모순이 없어야만 아이는 엄마의 가르침을 신뢰를 가지고 받아들일 수 있습니다. 또 그래야만 엄마의 지혜가 아이에게로 더 자연스럽게 흘러들어갈 수 있습니다.

가정교육의 핵심은 아이의 인성이 도덕적으로 바르게 성장하는 것입니다. 우리는 늘 아이의 교육에 있어 인성이 중요하다고 말합니다. 그리고 도덕의 가치에 대해서도 많은 이야기를 합니다.

하지만 실제로 건강한 인성 또는 바르게 세워진 도덕이 왜 아이의 삶에서 중요한지에 대해서는 명확히 알지 못하고 있는 것 같습니다. 게다가 요즘 세상을 보면 오히려 거짓말과 부정을 일삼는 비도덕적인 사람들이 더 성공하고 잘 사는 것처럼 느껴지기도 하기 때문에 종종 무엇이 진실인지 혼란스럽기도 합니다.

도덕이 중요한 이유는 그것이 인간의 행복에 결정적인 역할을 하기 때문입니다. 도덕적인 사람이 행복합니다. 도덕이란 인간이 자신의 본성과 조화를 이루는 말과 행동을 한다는 뜻입니다. 인간은 자신의 본성과 조화를 이룰 때 가장 편안합니다. 거짓말을 하면 불편하고 진실을 말하면 마음이 편안합니다.

행복의 가장 기본적인 특징 가운데 하나가 바로 편안한 마음입니다. 양심이라는 것은 우리가 가장 옳은 행동 또는 가장 행복한 행동을 할 수 있도록 알려주기 위해 우리의 영혼 깊이 빌트인되어 있는 시스템입니다.

자신의 양심에 어긋나지 않는 태도로 삶을 살아가는 사람들은 언제나 떳떳하며 자신에 대한 신뢰와 존경을 가질 수 있게 되고 그것은 자존감의 형태로 나타납니다. 반대로 남을 속이며 부당한 이득을 취하는 것에 익숙한 사람들은 자신에 대한 신뢰도 존경도 가질 수 없습니다. 늘 불안하며 남들도 늘 자신을 속이고 있다고 생각하게 됩니다. 왜냐하면 인간은 자신이 내면에 가지고 있는 심상대로 세상을 보기 때문입니다.

도덕적이지 못한 사람은 부정한 방법으로 모은 많은 돈과 거짓 명예를 가지고 겉에서 보기에는 만족스러워 보일수도 있겠으나, 그들의 삶은 결코 행복할 수 없습니다. 그들의 마음은 고요하거나 편안할 수 없기 때문입니다. 그의 마음은 언제나 불안과 의심 그리고 두려움과 적대감으로 괴롭습니다.

따라서 엄마는 아이를 도덕적인 사람으로 기른다는 것이 아이가 자신의 삶에서 건강한 행복을 쌓아올릴 수 있는 단단한 토대를 마련해주는 중요한 노력이라는 사실을 알고, 작은 이득 때문에 자신이 가진 고귀한 기준을 타협하지 않는 아이로 길러야 합니다.

인성 교육을 미룰 수 있다는 착각

가정교육이 학교 교육 때문에 방해를 받지 않도록 유의해야 합니다. 너무도 많은 엄마들이 학교 교육 때문에 가정교육을 희생하고 있습니다. 학교 성적이 우선되기 때문에 가정교육은 미루거나 심지어 포기하게 되는 것입니다. 그것은 구리를 얻기 위해 금을 내어주고 있는 것입니다.

일부 엄마들은 말합니다. 인성교육은 대학에 가서 해도 늦지 않다고 말입니다. 대학은 인성교육을 시켜주는 곳이 아닙니다. 다 자란 아이들의 인성을 그 짧은 4년 동안 학업과 취업준비까지 병행하며 길러줄 수는 없습니다.

아이들은 대학에 입학할 때쯤에는 어느 정도 인성이 완성되어 있어야 합니다. 그렇지 않으면 아이들은 대학 교육이 제공하는 혜택을 온전히 누리지 못하게 될 것입니다. 공부도 물론 중요합니다. 하지만 그것이 아이의 인성보다 중요하지는 않습니다. 장기적인 안목에서 볼 때, 학업의 결과보다는 아이가 가진 인성이 아이의 행복에 더 큰 영향을 미칩니다.

인성교육의 뿌리에는 우선 사람에 대한 존중이 있다고 할 수 있습니다. 아이들에게 있어 그 존중을 배울 수 있는 첫 번째 대상은 바로 가족입니다. 특히 아이는 부모를 대하며 존경심과 겸손을 배울 수 있습니다.

그런데 적지 않은 가정에서 아이들이 아버지에 대한 존경심을 잃어가고 있습니다. 아이들은 엄마와 더 친합니다. 아버지는 일 때문에 아이들과 마주칠 시간이 별로 없기 때문에 언젠가부터는 그저 돈만 벌어다주는 기계처럼 인식이 되어버린 것 같습니다. 게다가 아버지는 남자이기 때문에 그리고 아이와 세대가 다르고, 또 그 세대에 대해 배울 기회도 적기 때문에 아무래도 아이와 능숙하게 소통하지 못합니다. 그러다보니 엄마와 아이는 단짝이 되고 아버지는 소외되는 경우가 종종 있습니다.

프란츠 카프카의 대표작 가운데 하나인 〈변신〉 속에는 어쩌면 오늘날 세상의 아버지들의 자화상일지도 모를 모습이 있습니다. 주인공인 그레고르는 집안의 경제를 책임지는 사실상 가장입니다. 그는 아버지가 진 빚을 갚기 위해 고약한 사장 밑에서 외판원으로 근무하며 힘겨운 삶을 살아갑니다. 그러나 그 와중에도 음악을 공부하고 싶어 하는 여동생을 뒷바라지하여 그녀의 꿈을 이루어주려는 계획을 남몰래 간직하고 있는 속 깊고 착한 가장입니다.

그런데 어느 날 일어나보니 자신의 몸이 거대한 곤충으로 변해있는 것이었습니다. 거대한 바퀴벌레가 된 그를 가족들은 걱정하기보다는 혐오합니다. 게다가 더 이상 돈을 벌어오지 못하게 되자 대우는 점점 차가워집니다.

그레고르는 밖에도 나오지 못하고 방 안에만 갇혀 지내다가 어느 날 문밖으로 나오려 하다 어머니를 놀라게 만들어 아버지를 화나게 만듭니다. 아버지는 그에게 딱딱한 사과를 던져 그의 등에 박히게 만들고 고통으로 신음하는 그를 발로 차서 방 안으로 다시 집어넣습니다. 그레고르는 등의 상처와 고독 속에서 서서히 죽어가지만, 가족들은 그를 걱정하기는커녕 오히려 이제는 아무 쓸모도 없고 흉물스러운 저 괴물로부터 벗어나야 한다는데 의견을 모읍니다.

가족들에게는 참으로 다행스럽게도 그레고르는 어느 날 방안에서 혼자 조용히 죽습니다. 그리고 가족들은 그들의 해방과 새로운 출발을 축하하기 위해 기차를 타고 봄 나들이를 떠납니다.

아이들을 키우느라 긴 세월을 밖에서 세상과 싸우느라 훌쩍 늙어버린 아버지들은 이제 더 이상 무섭지도 매력적이지도 않을지 모릅니다. 그리고 그의 경제적 능력도 아마 시간이 갈수록 떨어져 갈 것입니다. 게다가 그는 나이가 많은데다 거의 대부분의 시간을 회사에서만 보냈기 때문에 아이들 세대와의 대화도 쉽지 않을 것입니다.

멋지지도 않고 부자도 아니며 대화도 잘 통하지 않는 그런 아버지, 아이들은 길에서 친구들과 함께 걸어가는 도중 그를 보게 된다면 어쩌면 그와 아는 체하지 않고 싶어할지도 모릅니다. 곤충으로 변신한 그레고리처럼 말입니다.

물론 아이의 교육보다는 술자리와 골프 또는 낚시에 열중하느라 본인 스스로 그런 소외를 자초한 아버지의 경우도 있습니다만, 그런 경우라 하더라도 절대로 엄마는 아이가 아버지에 대한 존경심을 잃어버리도록 내버려두어선 안 됩니다. 아이에게는 마음속의 어른이 필요합니다. 그가 상징적으로 기댈 수 있는 사람 말입니다. 엄마 역시 아이에게 그런 사람이지만 가장인 아버지가 상징하는 역할까지 대신할 수는 없습니다. 만약 아이가 아버지를 등한시하게 되면, 가장 손해를 보는 사람은 바로 아이 자신입니다. 아이는 자신의 삶에서 어쩌면 가장 커다란 기둥을 잃어버리게 되는 것입니다.

자기 아버지도 존경할 줄 모르는 아이가 장차 다른 사람들에 대한 진심 어린 존중의 마음을 가질 수 있을 것이라는 기대는 큰 설득력을 가질 수 없습니다. 그리고 그런 아이는 장차 같은 이유로 엄마 역시 모른 척할 수 있습니다. 그렇기 때문에 엄마는 비록 닫힌 방문 안에서는 아버지에게 바가지를 긁더라도 아이 앞에서는 아버지의 체면을 세워주어야 합니다.

아버지가 자리에 없을 때에도 언제나 아이의 말과 행동에서 아버지에 대한 존중이 담겨 있도록 신경을 써야 합니다. 아버지에 대한 엄마의 태도가 아버지를 향한 아이의 태도가 됩니다. 그리고 그 태도가 엄마를 향한 아이의 태도가 될 수도 있습니다. 아버지가 투명인간이 되어서는 아이의 가정교육이 올바로 설 수 없습니다. 아이에게는 엄마가 필요한 만큼 아버지도 필요합니다.

앞에서도 이야기했듯, 우리나라 엄마들은 아이들의 기를 세워주는 것을 매우 중요하게 생각합니다. 그래서 다른 아이들에게 꿀리지 않도록 최대한 많은 것들을 해주려고 합니다. 꿀리지 않도록 해주는 것은 좋습니다.

그러나 지나치지 않도록 해주십시오. 아이의 기는 그가 입거나 가지고 있는 옷이나 물건 따위로 세워질 수 있는 것이 아닙니다. 아이의 진짜 재산은 아이가 벌거숭이인 상태에서도 모두 지니고 있는 성질의 것이어야 합니다.

또한 너무 남보다 뛰어나게 좋은 것을 해주다보면 분명히 부작용이 생깁니다. 바로 질투 말입니다. 질투는 무서운 힘입니다. 그것은 미움이 변형된 감정들 중에서도 가장 포악하고 질깁니다. 겉으로는 아이에게 소위 '좋은 날씨 친구들'이 잔뜩 달라붙어 칭찬과 호감 어린 행동을 할 수 있습니다.

그러나 그중 적지 않은 아이들의 마음에는 질투심도 자라나고 있을 것입니다. 그러다 언젠가 때가 되어 기회가 생기면, 그 질투심은 다양한 형태로 아이에게 화살이 되어 돌아올 수 있습니다. 게다가 옷이나 가방 또는 신발 따위로 얻게 되는 싸구려 우월감에 아이를 중독시켜서는 안 됩니다. 그러면 아이는 진짜로 멋진 사람이 되어 다른 사람들로부터 진심 어린 존경을 얻으려는 노력 대신 돈으로 살 수 있는 가짜 호감에만, 그러니까 쉬운 방법에만 기대게 될 것입니다.

다른 아이들에 비해 너무 떨어지지 않게 그러나 너무 앞서지도 않게 그저 나이에 맞게, 아이의 개성에 맞게, 수수하고 아이다운 자연스러운 모습으로 아이가 자라날 수 있도록 해주십시오.

아이의 삶이 갈리는 곳,
대학

4

수학과 영어 실력으로 평가되는 인간의 가치

저는 대학이 아이의 재능이나 능력에 대해 그리 많은 것을 말해준다고 생각하지 않습니다. 오히려 입시 결과에 따라 더 개발되고 길러질 수도 있는 아이의 재능에 대해 너무 성급히 판단이 내려지고 있다고 생각합니다.

사람은 모두 각자의 개성이 있습니다. 어떤 사람은 그림을 잘 그리고 또 어떤 사람은 수학을 잘하는 반면 어떤 사람은 달리기를 잘합니다. 대학에 들어가기 전까지 아이들의 능력이 측정되는 기준은 쉽게 말해서 외우기 실력이라고 말할 수 있습니다. 누가 얼마나 더 오래 책상에 앉아 더 많은 내용을 머릿속에 넣은 후 시험지 위에 그대로 적어내는지 말입니다. 물론 그 외우기 실력 안에는 인내심과 자제력 등 다른 훌륭한 자질들도 포함되어 있기는 하지만, 한 개인의 능력을 평가하기에는 어딘가 지나치게 획일적이고 부족하다는 생각이 듭니다. 그럼에도 불구하고 매년 치러지는 입시의 결과에 따라 많은 아이들이 자신의 가치에 대해 잘못된 생각을 가지게 됩니다.

한 해에 대학에 응시하는 학생의 수가 대략 50만 명 정도 되는 것 같습니다. 소위 일류 대학이라는 곳에 입학하는 학생의 수가 그중 약 2% 정도인데, 경쟁이라는 관점에서 보면 무려 98%의 아이들이 실패했다는 좌절을 경험해야 하는 것입니다. 그들이 진 것은 맞습니다만, 중요한 것은 무엇에서 졌느냐는 것입니다.

그들은 외우기 대회에서 진 것입니다. 그들은 12년에 걸친 길고도 긴 외우기 마라톤에서 상위 2% 안에 들지 못한 것입니다. 그 결과는 아이들의 재능이나 잠재력 또는 인격이나 장차 그들이 얼마나 크게 성공하고 또 얼마나 행복한 삶을 살게 될 것인지에 대해서 아무것도 말해주지 못합니다. 그저 대학을 졸업하고 직장을 구할 때, 좋은 대학을 졸업한 아이들이 조금 더 유리한 입장에 있다는 것이 전부입니다.

다른 나라에서도 그렇지만, 특히 우리나라에서는 대학이 마치 일생의 행복을 결정하는 최종 승부인 것처럼 생각하는 경향이 있는 듯합니다. 하지만 조금만 주위를 둘러보아도 좋은 대학을 나오고도 행복하지 못한 모습으로 사는 사람들과 그리 좋은 대학을 나오지 못했거나 아예 대학을 나오지 못했음에도 행복한 삶을 사는 사람들이 적지 않다는 사실을 알 수 있습니다. 그렇기 때문에 물론 더 좋은 대학에 들어갈 수 있도록 노력해야 하겠지만 만약 원하는 대학에 들어가지 못하더라도 아이들도 또 그들의 엄마도 너무 좌절하지 않아야 합니다. 중요한 것은 어떤 대학에 들어가느냐가 아니라, 그 나이가 되었을 때 아이가 어떤 인성을 가지고 있는지 또 대학에 들어가서 그 4년을 어떻게 보내느냐 입니다.

제일 좋아하는 것과 제일 잘하는 것

대학 생활은 아이들이 비로소 실제로 세상에 대해 배울 수 있는 기회입니다. 12년 동안의 교육을 통해 학교와 가정에서 올바른 인간으로 길러진 후 대학에 들어가 비로소 세상에 대해 본격적으로 배우게 되는 것입니다. 어느 대학에 입학하느냐보다는 아이가 대학에 들어가기까지 12년 간 어떤 사람으로 길러졌느냐가 더 중요합니다.

예를 한 번 들어보겠습니다. 옛날 무협 영화를 보면 제자가 도사에게 찾아가 전설의 권법을 가르쳐달라고 엎드려 간청합니다. 그러면 누더기 옷을 입고 신선처럼 하얀 수염을 기른 스승이 짐짓 관심 없는 척, 그에게 앞으로 3년 동안 마당을 쓸고 부엌일을 하며 겨울에는 나무를 해오는 등 겉으로 볼 때엔 정말 권법을 배우는 것과는 아무 관련도 없어 보이는 소일만 계속 시킵니다. 그 3년을 진심을 다해 임한 제자는 비로소 전설의 권법을 배울 수 있는 자격을 얻게 되고, 스승은 흡족해하며 그를 제자로 받아들입니다.

그때부터 본격적으로 수업이 시작되는데, 놀랍게도 제자가 지난 3년 동안 청소하고 밥 짓고 나무를 하며 했던 행동들이 사실은 그 권법의 기본 동작들이었던 것입니다. 제자는 그 권법을 배울 기본 준비가 되어 있었던 것이지요.

아이들의 경우에도 마찬가지입니다. 자기관리, 인내심, 사회성, 배려심, 분별력 등과 같은 자질은 대학교를 들어가기 전에 이미 어느 정도 갖추어져 있어야 합니다. 그래서 아이가 대학생활을 시작하면 그 탄탄한 인성을 바탕으로 오로지 배움에만 집중할 수 있어야 하는 것입니다. 대학은 아이가 세상에 나가기 전 마지막으로 자신의 도구를 완성하고 점검할 수 있는 기회이기 때문입니다.

그렇다면 아이는 대학에서 무엇을 배우는 것일까요? 대학은 작은 세상과도 같습니다. 대학을 뜻하는 영어 단어 university의 라틴어 어원은 universitas입니다. 그것은 '모든 것이 합해진 하나'라는 의미를 가지고 있습니다. 대학교의 수업에는 이 세상의 모든 학문과 직업들이 거의 모두 포함되어 있습니다. 굳이 자기 전공과목이 아니더라도 교양과목을 수강하며 아이들은 말하자면 세상의 모든 부분에 대해 조금씩 맛을 보게 됩니다.

그 과정을 통해 아이는 2가지를 발견하게 됩니다. 자신이 가장 좋아하는 것과 가장 잘하는 것. 그리고 대학을 졸업한 후, 자신이 가장 잘하는 것을 지혜롭게 활용하여 자신이 가장 좋아하는 것을 획득하고 누리며 살아가는 것이 바로 삶입니다.

아이가 졸업 이후 자신의 삶의 방향을 갖기 위해서는 반드시 이 2가지를 발견해야만 합니다. 실제로 해보지 않고서는 자신이 무엇을 좋아하고 싫어하는지 또 무엇을 잘하고 못하는지 알 수 없습니다.

그렇기 때문에 아이들은 대학 시절 동안 무엇보다 교실의 안과 밖에서 아주 많은 경험을 해야 합니다. 많은 것을 접해보고, 많이 실수해보고, 많이 아파보고 또 그래서 많이 깨달아봐야 합니다. 고민도 많이 해야 하고, 생각도 많이 해야 합니다. 그래서 대학을 졸업할 때가 되면, 자신의 인생을 가지고 무엇을 해야겠다는 어느 정도의 확신을 가질 수 있어야 합니다. 그런 깨달음이야말로 아이가 성공적으로 또 행복하게 살아갈 수 있는 진짜 힘이 됩니다.

그런데 이런 경험은 꼭 일류 대학에서만 할 수 있는 것이 아닙니다. 조금 과장을 해보자면 안이한 태도로 일류 대학에 들어가서 적당히 놀다 나온 학생과 그보다는 유명하지 못한 대학에 들어갔지만 대학 생활 4년을 열심히 생각하고 경험하며 결국 자신이 무엇을 좋아하고 또 잘하는지에 대해 명확히 발견한 상태로 졸업한 학생 가운데, 더 성공적인 인생을 살 확률이 높은 학생은 후자의 학생입니다.

그렇기 때문에 대학 4년을 어떤 태도로 보내느냐가 어떤 대학에 들어가느냐보다 더 중요합니다. 그리고 대학에 들어가기 전 12년 동안 어떤 가정교육과 인성교육을 받았는지가 그 학생이 어떤 태도로 대학생활에 임할 것인지를 결정합니다.

따라서 엄마는 아이를 좋은 대학에 보내는 것만 걱정할 것이 아니라, 자신의 품 안에 있을 때 아이가 갖추어야 할 내면의 도구를 갖출 수 있도록 해주고, 또 그래서 아이가 대학에 들어가서는 그 도구들을 활용하여 대학생활 4년을 유익하고 건설적으로 보낼 수 있도록 해주어야 합니다. 그래서 대학을 졸업할 때에는 아이는 자신의 전공과목이 아닌, 자신과 자신의 삶에 대해서 전문가가 되어 있도록 해주어야 합니다. 그런 아이는 그 어떤 스펙을 가진 아이보다 자신의 삶을 행복하게 건설해 갈 수 있는 설계도와 도구를 손에 쥔 것이나 다름없습니다.

바깔로레아 이야기

5

200년간 이어져 온 특별한 시험

프랑스에는 바깔로레아baccalauréate라는 시험이 있습니다. 줄여서 그냥 bac이라고 부르기도 합니다. 미국의 SAT, 우리나라의 수능처럼 프랑스의 고등학교인 리세lycee의 졸업반 학생들이 치르는 대입시험입니다.

바깔로레아는 마치 철학의 역사에 대해 이야기할 때 언제나 플라톤이 언급되듯, 우수한 교육 시스템에 관한 이야기가 다뤄질 때면 항상 단골처럼 언급되는 시험입니다. 바깔로레아는 프랑스인들에게는 자부심의, 그리고 다른 국가들에겐 부러움의 대상입니다.

그 이유는 바로 바깔로레아가 교육의 참 목적을 잘 반영하고 있기 때문입니다. 바깔로레아는 2가지 목적을 위해 치러집니다.

첫째, 최대한 많은 프랑스 학생들에게 대학 교육의 기회를 제공하는 것

둘째, 그들이 스스로 생각하고 행동하는 시민으로 자라나도록 교육하는 것

다시 말하면 생각과 행동에 자유를 가진 주체적인 시민을 길러내도록 하는 것, 그래서 프랑스가 행복한 사람들의 나라가 되도록 만드는 것이 바깔로레아의 주 목적입니다.

바깔로레아는 1808년 나폴레옹시대부터 시작되어 지난 2008년에는 200주년이 되었을 정도로 그 역사가 깊습니다. 매년 6월에 치러지는 바깔로레아는 채점관만 14만 명이며, 치르는 비용이 무려 2억 유로(약 3,000억 원)나 소요되는 엄청난 국가적 교육 행사입니다.

바깔로레아에 합격한 학생들은 성적에 상관없이 자신이 원하는 국공립대학에 입학할 수 있습니다. 물론 프랑스에서 '대학 위의 대학'이라고 불리는 그랑제콜(특수대학)에 입학하려면 별도의 시험을 거쳐야 합니다만, 대부분의 프랑스 학생들은 바깔로레아에 합격하는 것만으로 훌륭한 대학 교육을 받을 수 있게 됩니다.

채점 기준은 우리나라의 수능과 비교해서 매우 관대한 편입니다. 20점 만점에 10점 이상만 받으면 합격입니다. 채점 등급을 조금 더 구체적으로 나누어보자면 16점 이상은 트레비엥(매우 우수), 14점까지는 비엥(우수), 12점까지는 아세 비엥(제법 잘함), 그리고 10점까지는 빠사블(합격)입니다. 그

래서 빠사블 이상은 모두 합격입니다.

채점관들은 학생들의 성적과 교사의 소견이 담겨 있는 고등학교 학생기록부를 활용해 수험생의 채점 점수를 높여줄 수도 있습니다. 학생기록부의 정보는 오직 성적을 높여주는 데에만 사용될 뿐 결코 깎아내리는 데에는 사용되지 않습니다. 왜냐하면 바깔로레아의 목적은 더 많은 학생을 합격시켜 최대한 많은 학생들에게 대학 교육의 기회를 주는 것이니까요. 그렇기 때문에 매년 응시자의 80% 이상이 합격을 합니다.

바깔로레아는 대학 입학 외에 특정 직업을 얻는 데에도 자격을 부여합니다. 그래서 대입용 바깔로레아는 일반general, 직업준비용은 직업professional 그리고 기술 이론 교육 및 심화 과정은 기술technological로 분류됩니다.

가장 보편적인 바깔로레아인 일반 바깔로레아 안에서도 학생들은 자신이 지원하고자 하는 대학 전공 분야에 맞춰 3가지 시험 중 한 가지를 선택해 치릅니다. 인문학을 전공하려면 Literater(L)를, 사회 과학은 Economics and social sciences(ES)를, 그리고 순수 자연 과학은 Science(S) 바깔로레아를 치릅니다. 이렇게 세분화된 시험 종류는 학생들로 하여금 고등학교를 졸업하기 전에 미리 자신의 진로에 대해 진지하게 고민해볼 수 있는 기회를 줍니다.

각각의 바깔로레아가 특화된 종류의 영역에 대한 문제를 출제하는 반면, 모든 바깔로레아 응시자들이 공통으로 치러야 하는 과목들도 있습니다. 바로 수학, 불어, 하나의 외국어, 역사, 지리 그리고 철학이 바로 그것입니다.

프랑스인 모두가 함께 치르는 철학 시험

이 장에서 바깔로레아를 소개하는 이유는 바로 철학 시험 때문입니다. 앞서 바깔로레아가 bac이라는 애칭으로도 불린다고 설명했습니다. 그런데 보통 프랑스에서는 bac이라고 하면 바깔로레아 시험 전체le bac가 아닌 바깔로레아의 철학 시험le bac de philo을 의미할 정도로, 바깔로레아에 있어 철학 시험이 상징하는 비중은 절대적입니다.

철학 시험은 4시간 동안 치러집니다. 수험생들은 주어진 3개의 주제 가운데 하나를 선택하여 에세이 형태로 답안을 작성해야 합니다. 긴 지문이나 별도의 설명 없이 한 문장으로 된 짧은 논제 세 개만이 문제로 제시됩니다. 바로 이 철학 시험이 미국이나 한국 또는 독일과 영국의 대입시험과 구별되는 바깔로레아만의 가장 큰 차별점이자, 바깔로레아가 세계 최고의 시험으로 인정받고 있는 이유입니다.

시험은 철저히 주관식으로 치러집니다. 학생들은 에세이로 답안을 작성하며 역사에 대한 지식과 철학자들의 사상을 논리적으로 엮어 독창적인 생각을 답안으로 써냅니다. 2014년 바깔로레아에 출시된 철학 문제 중에는 다음과 같은 논제들이 있었습니다.

"우리는 행복해지기 위해 사는 것인가?"

"선택할 수 있는 권리를 갖는 것으로 우리는 충분히 자유로운가?"

"왜 우리는 스스로를 알기 위해 노력하는가?"

이런 질문에 한 가지 정답이란 있을 수 없습니다. 그래서 바깔로레아 철학 시험에서 정답은 없습니다. 오히려 채점관들은 일반적이지 않은 창의적인 생각을 더 중요하게 여깁니다. 그래서 답안의 독창성은 에세이의 논리성과 함께 바깔로레아 채점에서 가장 중요한 득점 요소가 됩니다. 우리나라 학생들이 주어진 정답을 외워 그것을 시험지 위에 그대로 써내는 시험을 치르고 있는데 반해, 프랑스의 학생들은 자신만의 독창적인 정답을 써내도록 국가 차원에서 장려하고 있는 것입니다.

프랑스에서는 이 철학 시험이 무엇보다 학생들의 지성의 깊이를 측정하는데 있어 매우 중요한 잣대라고 여기며, 동시에 이 철학 논제들은 비단 바깔로레아를 치르는 학생들만을 위한 것이 아닌 프랑스 시민 전체를 위한 것이라고 여깁니다. 그래서 시험 다음날이 되면, 이 철학 문제들은 커다란 사회적 이슈가 됩니다. 뉴스와 각종 언론들이 전날 출제되었던 철학 문제들에 대한 해석과 의견을 일면에서 다루고, 지성인들과 정치인 그리고 일반인들이 초대되어 다양한 형태의 토론회가 프랑스 전역에서 열립니다.

많은 프랑스인들도 각자의 자리에서 자발적으로 철학 문제들을 풀어보기도 하고, 그래서 시험이 치러진 후 한동안은 철학적인 생각과 이야기들이 프랑스를 가득 채웁니다. 언젠가 우리나라의 교육 방송국인 EBS에서 바깔로레아를 다루며 내놓았던 문구처럼, 바깔로레아는 지난 200년이 넘는 세월 동안 프랑스인들을 철학적인 생각에 빠뜨리고 있는 것입니다.

스파르타와 스티브 잡스

●●●

많은 사람들이 철학이 대단히 중요한 학문이라는 점은 인정하면서도, 그 유용성에 대해서는 회의적인 입장을 가지고 있는 것 같습니다. 철학은 한가한 사람들이 생각이라는 재료로 즐기는 일종의 지적 유희일 뿐이라고 말하는 사람들도 있습니다.

찰스 다윈이 쓴 〈종의 기원〉의 핵심 주제인 '적자생존', 즉 오직 강한 것만이 살아남는다는 룰은 철학과 같은 형이상학의 세계에도 그대로 적용됩니다. 만약 철학이 쓸모없는, 그저 한가한 이들이 즐기는 지적 놀이에 불과했다면 철학은 이미 오래전에 역사에서 사라져버렸을 것입니다. 인간은 자신에게 유용하지 않은 것은 절대 곁에 두지 않기 때문입니다.

하지만 모두가 잘 알고 있다시피 철학은 문명의 척추를 이루며 과거로부터 지금까지 역사의 중심에서 한 번도 벗어난 적이 없습니다. 다만 자본주의가 도래하며 돈과 이윤이라는 목표가 최고의 중요성을 획득하면서, 과연 '철학이 돈 버는 데, 또는 성공하는 데 과연 무슨 도움이 되는가?'라는 질문에 대해 아직 사회가 명확한 대답을 내놓지 못하고 있어 홀대받게 된 것뿐입니다.

철학이 실생활에 도움이 되지 않는다는 오해는 아주 오래전부터 존재해왔습니다. 그리고 한때 그런 오해는 스파르타에 의해 의도적으로 조장되어 활용되기도 했습니다. 스파르타는 고대 그리스 시대에 가장 강력한 국가였습니다. 그들은 아이가 태어나 신체적 결함이 있으면 가차 없이 버리거나 죽였으며, 사내 아이들은 7세가 되면 부모로부터 떨어져 정식 시민으로 인정받는 서른 살까지 합숙하며 군사 훈련을 했습니다. 먹을 것은 늘 적게 주어졌고, 음식을 도둑질을 하다가 잡히면 크게 벌을 받았습니다. 도둑질을 했기 때문이 아니라 들켰기 때문입니다.

사내들은 겨울에도 맨몸에 망토 하나만을 걸치며 생활했고, 사람 몸무게에 달한다는 무거운 철제 방패와 5미터가 넘는 무거운 창을 깃털 다루듯 다루었습니다. 영화 〈300〉에서 묘사된 것처럼 실제로 그들은 기원전 490년 그리스를 침공한 15만 명의 페르시아 군을 '테르모필레'라고 불리는 좁은 협곡에서 단 300명의 정예요원으로 무려 4일을 막아낸 무적의 전사들입니다. 그래서 훗날 펠로폰네소스 전쟁에서 스파르타에게 패해 속국이 되어버리는 아테네를 비롯해 주변 많은 국가들이 스파르타를 두려워했습니다.

그들은 오늘날 많은 이들이 생각하는 것처럼 스파르타의 힘은 혹독한 군사 훈련으로 단련된 군사력에서 나온다고 생각했습니다. 그러나 플라톤의 작품 중 하나인 〈프로타고라스〉에 수록된 이야기에 의하면 그건 사실과 다릅니다.

작품 속에서 소크라테스는 놀라운 비밀 한 가지를 말합니다. 사실 스파르타인들은 다른 어떤 그리스인들보다 철학을 중요시했던 민족이라는 것입니다. 그들은 지혜야말로 진짜 힘이라는 것을 알았기 때문입니다.

하지만 그들은 다른 민족들이 그들의 진짜 힘의 원천에 대해 알지 못하게 하기 위해 철저히 그 사실을 비밀로 하였습니다. 그래서 주변 국가들은 그들을 모방한답시고 한 겨울에 짧은 외투만을 걸치고 체력단련을 하거나 권투장갑을 끼고 돌아다니는 것과 같은 행동을 흉내내면서도 정작 철학을 하는 일에는 관심을 갖지 못했던 것입니다. 바로 그 때문에 스파르타는 그들 모두를 정복할 수 있었다고 소크라테스는 말합니다.

오늘날 서양 철학의 최고 작품으로 꼽히는 플라톤의 〈국가〉는 가장 완벽한 국가의 시스템을 그려냈다고 인정받고 있습니다. 〈국가〉에서 가장 중요하게 여기는 것 가운데 하나가 바로 어릴 적부터 시작하는 철학 공부입니다. 그는 철학이야말로 국가를 부강하게 하는 핵심이라고 생각했습니다. 플라톤의 〈국가〉는 한 사람을 국가에 비유해서 설명한 것이었습니다. 그리고 플라톤이 〈국가〉의 모델로 삼았던 국가가 바로 스파르타였습니다. 다시 말하면 플라톤은 철학이야말로 사람을 가장 강하고 성공적으로 만드는 비밀이라고 여겼던 것입니다.

그러나 우리나라 대학에서 재학생 충원율이 낮다는 이유나 취업에 도움이 되지 않는다는 이유로 많은 인문학과들이 폐쇄되고 있습니다. 주로 철학이 그 첫 번째 대상입니다. 물론 이미 오래전부터 대학이라는 곳이 기업의 형태로, 또 대학 총장이라는 자리가 전문 CEO의 역할로 변해버린 사회에서는 충분히 예견된 상황이라고 할 수도 있습니다.

하지만 그것은 성급한 판단입니다. 이것은 과거 스파르타의 주변국들이 하던 실수를 되풀이하는 것입니다. 게다가 인문학은 돈이 안 되는 학문이 아닙니다. 모두가 잘 알다시피 스티브 잡스는 기술과 인문학을 접목시켜 오늘날의 애플을 만들었습니다. 시장에서 판매되는 모든 물건과 서비스는 바로 인간을 대상으로 생산되는 것들입니다. 소비자인 인간에 대한 이해가 높아질수록 더 좋은 디자인, 더 높은 유용성, 더 만족스러운 서비스를 제공할 수 있습니다.

페이스북과 트위터 같은 세계 최고의 IT 기업들도 애플처럼 실력 있는 기술자와 더불어, 깊이 사고할 줄 알며 인간에 대한 탁월한 통찰력을 지닌 인문학자들을 공격적으로 영입하고 있습니다. 스티브 잡스가 그랬듯이 그들도 자신이 누구를 대상으로 사업을 하고 있는지를 분명히 알고 있기 때문입니다.

인문학은 창조성과 창의력의 보고입니다. 역사를 살펴보면, 오늘날 우리가 놀라워하고 있는 아이패드나 아이폰보다도 훨씬 더 대단한 창의성의 증거들을 넘쳐날 정도로 발견할 수 있습니다. 문자와 예술 그리고 전쟁의 영역만 유심히 살펴보더라도 인간의 창의성은 이미 아이폰의 등장 이전부터 놀라운 수준에서 발휘되고 있었습니다.

그래서 인문학을 공부하면 다양한 형태의 창의적 영감을 만나게 되고 다시 그것이 시대에 맞게 새롭게 재편되어, 자본주의 안에서 효력을 발휘할 수 있는 뛰어난 제품과 서비스가 될 수 있는 것입니다. 또 바로 그 때문에 TV와 미디어에서 매일 창의성에 대한 이야기가 넘치는 오늘날, 정작 인문학을 천대시 하는 우리나라의 현상은 이해하기 어려운 모순이라고 할 수 있습니다.

하지만 인문학이 가진 이런 자본주의적 유용함은 그것이 가진 본질적 필연성에 비하면 아무것도 아닙니다. 그 본질적 필연성이라는 것은 바로 인문학과 철학이 인간의 행복에 있어 반드시 필요한 것이라는 점입니다.

인간은 철학의 도움 없이는 자유로울 수 없습니다. 그리고 자유가 없으면 행복할 수 없습니다. 프랑스에서 바깔로레아 철학 시험을 200년이 넘는 세월 동안 치르고 있는 이유는, 그것이 최고의 IT 벤처를 만들어 낼 수 있어서만도 아니고 학생들의 취업률을 높여줄 수 있기 때문만도 아닙니다. 그들이 매년 6월, 온 국민이 하나 되어 이 철학 시험에 관심을 가지는 이유는 그것이 그들의 행복에 있어 매우 중요한 역할을 한다는 중요한 사실을 잘 알고 있기 때문입니다. 그들은 돈보다 행복이 중요하다는 아주 오래된 진실 한 가지를 여전히 잊지 않고 있는 것입니다.

앞서 소개한 2014년도 바깔로레아 철학 논제들, '우리는 행복해지기 위해 사는 것인가?' 또는 '왜 우리는 스스로를 알기 위해 노력하는가?'와 같은 질문들에 대해 어떤 이는 그것이 아무짝에도 쓸모없는 질문이라고 말할 수도 있습니다. 또 다른 이는 그것이 너무도 당연한 질문이어서 묻는 것 자체가 시간낭비라고 생각할 수도 있습니다.

삶의 목표는 행복입니다. 그러면서도 우리는 무엇이 행복인지 묻지 않습니다. 또는 그것에 대해 이미 잘 알고 있다고 착각합니다. 행복에 대한 정답은 없습니다. 바깔로레아의 철학 문제처럼 그것은 모두 주관식 문제입니다.

세상에 70억 명이 살고 있기 때문에 그 정답도 70억 개일 것입니다. 다른 사람이 그 정답을 찾아줄 수도 없습니다. 그렇기 때문에 우리는 모두 그 정답을 스스로 찾아야 합니다. 그 정답을 찾을 수 있는 도구가 바로 철학입니다.

철학은 학문 이전에 도구입니다. 철학을 통해 자신을 더 깊이 이해할 수 있고, 세상을 이해할 수 있으며 또 그래서 삶을 이해할 수 있습니다. 누구는 아무짝에도 쓸모없다고 말하는 그 철학에 우리 삶의 행복이 달려 있습니다.

아이들이 스스로 생각하고 행동할 수 있는 정신의 힘을 기르지 못하면 그들은 자유로운 성인으로 자랄 수 없습니다. 아이들이 데카르트나 칸트의 출생 지역명이나 생년월일을 아는 것이 철학이 아닙니다. 아이들이 마땅히 해야 할 질문들을 할 줄 알고, 그 질문들에 대한 정답을 스스로 '만들어' 내는 과정이 바로 철학입니다. 내가 누구이며, 무엇을 하고 싶고 또 할 줄 알며, 그래서 나에게 주어진 삶을 통해 무엇을 성취하고 싶은지 아는 것이 철학입니다.

좋은 학교에 들어가기 위해 열심히 공부하고, 좋은 직장을 얻으려고 최선을 다해 노력하는 동시에 왜, 무엇을 위해 그렇게 하려는 것인지 아는 것이 철학입니나. '삶이란 무엇인가?'와 같은 거창한 질문에 매달리는 것이 아닌, '나에게 있어 삶이란 무엇인가?'에 대해 똑 부러지는 답을 낼 줄 알고, 그 답에 맞는 삶을 살아가는 것이 바로 철학입니다.

이런 소중한 철학을 하기 위해 굳이 프랑스의 바칼로레아를 치를 필요는 없습니다. 언제든 자신과 세상 그리고 삶에 대한 진지한 고민을 하는 순간, 그곳이 바로 나만의 바칼로레아 시험장이 될 수 있기 때문입니다.

책 읽는 아이들

6

책의 황금기

많이 읽으면 분명히 달라집니다. 그리고 책은 무기입니다. 이것이 제가 이 장을 통해 꼭 전달하고 싶은 메시지입니다. 아이들에게 책 읽는 습관을 길러주십시오. 그 습관은 장차 그들의 삶에서 무기가 될 것이고 또 피난처가 될 것입니다.

아이가 지혜를 얻는 데에는 3가지 방법이 있습니다.

가장 좋은 방법은 지혜를 가진 훌륭한 스승과의 만남을 통해, 실제로 감동받고 경험하며 살아있는 지혜를 배우는 것입니다. 말하자면 플라톤이 소크라테스와 그랬던 것처럼 말입니다. 하지만 안타깝게도 이런 경험은 인연과 행운을 필요로 하기 때문에 좀처럼 기대하기 어렵습니다.

두 번째 방법은 바로 여행입니다. 여행이라는 경험은 사람을 변화시킵니다. 환경이 바뀌면 우리의 관점도 바뀌며 감정도 달라집니다. 그래서 여행을 떠난 사람은 그 여행을 통해 새로운 지식과 감동을 경험하고 때로는 처음으로 자기 자신을 만나기도 합니다.

그리고 세 번째로 좋은 방법이 바로 독서입니다. 배움의 핵심은 바로 경험인데, 실제 현인을 만나거나 여행을 통한 경험을 대신할 수 있는 것이 바로 독서입니다. 독서는 분명 간접 경험이지만 직접 경험하는 것에 비해 분명한 이점도 있습니다. 더 짧은 시간 동안 훨씬 더 많은 그리고 다채로운 경험을 할 수 있으며 비용도 거의 들지 않는다는 점입니다.

우리는 오늘날 책의 황금기를 살아가고 있습니다. 역사상 그 어느 때도 지금처럼 세상에 책이 풍요로웠던 적이 없습니다. 컴퓨터로 깔끔하게 제본된 저렴한 책이 도시 곳곳에 위치한 넓은 서점들을 가득 채우고 있습니다. 고전부터 최근에 쓰인 자기계발서까지 독자는 자신이 무엇을 알고 싶은지 결정하기만 하면, 그 호기심을 마음껏 채워줄 책을 발견할 수 있습니다. 만약 무엇이 부족하다면 호기심이 부족할 뿐, 그 호기심을 채워줄 책은 넘칠 정도로 풍부합니다.

엄마는 아이가 이런 책의 황금기에 태어난 것을 고맙게 생각하고, 이 시대의 이점을 아이가 충분히 누릴 수 있도록 노력해야 합니다. 이런 시대에 살아가면서도 책을 읽지 않는 것은, 현대를 살아가며 인터넷을 사용하는 법을 배우지 않는 것과 같습니다.

사람들은 책을 통해 우리가 얻을 수 있는 혜택이 무궁무진하다고 말합니다. 이 말을 뒤집어보면 책을 읽지 않아 우리가 놓칠 수 있는 혜택도 그만큼 많다는 뜻이 됩니다. 아이가 그 무궁무진함의 혜택을 누릴 수 있도록 해주어야 합니다.

책은 지식과 지혜를 동시에 줍니다. 지식이란 생각하는데 배경이 될 수 있는 재료들이고, 지혜란 그 재료들을 바탕으로 현명하게 생각하고 판단 내릴 줄 아는 능력입니다. 독서를 통해 아이는 세상의 모든 지식을 직접 경험하지 않고도 폭넓게 축적할 수 있으며, 동시에 같은 주제에 대해 앞서 생각했던 여러 사람들의 생각을 참고하여 자신만의 가치관과 철학을 완성할 수도 있습니다.

아이가 책을 통해 배울 수 있는 세상에는 시공의 한계가 없습니다. 예를 들면 아이는 한 번도 가본 적 없는 다른 대륙의 나라들이라든지, 지금은 물에 잠겨 그 흔적조차 찾아볼 수 없는 아틀란티스 대륙에 대한 지식을 단지 몇 권의 책을 읽는 것으로 가질 수 있습니다. 물론 그 지식들에 대해서는 추가로 검증과 사색의 시간을 가져야 하겠지만, 일단 풍부한 재료를 가질 수 있다는 점은 아이의 지성에 두터운 토양이 되어 줍니다.

또한 아이는 앞서 소개한, 지혜를 얻는 첫 번째 방법인 훌륭한 사람들과의 교류 역시 간접적으로 경험할 수 있습니다. 플라톤은 이미 2400년 전에 가고 없지만, 그가 남긴 40여 편의 책을 통해 그 안에 봉인된 그의 영혼을 만나볼 수 있습니다. 책이란 인간의 영혼이 종이 위에 펜으로 기록된 흔적이기 때문입니다. 책을 통해 아이는 지구를 살다간 거의 모든 영혼들로부터 지혜를 전달받을 수 있습니다.

독서가 성적에 도움이 되는 이유

감동은 아이가 독서를 하며 얻게 되는 중요한 경험입니다. 인간의 영혼은 감동을 통해 더 고양되고 성장하기 때문입니다. 아이는 영웅들의 이야기를 통해 그들이 느꼈던 좌절과 두려움을 함께 느끼고, 또 그들이 모든 고난을 뚫고 마침내 승리했을 때에는 그 환희 역시 함께 경험할 것입니다. 그리고 그 영웅전 속의 모든 주인공들도 자신과 마찬가지로 평범한 인간이었다는 사실을 깨닫고, 아이도 자신의 삶에서 그들처럼 영웅이 될 수 있을 것이라는 가능성을 발견할 것입니다.

소설과 같은 문학작품 속에는 사람들의 다양한 삶이 담겨 있습니다. 아이는 그 수많은 인생이야기를 접하며 인간이 살면서 느끼게 되는 다양한 경험과 감정에 대해서 공감할 줄 아는 능력을 기르게 될 것입니다.

소설을 읽으며 많은 감정을 경험해 본 아이는 그렇지 않은 아이보다 더 현명합니다. 그들은 상황과 사람을 이해할 수 있는 더 많은 사례와 재료들을 가지고 있어 타인과 세상에 대한 더 깊은 공감력을 가지고 있기 때문입니다. 그런 공감력은 아이가 장차 세상을 성공적으로 살아가는데 있어 매우 중요한 능력이기도 합니다.

독서는 물론 아이의 내면을 성장시켜 아이가 더 현명하고 바른 인성을 가진 사람이 되도록 도와주기도 하지만, 학업에도 커다란 도움이 됩니다. 학교의 모든 공부는 교과서로 배우게 됩니다.

다시 말하면 공부는 기본적으로 독서라는 행위를 통해 이루어집니다. 아이들이 독서 습관을 통해 책이라는 물건을 읽고 이해하는 활동에 더 익숙해진다면 아이가 교과서를 대할 때에도 분명 차이를 만들 것입니다.

또한 공부는 기본적으로 언어를 통해 이루어집니다. 언어능력이 뛰어날수록 이해력과 사고력도 더 높습니다. 게다가 말뿐 아니라 우리의 생각 역시 언어라는 틀에서 이루어지기 때문에 풍부한 어휘력을 가지고 있으면 아이는 더욱 능숙하고 효과적으로 생각을 할 수 있게 됩니다.

독서는 어휘력을 늘리고 언어에 대한 이해력과 사고력을 발달시키는 데 있어 가장 좋은 활동입니다. 독서를 많이 하는 아이와 그렇지 않은 아이 사이에는 어휘력의 차이가 발생하고, 그 어휘력의 차이는 다시 이해력과 사고력의 차이를 만들어 냅니다. 같은 내용을 배우더라도 독서를 많이 한 아이는 더 빨리, 더 쉽게 그리고 더 깊이 그 내용을 이해할 수 있습니다. 또한 자신의 생각을 조리 있게 정리하여 그것을 풍부하고 고상한 어휘로 효과적으로 표현할 수도 있습니다.

영어와 논술의 경우

●●●

영어의 경우도 마찬가지입니다. 한국어를 잘해야 영어도 잘할 수 있습니다. 왜냐하면 한국어 어휘력은 영어 어휘력의 바탕이 되기 때문입니다.

요즘 일부 엄마들이 아이의 영어 실력을 키우기 위해 아주 어린 나이 때부터 국어 공부의 비중을 줄이고 그 시간에 영어를 가르칩니다. 하지만 그렇게 너무 일찍 국어 공부를 소홀히 하면 아이의 영어 실력도 탄탄한 바탕을 가질 수 없게 됩니다.

결국 좋은 국어 실력을 가진 아이와 그렇지 못한 아이의 영어 실력은 어느 시점부터 크게 갈리게 됩니다. 탄탄한 국어 실력을 가진 아이라면 노력에 따라 충분히 국어와 영어 모두를 능숙하게 다루는 사람이 될 수도 있지만, 부실한 국어 실력을 가진 아이는 자칫 국어와 영어 모두 다 제대로 구사하지 못하게 될 수도 있습니다.

세상에는 2가지 이상의 언어를 구사하는 사람들이 꽤 있습니다. 하지만 과학자들의 연구에 의하면 그 누구도 완벽하게 2가지 언어를 사용하지는 못한다고 합니다. 다시 말하면 모태가 되는 하나의 언어가 있고, 그 위에 추가적으로 다른 언어를 배운다는 것입니다. 이때 중요한 것은 그들이 비록 추가적으로 다른 언어를 배운다고 해도 그 기본틀은 모태 언어의 실력이라는 점입니다. 따라서 아이의 모태 언어인 국어가 먼저 완전하게 틀을 잡아야 그 위에 추가로 배우는 제2, 제3의 다른 언어도 잘할 수 있는 것입니다.

국어 공부는 영어든 프랑스어든 다른 모든 언어를 담을 수 있는 그릇을 만드는 과정이기 때문에 결코 소홀히 해서는 안 되는 아주 중요한 공부입니다. 그리고 독서는 아이의 그 국어 그릇을 크고 튼튼하게 만들어줄 수 있는 가장 좋은 방법입니다.

외국어에 대한 이야기를 할 때, 수업에서는 곧잘 하던 학생이 실제로 외국인과 만나면 말문이 막혀버린다는 이야기를 흔히 듣게 됩니다. 많은 경우 그 학생의 문제는 영어 실력이 아닙니다. 그것은 콘텐츠의 문제입니다. 외국인과 나눌 말이 별로 없는 아이는 아마 한국인과도 나눌 말이 별로 없을 것입니다.

보스턴에는 언제나 세계 각지에서 온 학생들이 넘쳐납니다. 이미 유학 온 지 여러 해가 되어 영어가 능숙한 학생들도 있고, 이제 막 도착하여 간단한 몇 마디밖에 하지 못하는 학생들도 있습니다.

유학 중 제가 목격한 한 가지 흥미로운 점은 둘 다 이제 막 보스턴에 도착하여 영어가 미숙한 두 남녀가 대화를 나누는 상황입니다. 서로에게 호감이 있는 이들에게 그들의 짧은 영어 실력은 큰 장애물이 되지 못합니다. 그들은 자신이 구사할 수 있는 몇 마디 짧은 영어와 함께 세계 공통어인 바디랭귀지와 영혼의 언어인 눈빛으로 서로 교감 가득한 만족스러운 대화를 나누며 몇 시간을 보냅니다. 그들은 상대에 대해 알고 싶은 것도 많고 또 말하고 싶은 것도 많기 때문입니다. 다시 말하면 그들의 대화 속에는 콘텐츠와 그 콘텐츠를 전달하고픈 의지가 충분합니다. 때로 우리는 말 못하는 동물들과 대화를 나누기도 합니다. 콘텐츠가 있고 의지가 있다면 인간은 언어의 장벽을 넘어 자연스럽게 방법을 찾습니다.

아이에게 독서만큼 풍부한 콘텐츠를 제공해주는 것은 많지 않습니다. 독서를 많이 한 아이는 마치 많은 곳을 여행한 사람처럼 다른 사람들과 나누고픈 이야기가 넘칩니다. 그런 아이는 비록 영어 실력이 뛰어나지 못하더라도 외국인을 만나 밤을 새우며 즐겁게 이야기 꽃을 피울 수 있을 것입니다.

독서가 주는 이런 모든 이점들은 논술에서 가장 분명하게 드러납니다. 독서를 많이 한 아이는 그만큼 끌어다 쓸 배경 지식이 풍부하기 때문에 자신의 주장을 설득하기 위해 적절하면서도 흥미로운 다양한 예를 활용해가며 주장을 풀어갈 수 있습니다. 또한 자신이 무엇을 말하고자 하는 것을 분명하게 알고 있기 때문에 그의 주장은 날카롭고 힘이 있습니다.

무엇보다 꾸준히 독서를 해온 아이는 책을 통해 축적해온 풍부한 배경 지식을 주제에 맞도록 자신만의 언어와 방식으로 새로 조합할 수 있기 때문에, 그의 주장은 독창적이고 창의적인 형태를 가지게 됩니다. 독서를 많이 하는 아이는 단순히 지식을 많이 가진 아이가 아니라 그 풍부한 지식을 상황이 요구하는 새로운 용도에 맞춰 독창적이면서도 설득력 있게 재창조할 수 있는 능력을 가질 수 있습니다.

따라서 아이가 훌륭한 독서 습관을 가지고 있다는 것은 학교와 사회에서 성공적으로 능력을 발휘할 수 있는 최고의 무기를 가지고 있다는 뜻이기도 합니다. 아이의 손에서 책이 떨어지지 않는다면, 그 아이는 앞으로 어떤 형태로든 자신의 삶을 성공적으로 건설해 갈 확률이 높습니다.

독서 습관을 들이는 방법

아이들이 독서를 좋아하지 않는다는 것은 오해입니다. 책은 기본적으로 흥미로운 이야기를 담고 있는 물건입니다. 사람은 모두 자신이 호기심을 가지고 있는 주제가 있고, 재미있고 자신에게 도움이 되는 유익한 이야기에는 관심이 있습니다.

이야기를 좋아하지 않는 아이는 없습니다. 다만 독서라는 행위 자체가 활자를 읽으며 동시에 생각을 해야만 하는 정신적 노동이기 때문에 그런 행위에 익숙하지 않을 뿐입니다. 게다가 독서는 육체적인 노동이기도 합니다. 1시간 또는 그 이상을 몸은 움직이지 않으면서 집중을 해야 하기 때문에 정신적인 인내심만큼 육체적인 인내력도 요구됩니다.

결국 습관의 문제입니다. 독서를 하는 행위가 습관화된 아이는 몇 시간 동안이나 책을 붙들고 즐겁게 자신의 상상 속으로 여행을 다녀올 수 있습니다. 그에 반해 그렇지 못한 아이들은 한 페이지를 읽는 데도 힘들어 합니다. 그것은 아이의 지성이나 능력의 문제라기보다는 그저 독서라는 행위에 대한 익숙함의 문제일 뿐입니다.

독서는 근육을 단련할 때와 비슷한 점이 많습니다. 처음에는 쉽고 재미

있는 책을 조금씩 읽는 것부터 시작해서, 점차 더 깊은 내용을 가진 두꺼운 책을 더 오래 읽어가며 아이는 책 읽기에 익숙해질 수 있습니다. 아직 독서력과 독서근육이 발달하지 않은 아이에게 무턱대고 고전을 읽으라고 한다면 아이는 기가 질려버릴 것이며, 그런 경험은 아이가 책을 싫어하게 만들 수도 있습니다.

공부도 그렇지만, 우선은 아이가 책을 싫어하지 않게 만드는 것이 첫 번째 과제입니다. 아이의 독서습관을 길러주기 위해서는 어릴 때부터 아이 나이에 맞는 쉽고 재미있는 책을 읽는 것으로 시작해야 합니다. 그 시간도 천천히 조금씩 늘려가야 합니다.

중요한 점은, 운동이 그렇듯 매일 또는 거의 매일 반복적으로 해야만 한다는 점입니다. 운동도 그렇지만 독서의 혜택도 누적에 있기 때문이며, 그래야만 그것이 습관이 되기 때문입니다. 축적된 독서량이 많을수록 아이는 더 쉽게 더 많은 페이지를 더 오랫동안 즐기며 읽을 수 있습니다. 결국 모든 습관이 그렇듯 독서 역시 반복과 꾸준함이 열쇠입니다.

책을 고를 때에도, 물론 엄마는 아이가 읽으면 좋을 법한 책 몇 권을 추천해 줄 수는 있습니다. 그러면 엄마는 다양한 추천도서 리스트를 검토하여 나름의 추천도서를 추려낼 것입니다. 하지만 제일 좋은 방법은 아이가 원하는 책을 읽도록 해주는 것입니다. 중요한 점은 좋은 책을 읽히는 것이 아니라, 우선은 아이가 끝까지 읽을 책을 읽히는 것이기 때문입니다.

처음에는 아이가 자신의 즐거움을 안내자 삼아 스스로 책을 고를 수 있도록 해주어야 합니다. 그런 경우라면 엄마가 따로 시키지 않아도 아이는 스스로 책을 읽습니다. 아이가 읽을 다음 책은 아마도 아이가 가장 잘 알 것입니다. 한 권의 책을 읽으면 보통 그것과 연계되어 읽고 싶은 책이 생각나기 때문입니다.

이 경우 엄마는 미리 알아보아 아이가 관심이 있을 만한 책들을 추려 내 넌지시 추천을 해볼 수도 있습니다만, 중요한 점은 언제나 최종 결정은 아이가 할 수 있도록 해주어야 한다는 점입니다. 그래야 책임감을 가지고 끝까지 읽습니다.

책의 내용만큼이나 한 권의 책을 끝까지 읽는 그 경험도 중요합니다. 책 읽는 것이 습관으로 자리를 잡을 때까지는 아이가 책 읽는 것을 좋아하도록 만들어 주십시오. 그렇게 천천히 책과 친해지고 독서 습관이 탄탄히 자리를 잡으면, 나중에는 누가 말리더라도 책을 손에서 놓지 않는 아이가 될 것입니다.

대부분의 아이들은 독후감을 쓰는 것을 좋아하지 않습니다. 나중에 독서가 습관이 되고, 자신이 좋아하는 책을 읽었을 때 그 내용에 대한 자신의 생각을 정리해 보고자 스스로 독후감을 쓰는 경우도 있습니다만, 대부분의 경우 독후감을 강요하는 것은 아이가 책을 읽는 것을 싫어하게 만드는 주범입니다.

독후감을 쓰는 습관에는 분명 이점이 많이 있지만, 그것은 나중에 자연스럽게 길러질 수 있도록 유도하는 것이 좋습니다. 특히 독서 습관을 들이는 초반에는 아이가 원하는 경우가 아니라면 독후감을 강요하지 않는 것이 좋습니다.

아이는 자신이 읽은 모든 것을 기억하지 못합니다. 그리고 기억할 필요도 없습니다. 중요한 것은 그 책을 읽는 동안 아이가 느끼는 감동, 슬픔, 놀라움 그리고 기쁨 같은 내면의 경험입니다. 그런 경험을 통해 아이의 영혼이 성장하는 것입니다.

그리고 설령 아이가 독서를 하며 습득한 지식을 기억하지 못한다고 하더라도 그 지식들이 사라지는 것은 아닙니다. 그것은 아이의 기억 어딘가에 배경지식으로 남아 있으며, 언젠가 그와 연관된 생각을 할 때마다 다시 기억의 표면 위로 올라와 활용될 것입니다. 그렇기 때문에 아이가 책을 통해 무엇을 배웠는지에 대해서 또는 독서의 성과에 대해서 너무 조급하게 판단하려고 하지 않는 것이 좋습니다.

요즘 많은 가정에서 거실에 TV를 없애고 대신 책장을 놓고 있는 것 같습니다. 그것은 매우 지혜로운 선택입니다. 아이에게든 성인에게든 독서에 가장 방해가 되는 것은 TV이며, 독서에 가장 도움이 되는 것은 주변 환경이 책으로 둘러싸여 있는 것입니다.

게다가 부모가 독서하는 모습을 자주 보여줄 수 있다면 그런 모습은 아이의 독서 습관을 위한 최고의 자극제가 되어줄 것입니다. 환경은 아이의 생각과 선택에 지대한 영향을 미칩니다. 주변에 책이 많고, 책 읽는 사람들이 자주 보이고 TV나 스마트폰 같은 시간 흡혈귀들이 보이지 않는다면, 아이는 자연스럽게 자신에게 주어진 여유 시간에 책을 집어 들고 독서를 하며 보낼 확률이 높을 수밖에 없습니다.

엄마도 책을 읽어 봐서 아시겠지만, 한 페이지 한 페이지 책을 읽는다는 것은 결코 쉬운 일이 아닙니다. 아이들에게 독서 습관이 자리 잡는다고 하더라도 독서에서 누리는 기쁨이 늘어가는 것이지 그 행위 자체는 여전히 힘이 들 것입니다.

그럼에도 그 노동의 가치를 알기 때문에 아이들은 자발적으로 책을 집어 드는 것입니다. 아이들이 읽는 각각의 페이지는 집을 짓기 위해 벽돌을 하나씩 올리는 것과 같습니다. 그렇게 한 권의 책을 다 읽게 되면 한 채의 집이 아이의 정신 안에 세워지는 것이며, 그 집 안은 아이가 두고두고 누릴 수 있는 지혜와 감동으로 가득 차게 되는 것입니다.

아이가 꾸준히 책을 읽게 되면, 언젠가 아이의 정신 안에는 이미 하나의 작은 마을을 이룰 수 있을 만큼 많은 집들이 들어서게 될 것입니다. 아이는 살아가며 현명함의 힘이 필요할 때마다 그 집들을 방문하여 필요한 지혜를 얻어 올 것이며, 고난을 극복해야 할 때나 위안이 필요할 때 그 집들을 피난처로 삼을 것입니다. 습관은 행복한 삶의 뼈대입니다. 책 읽는 습관은 그중에서도 척추라고 할 수 있을 정도로 아이에게 유익한 습관입니다. 꼭 그 선물을 아이 손에 쥐어 주십시오.

아이에게
롤모델이 중요한 이유

7

누구에게 반할 것인가

아이들의 교육에 대한 이야기를 할 때 롤모델의 필요성이 자주 언급됩니다. 아이들에게는 롤모델이 필요합니다. 만약 아이들이 마치 그림을 그리듯 자신의 인생이라는 작품을 완성시켜가는 것이라면, 참고할 만한 대상 없이 막연히 머릿속의 추상적 개념만 가지고 그림을 그리는 것보다 모델이 될 수 있는 훌륭한 작품을 앞에 가져다 놓고 따라 그리는 것이 훨씬 더 쉽기 때문입니다.

보통 우리가 롤모델을 이야기할 때 거론되는 인물은 직업과 관련된 것이 많습니다. 주로 빌 게이츠나 워렌 버핏처럼 사업가로 크게 성공한 사람들이거나, 아니면 김연아 선수처럼 인기가 많고 존경받는 지위에 오른 사람들의 직업적인 성공을 본받으려고 하는 경우가 있습니다.

그것이 잘못된 롤모델의 역할은 아니지만, 롤모델이라는 것은 단순히 경제적, 사회적 성공이라는 기준만큼이나 인격적인 부분 역시 고려가 되어야 합니다. 자칫하면 아이가 인격적 수양은 잊고 오직 많은 돈을 벌거나 사회적으로 유명한 사람이 되는 것만을 자신의 인생의 목표로 삼게 될 수도 있기 때문입니다.

이 세상에서 행복한 사람은 드뭅니다. 그것은 성취하기 어려운 목표이기 때문입니다. 하지만 경제적으로 성공한 사람들이나 사회적으로 높은 위치에 오른 사람들은 그 수가 훨씬 더 많습니다. 그것은 올바른 인격을 가지고 진정으로 행복한 삶을 이루어내는 것보다 부자가 되거나 유명인이 되는 것이 훨씬 더 쉽기 때문입니다. 아이의 목표는 돈이나 명예가 아닌 행복이 되어야 합니다.

롤모델은 아이가 깊이 반할 만한 사람이어야 합니다. 단순히 누군가가 높은 위치에 올랐다거나 많은 돈을 벌었다는 이유로 그 사람을 롤모델로 정하기보다는 아이가 거부할 수 없는 분명한 매력을 느끼는 사람이어야 합니다. 그래야만 누가 시키지 않아도 아이가 그를 닮기 위해 꾸준히 노력할 것입니다. 사랑하거나 많이 좋아하게 되면 닮고 싶어지는 것이 사람의 마음이기 때문입니다. 삶에서 그렇게 좋아하고 닮고 싶은 롤모델을 가질 수 있다는 것은 누구에게든 커다란 축복이 아닐 수 없습니다.

아이에게 필요한 세 명의 롤모델

●●●

제가 볼 때 롤모델은 크게 3가지 영역에서 찾아보는 것이 좋다고 생각합니다. 가장 이상적인 경우는 이 3가지가 모두 한 사람에게서 발견되는 경우이며, 또 그보다 더 이상적인 것은 롤모델이 바로 아버지나 어머니 또는 최소한 자기 삶 가까이에 있는 사람일 때입니다. 하지만 그런 경우는 행운의 도움이 많이 필요한 드문 경우이기 때문에, 각각 세 사람을 찾아서 각각의 인물로부터 좋은 점만 참고하는 것이 차선책입니다.

첫 번째는 바로 행복한 사람입니다.

이 사람은 가급적이면 부모가 되어야 합니다. 왜냐하면 행복한 부모야말로 아이들이 삶을 긍정적인 태도로 살아갈 수 있는 태도를 배우기에 가장 적합한 대상이기 때문입니다.

부모는, 특히 엄마는 아이와 가장 많은 시간을 보냅니다. 그렇기 때문에 아이가 행복한 인간의 모범적인 초상을 그렇게 가까이에서 자주 보며 자라날 수 있다면 아이는 쉽고 자연스럽게 그런 태도를 배우게 될 것입니다. 그래서 이 책의 앞에서도 여러 번 강조했지만, 엄마는 아이를 위해서도 스스로 더 행복한 사람이 될 수 있도록 노력해야 합니다.

두 번째는 직업에 대한 롤모델입니다.

예를 들어 많은 사람들이 한때 스티브 잡스를 인생의 롤모델로 삼았었습니다. 그가 세상을 떠난 후 그에 대한 기억과 함께 그런 유행도 다소 사그

라진 것 같습니다만, 특히 벤처 사업가를 꿈꾸는 젊은이들은 여전히 그를 닮고 싶어 합니다.

그들이 닮으려고 하는 것은 단순히 컴퓨터와 스마트폰을 만드는 회사의 CEO가 되는 것이 아닌, 그가 어떻게 자퇴생에서 거의 무일푼으로 애플이라는 회사를 세웠고 또 지금의 제국으로 키워냈느냐 하는 그 과정입니다. 이처럼 직업에 대한 롤모델은 그 직업이 보여주는 화려함이 아닌, 그 뒤에 숨겨진 노력의 흔적들을 아이들이 배울 수 있도록 하는 것에 초점이 맞추어져야 합니다.

요즘 아이들이 가장 선호하는 꿈이 연예인이라고 합니다. 많은 아이들이 아이돌이 되고 싶어 합니다. 저는 TV도 거의 보지 않고, 대중음악도 거의 듣지 않기 때문에 요즘 연예인들 중에 아는 얼굴이 그리 많지 않습니다.

하지만 기회가 되어 TV에서 아이돌이 공연하는 것을 보면, 사실 그들에 대한 존경심을 가지게 됩니다. 그들이 어떤 경로를 거쳐 마침내 무대 위에까지 서게 되었는지를 알기 때문입니다. 그들은 대부분 아주 어릴 때부터 연예계로의 진로를 일찌감치 결정하고 연습생의 신분으로 춤과 노래 그리고 연기와 관련된 강도 높은 훈련을 견뎌낸 아이들입니다.

그들이 견뎌야 했던 것은 육체적인 훈련만이 아닙니다. 그들은 만약 경쟁에서 낙오된다면 일부는 중졸 또는 심지어 초졸의 신분으로 다시 사회로 돌아가야 하는 위험의 부담까지 이겨낸 후, 비로소 무대에 오를 수 있게 된 것입니다. 그래서 저는 TV에서 아이돌을 볼 때면 제가 대단한 정신력과 의

지력을 가진 강한 사람들을 보고 있구나 하는 생각이 듭니다.

연예인이 되고 싶어 하는 아이들은 많지만, 그들이 거쳐야 했던 그 고독과 불확실성에 대한 두려움 그리고 인내를 요하는 길고도 긴 연습생 시절을 아는 아이들은 많지 않습니다. 그저 사람들에게 환호 받고 그들이 가는 곳마다 쉴 새 없이 터지는 카메라 플래시가 부러울 뿐입니다.

그런 안이한 생각으로는 연예인이 아니라 그 어떤 직업을 꿈꾸더라도 제대로 이루어내기 어렵습니다. 왜냐하면 세상의 모든 직업은 겉에서 보는 것과 실제로 자신이 그 직업으로 사는 것은 매우 다르기 때문입니다. 또한 그 어떤 직업이든 오직 최고만이 살아남을 수 있고, 그 길은 엄청난 인내와 고독 그리고 끊임없는 자기관리를 통해서만 걸어갈 수 있기 때문입니다.

따라서 직업과 관련된 롤모델은 아이들에게 그 직업의 화려함이 아닌 그림자까지 보여주는 것이어야 하며, 그럼에도 불구하고 아이가 그 길을 가겠다고 마음먹는다면 그 롤모델의 지난 발자국까지 아이에게 유용한 참고가 될 수 있어야 합니다.

그런 이유로 직업적인 롤모델의 경우, 단번에 쉽게 성공한 인물보다는 꾸준한 노력으로 최소한 몇 번의 실패나 긴 기간 동안의 어려움을 이겨낸 후 정상에 오른 인물이 바람직합니다.

세 번째 롤모델은 바로 인격과 관련된 인물입니다.

인격과 관련된 롤모델은 주변에서 찾아볼 수도 있고, 또 많이들 그렇게 하듯 위인전에서 찾아볼 수도 있습니다. 인격과 관련된 부분은 평생에 걸쳐 천천히 발전되는 것이기에 아이가 롤모델로 결정한 인물은 아이가 살아가며 인격적으로나 도덕적으로 혼란스러운 상황에 봉착할 때마다 자신의 롤모델을 통해 다시 바른 방향을 찾을 수 있게 해주는 일종의 등대 같은 존재입니다.

대부분 그런 롤모델들은 화려하지 않습니다. 오히려 지루해 보이죠. 이 때문에 많은 아이들이 직업에 대한 롤모델은 가지고 있으면서도 인격에 대한 롤모델은 가지고 있지 않는 경우가 많습니다. 하지만 인격이 바로 서야 삶에 중심이 잡히고 나아가 스스로 행복한 어른이 될 수 있습니다. 따라서 훌륭한 인격을 가진 롤모델은 아이에게 반드시 필요합니다.

저는 특정한 종교를 가지고 있지는 않습니다만 모든 종교에 관심이 많습니다. 종교란 인간에게 필요한 가장 순도 높은 가르침이 가득 발견되는 곳이라는 사실을 경험으로 알고 있기 때문입니다. 그래서 인격과 관련한 훌륭한 롤모델이 발견되는 곳이기도 합니다.

저의 경우 자비심과 타인에 향한 친절함에 대한 달라이 라마의 일관된 노력에 몹시 감탄하면서도, 예수야말로 인간이 도달할 수 있는 가장 완성된 형태의 영혼을 단적으로 보여주는 진정한 롤모델이라고 여기고 있습니다. 그래서 부끄럽지만 부족하나마 늘 그들을 닮고자 노력하고 있습니다.

그들을 보고 배우며 제가 이렇다 할 진전을 이루어냈다고 자신 있게 말할 수는 없습니다. 그래도 분명한 것은 만약 그들을 참고하고 배우려하지 않았다면 저라는 사람은 분명 지금보다도 더 부족한 인격을 가진 사람으로 남아 있었을 것입니다.

또한 그들처럼 훌륭한 롤모델이 있었기 때문에 비록 제 인격적 진전이 여전히 매우 더디긴 하지만 다행히 뒤로 가지는 않았던 것 같습니다. 그 사실 하나만으로도 저는 늘 깊이 감사하고 있습니다.

아이들이 롤모델을 가지며 얻을 수 있는 가장 큰 혜택은 바로 그들이 모두 사람이었다는 사실입니다. 초능력을 지닌 어떤 특별한 존재가 아닌 아이와 거의 대부분 똑같은 조건이나 그보다 못한 조건을 가졌던 사람들이지만, 노력과 훌륭한 자질의 도움으로 자신의 영역에서 최고의 자리에 오르거나 훌륭한 업적을 남긴 사람들입니다. 바로 그 점에서 아이들은 자신도, 자신이 가진 약점과 삶의 장애물을 극복하며 꾸준히 노력하면 언젠가 그들의 롤모델처럼 목표를 이루어낼 수 있다는 강력한 희망의 근거를 발견할 수 있게 됩니다.

그리고 바로 그 부분이 아이들이 롤모델을 가지는 것의 가장 큰 유익함이 아닐까 싶습니다. 아이의 인생에서 가장 값지고도 필요한 자질은 바로 '고난을 극복하는 의지'입니다. 그리고 롤모델이 될 만한 진정한 영웅들 가운데 그런 의지가 부족했던 사람은 한 명도 없습니다. 따라서 아이는 자신의 롤모델을 통해 성공에 대한 기대만큼이나 고난을 극복해낸 그들의 불굴의 의지도 함께 배우게 되는 것입니다.

대화,
엄마와 아이의 영혼이 만나는 시간

8

세상에 단 하나뿐인 소중한 언어

가르치려는 사람으로부터는 많은 것을 배우지 못합니다. 그보다는 대화를 통해서 더욱 많은 것을 배웁니다. 대화야말로 두 사람의 영혼이 서로 접속하는 가장 훌륭한 방법이기 때문입니다.

교육에 있어 엄마가 계발해야 하는 가장 중요한 능력 중 하나는 바로 아이와 대화하는 기술입니다. 말이 전할 수 있는 메시지는 그리 많지 않습니다. 그보다는 말로는 전해지지 못하는 느낌이나 뉘앙스, 감정들이 억양이나 표정 그리고 작은 행동들로 나타납니다. 그것들 모두 언어입니다.

단지 입을 통해 언어로 표현되지 않는 종류일 뿐입니다. 한 인간이 다른 인간을 완전히 이해하기란 정말 어렵습니다. 사람은 모두 각자의 언어로 이야기하기 때문에, 아주 오랜 기간 서로에 대해 잘 알고 있는 사이가 아니라면 말 속에 담겨있는 그 모든 숨은 의미들과 말 밖에서 표현된 언어들을 포착할 수가 없습니다.

아이에게도 그만의 언어가 있습니다. 그것은 이 세상에서 단 하나밖에 없는 언어이며 오직 엄마만이 알아들을 수 있는 언어입니다. 만약 엄마가 그 언어를 배우려 하지 않는다면 이 세상에서 아이의 언어에 귀를 기울이는 사람, 그 언어를 알아들을 수 있는 사람은 단 한 명도 없게 됩니다. 아이와 대화를 한다는 것은 단순히 말을 사용해 소통한다는 뜻이 아니라 아이의 영혼이 말하고자 하는 것들, 그의 말이 담지 못한 모든 의미를 알아듣고 대답한다는 것을 뜻합니다.

이 세상에서 깊은 감동을 주는 담백한 대화를 나누는 것만큼 낭만적이고 만족스러운 경험은 없습니다. 누군가 내 마음, 내 기분, 내 생각을 이해해준다는 그 느낌은 정말이지 따뜻하고 황홀한 경험입니다.

아이에게 그런 높은 수준의 행복감을 제공할 수 있는 가장 적합한 사람은 단연 엄마입니다. 아이의 언어는 그가 입으로 하는 말과 그의 표정, 그리고 몸짓과 억양 등 대화의 경험 속에 참여하고 있는 모든 것을 포함하고 있습니다. 그 언어를 이해하는 것은 결코 쉬운 일이 아닙니다. 오직 사랑으로 가능한 관심과 세밀한 배려 속에서만 비로소 그 언어를 들을 수 있습니다. 그렇기 때문에 엄마는 아이의 말을 들으려고 하는 것이 아닌, 아이가 무는 말을 전하려고 하는 것인지를 들으려고 해야 합니다.

그 차이는 큽니다. 왜냐하면 아이의 말은 종종 서툴고 솔직하지 않기 때문입니다. 그 여백은 엄마의 관심과 관찰로 메워주어야 합니다. 당연히 그런 노력은 인내를 요할 것입니다. 하지만 아이에게 필요한 사람은 자신을 이해해주는 사람 이전에, 자신을 이해하려고 노력하는 사람입니다. 일단은 그 정도면 충분합니다. 왜냐하면 아이가 세상을 살아가며 만나는 사람들 가운데 그렇게 자신을 이해하려고 노력하는 사람은 많지 않을 테니까요.

대부분 대화를 할 때, 한 명이 말하면 다른 사람은 그 말을 듣습니다. 하지만 그는 이해하기 위해 듣는 것이 아닌, 대답하기 위해 듣고 있습니다. 그래서 그들의 대화는 깊이를 가지지 못합니다. 말로는 표현되지 못한 그 수많은 의미들은 건드리지도 못하고 피상적인 수준에서 별 소득 없는 잡담으로 끝나버리고 맙니다.

엄마와 아이의 대화는 달라야 합니다. 엄마는 아이의 마음을 듣기 위해 들어야 합니다. 엄마는 아이의 말을 볼 수 있어야 하고 또 느낄 수 있어야 합니다. 그래야만 정말로 아이가 무엇을 말하고 있는지, 무엇을 원하고 있는지 이해할 수 있습니다.

마음의 귀를 열어주는 몇 가지 방법

집중하기 위해서는 지루함을 참아내야만 합니다. 아이의 이야기가 언제나 흥미롭지는 않을 것입니다. 하지만 그 지루한 이야기 속에는 엄마가 아이를 이해할 수 있는 많은 정보가 있을 것입니다. 엄마가 지루함을 견디고 아이의 이야기를 차분히 들어준다면 아이는 감동할 것이며 더 많은 이야기, 더 깊은 이야기를 할 것입니다. 엄마가 원하는 것이 바로 그것입니다. 아이가 대화에 편안함을 느껴서 자신이 정말로 하고 싶은 이야기를 하도록 하는 것 말입니다.

사람은 누구나 말을 하고 싶어 합니다. 일종의 수다본능 같은 것이 우리 모두에게는 있습니다. 아이들도 마찬가지입니다. 그래서 그들에게는 편안하게 그 모든 이야기를 쏟아 내놓을 사람이 필요합니다. 다른 친구들은 적절한 대상이 되어주지 못합니다. 왜냐하면 누군가의 이야기를 능숙하게 들어준다는 것은 쉬운 일이 아니며, 아이들 가운데 그런 수준의 인내심과 배려심을 가진 경우는 매우 드문 일이니까요.

다른 사람의 이야기를 들어주는 것은 매우 특별한 능력입니다. 다른 모든 능력과 마찬가지로 그 능력 역시 많은 훈련을 통해서만 기를 수 있습니다. 그래서 엄마는 기회가 있을 때마다 짧게라도 아이와 대화를 나누려고 해야 합니다.

엄마의 목표는 아이가 그 대화를 하기 이전보다 더 좋은 기분으로 대화를 떠날 수 있도록 해주는 것입니다. 편안하면 기분이 좋습니다. 칭찬받으면 기분이 좋습니다. 동기를 부여받아 힘이 나면 기분이 좋습니다. 내 편에서서 나를 이해해주면 기분이 좋습니다. 이 외에도 엄마가 대화를 통해 아이의 기분을 좋게 해줄 수 있는 방법은 아주 많습니다.

하지만 앞서도 말했듯이 먼저 아이의 언어를 이해할 수 있어야 하고, 또 인내심을 가지고 아이가 편안하게 자신의 이야기를 할 수 있도록 해주어야 합니다. 그렇게 아이와 능숙하게 대화할 수 있는 기술을 터득한 엄마는 언제든지 아이의 기분을 좋게 만들어 줄 수 있고, 아이에게 필요한 위안과 용기를 줄 수도 있습니다.

사랑은 행동으로 보여주는 것입니다. 말보다 중요한 것은 그 말을 하는 태도입니다. 이 때문에 대화의 내용만큼이나 엄마가 아이와의 대화에 임하는 진정성이 중요합니다. 아이들은 아직 어리지만 분명히 느낄 수 있습니다. 이 사람이 어떤 태도로 자신을 대하고 있는지, 이 사람의 마음이 얼마나 나를 향해 열려있는지를 말입니다. 아이와 대화하는 기술은 차차 대화가 늘어가면 저절로 터득하게 될 것입니다.

우선은 아무것도 평가하지 않는 마음으로, 그저 아이의 영혼이 말하는 그것을 잘 듣고 이해하겠다는 성의와 인내심을 가지고 아이의 이야기를 들어주는 것이 출발점입니다.

많은 이들이 미켈란젤로를 조각가로만 알고 있습니다만, 그는 300편의 아름다운 시를 쓴 뛰어난 시인이기도 했습니다. 그의 시는 거의 대부분 사랑을 주제로 쓰여진 것인데, 그 대상은 언제나 연인과 신이었습니다. 그 대상을 명확히 구분하지 않은 경우가 많아 그 둘 모두를 지칭하는 것으로 해석되기도 합니다.

아이가 자신의 영혼으로 말하는 것을 들을 줄 아는 엄마는 아이에게 연인이자 신과 같은 소중한 존재라고 생각합니다. 엄마가 아이에게 아래 소개하는 미켈란젤로의 시의 주인공이 되어준다면 아이의 삶에 그보다 큰 위안이 되고 행복한 선물은 아마 없을 것입니다.

〈당신〉

하루라도 당신을 만나지 못하면
어디에도 평안은 없습니다.
당신을 만날 때
당신은 마치 굶주린 자의 맛있는 음식과도 같습니다.
당신이 웃음 지을 때, 길에서 인사를 할 때
나는 용광로처럼 불타오릅니다.
당신이 말을 걸어주면
나는 얼굴을 붉히지만
모든 괴로움은 일시에 가라앉지요.

아이의 재능을 발견하는 방법

9

아이가 가장 좋아하는 것

이 책에서 이미 아이가 가질 수 있는 최고의 재능에 대해 이야기한 바 있습니다. 바로 꾸준함 말입니다. 꾸준함은 운동선수에게 있어 지구력과도 같습니다. 지구력이 있는 운동선수는 그 종목이 무엇이든 간에 이미 상당한 어드밴티지를 가지고 있다고 할 수 있습니다. 그렇기 때문에 엄마는 아이가 꾸준함이라는 기본기를 갖출 수 있도록 각별히 신경을 써야 하는 것입니다.

하지만 꾸준함만이 아이가 가질 수 있는 유일한 재능은 아닙니다. 모든 인간은 각각 나름의 개성이 있고 누구나 남들보다 못하는 것이 있는 반면, 조금 더 잘할 수 있는 것들이 있기 마련이기 때문입니다. 아이가 남들보다 잘할 수 있는 그것을 편의상 '재능'이라고 부르겠습니다.

아이가 가진 강점, 즉 재능을 발견해주는 것은 매우 중요합니다. 재능은 주로 아이가 잘하면서도 또 좋아하는 것입니다. 사람은 아무래도 자기가 잘하는 것을 좋아하기도 하기 때문입니다. 자신이 잘하면서 좋아하는 것을 일찍 발견한 아이들은 남들보다 먼저 자신만의 방향을 가질 수 있게 됩니다. 아무리 재능이 좋아도 그 재능이 꽃을 피우기 위해서는 긴 시간에 걸친 반복 훈련이 필요한데, 이 과정을 일찍 시작할수록 아이의 재능이 꽃을 피우는 시기도 앞당겨지게 됩니다.

물론 지금도 그렇지만 아이들이 활동하게 될 미래는 전문가의 시대입니다. 과거에는 대기업이 10년에 걸쳐 해낼 일을 오늘날에는 적절한 정보와 기술을 가진 한 개인이 불과 1년 만에 해낼 수도 있습니다.

그런 기적이 가능한 가장 큰 이유는 바로 정보의 접근성 때문입니다. 정보는 힘입니다. 예전에는 소수의 권력자들만 정보를 독점하고 있었지만 오늘날에는 인터넷 덕분에 누구든지 마음만 먹으면 방대한 양의 정보에 접근할 수 있고, 또 그것을 활용할 수 있습니다.

다시 말하면 장차 아이가 자신의 삶에서 무엇을 이루고 싶어 하든 그 재료는 거의 공짜로 충분히 제공될 것입니다. 문제는 아이가 그 재료를 가지고 무엇을 할 것인가 결정하는 것입니다.

자신의 재능을 발견한 아이는, 시대가 제공하는 그 엄청난 양의 재료를 가지고 자신만의 삶을 만들 수 있는 방향과 전략을 가질 수 있게 됩니다. 자신의 손에 훌륭한 괭이와 삽이 있다는 사실을 깨달은 아이는 땅을 파고 농사를 지으려고 할 것이고, 미적 감각과 붓이 있다는 것은 깨달은 아이는 그림을 그리려고 할 것이며, 뛰어난 운동신경과 커다란 폐가 있다는 사실을 발견한 아이는 운동선수가 되려고 할 것입니다.

꾸준함이라는 재능은 아이가 자신의 목표를 이룰 수 있도록 해주는 힘이고, 재능을 발견하는 것은 그 목표가 무엇인지 깨닫도록 해주는 기회입니다.

자세히 오래 보아야 보이는 것

아이는 자라나면서 자연스럽게 자신이 가진 강점과 약점을 드러낼 것입니다. 하지만 유심히 그리고 꾸준히 관찰하지 않는 이상 그 징후들을 포착하기란 결코 쉽지 않습니다. 대부분 그런 징후들은 모호하며, 특정한 상황에서 아주 잠깐 보였다가 사라지곤 하기 때문입니다.

어떤 대상을 관찰한다는 것은 이미 보이는 것을 더 자세히 보려고 하는 것이 아닌, 보이지 않는 것이 보이도록 하는 활동입니다. 세상 모든 것이 그렇습니다. 바라보는 시간과 보려는 관심의 크기만큼 더 많은 것이 보입니다.

제가 좋아하는 시 중에 나태주 시인의 〈풀꽃〉이라는 시가 있습니다. 제가 지금 말하고자 하는 것을 간결하게 잘 표현해 준 시라고 생각합니다.

〈풀꽃〉

자세히 보아야 예쁘다
오래 보아야 사랑스럽다
너도 그렇다

나태주 시인의 시처럼, 자세히 보는 것과 오래 보는 것 모두 상당한 노력을 요합니다. 다시 말하면 지속적으로 관심을 유지할 수 있는 인내와 작은 징후를 놓치지 않고 발견하고 그것을 해석하려는 노력이 있어야만, 비로소 때로는 찰라 동안만 잠깐 반짝이는 아이의 재능을 포착할 수 있는 것입니다.

엄마가 발견하고자 하는 대상은 우선 아이가 무엇을 좋아하는지에 대한 징후입니다. 엄마는 일시적인 징후가 아니라, 비록 다른 형태로 나타나는 것이라 할지라도 반복적으로 발견되는 어떤 징후를 포착하도록 해야 합니다.

재능은 즐거움을 따라간다

아이가 좋아하는 것을 발견하는 것은 사실 꽤 쉽습니다. 아이에게 자유로운 시간이 주어졌을 때 그가 가장 먼저 무엇을 찾는지 관찰해보면 잘 알 수 있습니다. 엄마도 그렇겠지만, 사람은 자신에게 자유가 주어지면 다른 무엇보다 자신에게 가장 큰 즐거움을 주는 것에 향하기 때문입니다.

아이도 마찬가지입니다. 어떤 아이는 틈만 나면 스케치북을 펼쳐놓고 그림을 그리려 할 것이고, 어떤 아이는 가수들의 춤과 노래를 따라 부르며 자신만의 작은 공연에 빠질 것입니다. 어떤 아이들은 이미 해가 져서 앞이 잘 보이지 않을 때까지 운동장에서 축구공을 차며 축구를 할 것이고, 또 어떤 아이는 독서 삼매경에 빠져 밥 먹는 것도 잊고 책 속에 파묻혀 있을 것입니다.

인간은 가장 편안하고 자연스러운 상황에서 자신의 본 모습을 드러냅니다. 그렇기 때문에 아이에게 그런 시간을 제공하고, 그들의 선택과 행동을 관찰함으로써 그것을 발견할 수 있습니다.

제 경우엔 그것이 그림이었습니다. 물론 지금은 그것 외에도 좋아하게 된 것들, 예를 들면 철학이나 문학 그리고 운동 같은 것도 있습니다만, 그림처럼 오랜 기간 동안 한결같이 좋아해 온 대상은 없습니다.

제겐 은인과도 같았던, 제가 철학을 전공하게 된 계기가 되어 준 대학교 철학 교수님에게도 졸업을 하면서 고마움의 표시로 선물 드리고 온 것이 바로 제가 그린 유화였습니다. 고흐의 '별이 빛나는 밤'을 흉내 낸 정말 형편없는 졸작이었지만, 제가 제일 좋아하는 무엇을 당시 제가 가장 존경하고 좋아했던 사람에게 선물해 준다는 것이 제게는 의미가 깊었습니다.

하지만 제게는 제가 좋아했던 그림을 꾸준히 연습하고 그 재능을 개발시킬 꾸준함이 부족했던 것 같습니다. 학창 시절을 보내며 다양한 운동과 기타 다른 취미들에 빠지며 꾸준히 그림을 그리지 못했고 대학교에서도 미술을 전공하지 못했습니다.

그래서 비록 현재 제 그림 실력은 중학교 때보다 그리 나을 것도 없는 형편없는 수준이지만, 그래도 그림을 좋아하는 마음은 그대로이기에 여전히 저의 삶을 풍요롭게 해주는 고마운 취미로 남아 있습니다.

아이의 재능에 대한 이야기를 나누는 이 장에서 아이가 잘하는 것이 아닌 좋아하는 것에 대해 이야기하고 있는 이유는, 아이가 정말로 좋아하는 것은 언제든지 적절한 훈련과 충분한 노출만 제공된다면 아이가 잘하는 것이 될 수 있기 때문입니다.

사실 우리가 뛰어난 사람들을 보며 '타고난 재능이 있다'라고 말하는 많은 부분들이 실제로는 적성의 결과가 아닌 치밀한 노력과 꾸준한 훈련의 결과들입니다. 무엇을 좋아한다는 것은 그것을 잘하게 될 때까지 요구되는 훈련과 노력을 더 끈기 있게 지속할 수 있다는 것을 의미합니다.

다시 말하면 아이가 좋아하는 것은 그것이 무엇이든 아이가 잘하는 것이 될 수도 있다는 말이기도 합니다. 아이가 잘하는 것을 찾기 위해 너무 조바심을 낼 필요는 없습니다. 대신 아이가 정말로 좋아하는 것을 발견하도록 노력해보고, 만약 그것이 아이의 삶에 유익하다고 판단된다면 적극적으로 지원하여 개발시켜주면 됩니다.

물론 아이가 좋아하는 것과는 별도로, 아이가 잘하는 것이 분명 있을 수 있습니다. 하지만 그런 진짜 재능을 발견하는 것은 아이가 좋아하는 것을 발견하는 것보다 어렵습니다. 왜냐하면 그것이 발견되기 위해서는 적지 않은 노출이 필요하기 때문입니다.

재능이 있는 아이든 그렇지 않은 아이든 처음 피아노를 배울 때에는 그리 차이가 나지 않습니다. 하지만 훈련의 난이도가 점점 높아짐에 따라 재능을 타고난 아이는 그렇지 않은 아이에 비해 점점 더 분명한 차이를 드러냅니다. 그 차이라는 것은 아이가 다른 아이들에 비해 더 쉽게 더 잘한다는 것입니다. 쉽게 이야기해 보자면 아이가 어떤 것에 절반의 노력만으로 다른 아이들의 두 배의 성과를 낸다면, 그것은 분명한 징후입니다.

제가 생각하는 가장 좋은 전략은 아이가 좋아하는 것을 먼저 발견하고, 아이의 즐거움을 따라 자연스럽게 다양한 과목이나 대상으로 옮겨가다 결국 아이가 정말로 좋아하면서도 잘하는 것이 발견되는 것입니다.

여기서 중요한 것은 그 과정을 거치며, 그러니까 아이가 좋아하는 그 대상에 임할 때 최선을 다해 열심히 배우고 또 경험하고자 노력해야 한다는 것입니다. 그래야만 엄마도 아이도 그것이 그저 흥미의 대상이었는지 아니면 열정의 대상인지를 알 수 있습니다.

재미만을 위해 대충해서는 아이는 자신에 대해 아무것도 발견할 수가 없습니다. 정말로 최선을 다해 자신이 가진 모든 열정과 끈기를 쏟아부었을 경우에만 재능의 차이가 비로소 눈에 보이게 되며, 아이가 더 적은 노력으로 남들보다 더 많은 성과를 낼 수 있는지에 대한 판단이 설 수 있기 때문입니다.

중요한 또 다른 한 가지는 아이가 무엇을 좋아하게 될지는 아무도 모른다는 것입니다. 그것을 발견하기 위해서는 많은 노출이 필요합니다. 미술관에도 데리고 가고, 음악회에도 데리고 가고, 여행도 함께 다녀보고, 다양한 운동도 해보아야 하며, 다양한 종류의 책도 접해볼 수 있도록 해주어야 합니다.

아이는 그것을 만나기 전까지 열정의 대상을 발견할 수 없기 때문입니다. 많은 경험을 통해 아이가 세상이 제공하는 가능한 모든 선택들을 만나볼 수 있도록 해준 후, 우선은 아이의 즐거움을 따라가며 진정성 있는 열정을 가지고 그 각각의 경험에 임하다 보면 결국 아이가 가장 좋아하면서도 잘하는 것, 즉 아이 고유의 재능이 자연스럽게 발견될 것입니다.

4
부

미국 명문
사립학교 이야기

미국 보딩스쿨 이야기

1

동부의 꽃 보딩스쿨

이 장은 미국의 사립학교 또는 보딩스쿨에 대해 궁금해 하는 엄마들을 위해 정보를 제공하는 차원에서 마련해 본 장입니다.

학교를 다닐 때에도 그랬지만, 졸업을 한 지금도 제 주변에서는 미국 유학에 대해 많이 질문합니다. 대부분 그들의 자녀들을 위한 질문들입니다. 물론 영국이나 프랑스 그리고 가까운 중국과 일본에도 훌륭한 학교들이 많습니다만, 그 숫자와 인지도를 감안한다면 미국에 견줄 수 있는 나라는 찾기 어렵습니다. 중학교부터 대학교까지 단계별로 좋은 학교의 수도 매우 많고, 오랜 세월 체계적으로 교육 인프라가 쌓여 온 만큼 미국의 학교들, 그중에서도 동부의 사립학교들에는 교육적으로 참고할 만한 가치가 있는 특별한 것들이 있습니다.

그래서 이 장에서는 간단하게 미국 동부의 보딩스쿨에 대해 소개하고, 무엇이 그들의 교육 시스템을 그토록 특별하게 만드는지 몇 가지 대표적인 장점들을 살펴보고자 합니다. 그래서 우리나라 학생들이 꼭 유학을 떠나지 않아도 어떻게 하면 현재의 자리에서 그 장점들을 활용할 수 있을지 알아보겠습니다.

제가 중학교를 다니던 중 유학을 떠났던 것이 1991년인데, 그때는 유학생이 그리 많지 않았던 것으로 기억합니다. 당시의 총 유학생의 수는 아마 대략 1000명 내외 또는 많아도 그보다 조금 더 많지 않았을까 싶습니다. 당시에는 공항에서 어린 학생이 혼자 가방을 둘러매고 비행기를 타거나 내리는 광경은 그리 흔하지 않았습니다.

물론 통계마다 다소 차이가 있습니다만, 정부의 집계를 찾아보니 2000년도 직전에는 대략 1,500여 명의 학생들이 해외에서 공부를 하고 있었습니다. 하지만 2000년도를 기점으로 유학생의 수는 폭발적으로 늘어나서 2000년도 중반에는 3만 명에 이르렀다가, 지금은 다양한 단기 유학 상품들이 나오면서 그 수가 20만 명에 달하고 있습니다.

이민을 간 경우가 아니고 유학을 간 경우라면 대부분의 학생들은 사립학교에 입학을 합니다. 사립학교는 크게 기숙사 시설이 없는 곳과 기숙사 시설이 있는 곳으로 나뉩니다. 전자의 경우를 데이스쿨, 후자의 경우를 보딩스쿨이라고 합니다. 제가 알고 있기로는 기숙사 시설이 있는 공립학교는 없기 때문에 보딩스쿨은 모두 사립입니다.

미국에는 현재 약 300여 곳의 보딩스쿨이 운영되고 있습니다. 보딩스쿨의 경우라도 학생 전원이 기숙사 생활을 하지는 않습니다. 다만 대부분의 보딩스쿨이 도시에서 멀리 떨어져 있기 때문에 집이 근처인 일부 학생들을 제외하고는 대부분 학생들이 기숙사 생활을 합니다. 이런 보딩스쿨을 '대학입시준비학교college preparatory school'라고 부르기도 합니다. 명칭이 의미하는 그대로 대학입시를 위한 최고의 교육 환경을 구비하고 있는 사립학교들이라고 볼 수 있습니다.

상상할 수 있는 최고의 교육 환경

대부분의 보딩스쿨은 미국 동부에 몰려 있습니다. 주로 보스턴이나 뉴욕 또는 뉴햄프셔 근처에 많이 있고, 도시와는 떨어져 조용한 곳에 위치하고 있는 경우가 대부분입니다. 보딩스쿨들은 재정이 매우 좋은 편입니다. 졸업생들 중에 성공한 정치인이나 기업가들이 많이 있으며 또 기부금 문화가 아주 잘 발달해 있기 때문입니나.

예를 들어 미국 최고의 명문 고등학교라고 일컬어지는 '필립스 엑세터 아카데미'의 경우 자산이 무려 8,000억 원이나 됩니다. 또 다른 명문 고등학교인 '세인트 폴'의 경우 약 4,000억 원을 자산으로 보유하고 있습니다. 재정이 튼튼한 만큼 학교의 시설과 교육환경은 최고 수준을 자랑합니다.

많은 학교들이 아주 넓은 학교 부지 위에 세워져 있습니다. 그 전체를 모두 돌아보려면 한 나절을 걸어야 하는 곳도 종종 있습니다. 어떻게 보면 작은 대학교를 보는 것과도 같습니다.

하지만 학교의 정원은 적게는 200~400명 정도, 많아도 1000명을 조금 넘는 수준으로 학교 크기에 비해 결코 많지 않는 학생 수를 가지고 있습니다. 수준 높은 교사들은 이들 학교의 또 다른 장점입니다. 이들은 대부분 자기 전공분야에서 석사급 이상의 전문경력을 보유하고 있는 사람들로 매우 양질의 수업을 제공합니다. 게다가 한 교사가 수업당 맡고 있는 학생의 수는 보통 많아 봐야 10명을 넘지 않기 때문에 학생 한 명 한 명에 대한 집중적인 관리가 가능합니다.

따라서 보딩스쿨이 가지고 있는 많은 장점 가운데 어쩌면 가장 우선시되는 것이 그 학문적 우수성입니다. 그렇기 때문에 그것을 평가하는 대표적인 기준인 대입 성적을 볼 때 명문 보딩스쿨들의 성적은 언제나 전국에서도 가장 높은 곳에 위치해 있습니다.

아이들이 공부를 더 잘할 수 있는 이유는 좋은 교사진의 덕분만은 아닙니다. 보딩스쿨은 공부를 위한 최적의 환경을 가지고 있습니다. 늦은 밤에는 자기 방에서 공부를 하는 아이도 많지만, 저녁이나 주말에는 학교 도서관에서 공부를 합니다.

보딩스쿨은 매우 훌륭한 도서관 시설을 갖추고 있습니다. 많은 학교들이 일반 대학교의 도서관 수준을 웃도는 수준의 도서관 시설과 상당한 장서를 보유하고 있으며 저절로 공부가 될 것 같은 고풍스럽고 오래된 분위기의 고딕 도서관을 갖춘 곳, 최첨단 시설을 구비한 쾌적한 도서관을 갖춘 곳, 그 2가지를 모두 갖춘 곳 등 보딩스쿨의 도서관들은 그 학교의 자존심인 만큼 아주 훌륭합니다.

이들 도서관은 아주 많은 고전서부터 최신 도서까지 학생들이 필요로 하는 모든 책은 거의 다 구비하고 있는 만큼 학생들은 도서관 내에서 공부하고 연구할 자료의 부족함은 거의 느끼지 못합니다.

보딩스쿨의 또 한 가지 장점은 아마도 통학을 하지 않아도 되기 때문에 공부할 시간이 많다는 것입니다. 자신이 사는 곳이 바로 자신이 공부하는 곳이기 때문에 공부와 생활이 효율적이고 조화롭게 잘 어우러집니다.

보딩스쿨의 여러 면에서 대학교 생활을 떠올리게 합니다. 학생들은 자신이 듣고 싶은 수업을 스스로 판단해 등록하면서 자연스럽게 자신의 생활 스케줄을 디자인합니다. 또한 오전 8시에 첫 수업을 시작으로 오후 3시에 마지막 수업을 마치고, 그때부터 저녁시간 전까지 자신이 선택한 운동을 하게 됩니다. 저녁식사 이후의 시간은 온전히 학생 스스로의 재량에 따라 사용됩니다.

자기 방이나 학교 도서관에 가서 공부를 하는 학생이 있는가 하면 실내 체육관에 가서 운동을 하는 학생, 학교 라운지에서 친구들과 간단한 간

식거리를 즐기며 사교를 즐기는 학생 또는 밀린 빨래나 방 청소를 하는 학생 등 마치 독립한 대학생이 스스로 자신만의 시간을 계획하고 생활하듯, 미리부터 자신의 인생에 대한 책임감 있는 생활을 경험하게 됩니다.

보딩스쿨의 특징은 아무래도 기숙사 생활에서도 발견됩니다. 보딩스쿨은 교육 공간을 교실, 운동장 그리고 기숙사로 구분하고 있을 정도로 기숙사 생활은 아이들이 생활을 하는 곳이자 중요한 교육 공간의 역할을 합니다. 그곳은 작은 사회입니다. 어떻게 보면 가정 같은 곳일 수도 있고 직장 같은 곳일 수도 있습니다.

미국 내에서도 다양한 배경과 지역에서 온 아이, 저처럼 멀리 다른 나라에서 온 아이, 부모가 이혼하여 오게 된 아이(이런 아이들이 꽤 많습니다), 아버지와 할아버지가 같은 학교를 나온 아이(이런 아이들도 꽤 많습니다) 등 기숙사 안에서는 정말로 다양한 아이들이 모여서 생활하게 됩니다.

대부분 풍족한 경제적 배경을 가진 집에서 자란 아이들이지만, 그렇다고 모두가 행복한 가정 스토리를 가지고 있는 것도 아닙니다. 학생들은 기숙사 안에서 친구들과 생활하면서 다양한 문화, 다양한 가정환경, 다양한 인생 스토리를 가진 다양한 종류의 사람들과 교류하며 오직 보딩스쿨의 기숙사에서만 할 수 있는 특별한 경험을 하게 됩니다. 또한 기숙사라는 커뮤니티가 이미 작은 사회의 형태를 띠고 있는 만큼 그 안에서 길러지는 사회성과 책임감 역시 매우 소중한 경험이 됩니다.

몇 가지 단점들

보딩스쿨에도 분명 단점이 있습니다. 아마도 가장 두드러지는 단점은 학비가 아닐까 싶습니다. 보딩스쿨들의 1년 평균 등록금은 학비와 기숙사비를 포함해서 약 55,000달러 정도 됩니다. 이것은 미국의 사립 대학교들의 학비와도 맞먹거나 경우에 따라서는 더 높기도 한 액수입니다.

이외에도 학생이 가입하는 각종 운동에 필요한 일부 기구를 각자 구입해야 하고, 수업에 필요한 책이나 재료도 각자 구입해야 하며, 식비를 제외하고는 자신의 학교생활에 들어가는 돈을 따로 준비해야 하기 때문에 그 액수는 더 늘어납니다.

물론 재정이 좋은 만큼 장학금 제도가 아주 잘 구비되어 있지만, 대부분 미국 시민들을 대상으로 지급되며, 그렇지 않은 경우에는 정말로 공부를 탁월하게 잘하는 경우에만 일부 특수한 장학금이 국제학생들에게 제공됩니다. 그래서 아주 없는 것은 아니지만, 장학금으로 보딩스쿨을 다니는 유학생에 대한 이야기는 접하기 어렵습니다.

또 한 가지의 단점은 대부분의 학생들 사이에서는 발견되지 않는 것인데, 일부 처음 유학을 온 학생들이나 아니면 성격적으로 문제가 있는 경우, 예를 들면 자존감이 낮다거나 사회성이 부족하여 다른 아이들과 잘 섞이지 못하는 학생들이 문제를 겪습니다.

바로 '홈씩home sick'이라고 부르는 일종의 향수병과 외로움입니다. 저도 유학생활을 하면서 그런 친구들을 몇 명 보았습니다. 보통 지나치게 부모에게 의존적으로 살아왔던 아이들인데 그중 몇 아이들은 학기 중 집으로 돌아가거나 다른 곳으로 전학을 가는 경우도 보았습니다. 제 경험에서만 그런 것인지는 몰라도 이런 부적응 증상을 경험하는 아이들은 대부분 일본 아이들 그리고 놀랍게도 미국 아이들이었습니다.

흥미롭게도 제가 만나 본 한국 학생들 중에서는 그런 학생이 단 한 명도 없었습니다. 모두 적응도 잘했으며, 그리고 조금은 새삼스러운 이야기이지만 특히 공부를 잘해서 종종 그 학교에서 제일 공부를 잘하는 학생은 한국 학생인 경우가 많이 있었습니다.

보딩스쿨의 또 하나의 단점은 공교롭게도 그 장점이 제대로 활용되지 못한 경우입니다. 학업과 생활의 많은 것을 자기 스스로 생각하고 계획하고 실천해야 하는 보딩스쿨의 특성은 학생들에게 자립심과 책임감을 길러주기도 하지만, 그 자유를 잘 활용하지 못할 경우에는 자칫 그 안에서 길을 잃어버릴 염려가 있습니다.

예를 들면 요즘은 조금 달라졌지만, 일반적으로 학교에서는 학생들의 대입 관련 준비를 많이 도와주지 않습니다. 물론 컨설팅을 제공하기도 하고 또 요청하는 자료를 구해주기도 하지만, SAT 시험 날짜가 언제인지, 토플 시험을 언제 어디서 보아야 하는지, 지원서 작성은 어떻게 해야 하는지 그리고 몇 개의 학교에 지원을 해야 하는지는 전적으로 학생이 알아보고 결정해야만 합니다.

미국 아이들은 그들의 엄마들이 이 일을 적극적으로 도와서 해줍니다만, 유학생의 경우 그런 도움은 기대하기 어렵기 때문에 유학생들은 주로 서로 돕거나 스스로 더 열심히 알아보아야 합니다.

운동하는 아이들

2

플라톤이 말하는 체육의 중요성

미국으로 유학을 떠난 학생들이 느끼게 되는 가장 큰 차이점은 아마도 운동과 관련된 것일 겁니다. 조금 과장을 해보자면, 미국 학교에서는 학생들의 하루 일과가 공부와 운동 이렇게 2가지 과목으로 양분되어 있다고까지 말할 수 있습니다. 운동은 그저 수많은 과목 중 하나가 아니라, 공부만큼이나 비중이 높은 중요한 교육으로 인정되고 또 그만큼 학생들의 교육과 생활 속 깊숙이 포함되어 있습니다.

보딩스쿨의 일과는 오전 8시에 첫 수업이 시작되고 오후 3시가 되면 모든 수업이 끝납니다. 그리고 이후부터 저녁 시간 이전까지 모두 운동을 합니다. 따라서 학생들은 일주일에 약 10시간 이상을 운동에 할애하게 됩니다. 가을학기와 겨울학기 그리고 봄학기로 나누어서 학생들은 자신이 원하는 운동을 한 가지 선택해서 참여해야만 합니다.

여기에 열외는 없습니다. 만약 어떤 학생이 나는 그 시간에 차라리 도서관에 가서 공부를 하겠다고 말한다면, 그것은 어쩌면 한국에서는 훌륭한 학생의 모습으로 받아들여질 수도 있겠지만 미국 보딩스쿨에서는 용납될 수 없는 제안입니다. 그곳에서 체육은 공부보다 덜 중요하지 않기 때문입니다.

플라톤의 〈국가〉는 정의라는 무거운 주제를 다루고 있는 철학서이기도 하지만, 훌륭한 교육서이기도 합니다. 그 책의 아주 많은 부분이 아이들의 교육에 대해 다루고 있습니다.

책에서 플라톤이 제안하는 여러 가지 교육 가운데 학생들에게 반드시 필요하다고 주장되는 교육은 철학도 수학도 아닌, 바로 '체육과 음악과 시' 입니다. 그중에서도 플라톤은 체육의 중요성에 대해 여러 번 언급합니다. 사람들이 일반적으로 생각하듯, 체육은 단지 몸을 단련하는 훈련이 아닙니다. 체육 교육의 효과는 신체적인 것만큼이나 정신적인 단련에 있습니다. 아이들은 체육을 통해 건강하고 민첩한 신체를 얻게 됨과 동시에 절제력과 용기와 같은 정신력도 함께 기를 수 있기 때문입니다.

김연아 선수나 박태환 선수처럼 한 가지 운동을 오랜 기간 꾸준히 매일 매일 최선의 노력으로 정진해 온 사람들에게 있어 운동은 신체적 도전이었다기보다는 차라리 정신적인 도전이었다고 보는 것이 더 옳을지도 모릅니다. 그래서 플라톤은 강인한 체력을 가진 수호자를 길러내기 위함과 동시에 강인한 정신을 가진 수호자들을 길러내기 위해, 체육은 어릴 적에는 물론 평생을 두고 지속적으로 훈련되어야 할 교육이라고 설명했습니다.

사실 체육의 중요성에 대한 이런 믿음은 플라톤의 것이 아닙니다. 이전부터 고대 그리스인들은 이미 '건강한 정신은 건강한 육체라는 훌륭한 그릇에만 담길 수 있다'고 믿어 왔습니다. 그들은 신체와 정신이 서로 밀접하게 연결되어 있다고 믿었기 때문입니다.

그리스 시대로부터 이어져 온 이런 믿음을 담고 있는 유명한 라틴어 격언이 바로 '아니마 사나 인코르포 사노Anima Sana Incorepo Sano'입니다. 즉 '건강한 몸에 건강한 정신이 깃든다'는 뜻이며, 세계적으로 유명한 운동화 브랜드인 '아식스ASICS'는 이 격언의 앞 글자를 따서 조합하여 만든 단어입니다.

최고의 철학자로 존경받고 있는 플라톤 역시 이 믿음에 입각한 교육을 받았습니다. 그는 청년 시절 아테네를 대표하여 올림픽에 두 번이나 출전한 경험이 있는 실력 있는 레슬링 선수였습니다.

운동을 많이 하여 풍채가 좋았던 플라톤은 어깨가 매우 넓었었는데, 그 때문에 아리스토클레스라는 그의 본명 대신 '넓은 어깨'라는 의미의 그리스어 애칭 '플라톤'이 오히려 그를 부르는 이름이 되어버렸습니다. '건강한 신체에 건강한 정신이 깃든다'는 믿음은 플라톤의 경우를 보아도 어느 정도 설득력이 있는 믿음이라고 할 수 있겠습니다.

건강에 대해 많은 이야기를 남긴 또 다른 철학자는 바로 쇼펜하우어입니다. 그는 일흔두 살까지 꽤 건강하게 살다 갔는데, 그 비결은 철저한 건강관리에 있었습니다. 그는 매일 충분한 잠을 자고 규칙적인 생활을 했던 것과 함께 잊지 않고 자신의 유일한 친구 푸들을 데리고 2시간씩 산책을 다녀왔습니다.

그의 철학에 따르면 인간의 삶에서 행복에 가장 도움이 되는 것 중 하나가 바로 건강이라고 했습니다. 부나 명예 그리고 다른 그 어떤 행복도 만약 건강이 나빠지면 누릴 수가 없게 되기 때문입니다.

건강은 다른 모든 행복이 세워질 수 있는 토대라고 말했으며 자신의 삶을 통해 평생 그 철학을 실천했습니다. 쇼펜하우어의 말처럼 아이는 건강해야만 학업도 성공도 또 행복도 누릴 수가 있습니다. 그래서 건강을 포기해가며 공부를 한다는 것은 매우 근시안적인 판단이며, 장기적인 관점에서 볼 때 후회가 될 선택입니다.

아이들이 운동을 통해 얻게 되는 것들

학생들이 이렇게 열심히 체육에 참여함으로써 얻어지는 이득은 정말로 많습니다. 우선 아이들의 신체가 매우 건강해집니다. 보딩스쿨에선 밤에 룸

메이트와 수다를 떠느라 조금 늦게 자거나, 오전 수업이 없어 조금 늦게 일어나는 등과 같은 약간의 예외는 있을 수 있지만 대체로 규칙적인 생활을 해야 합니다.

학교 식당에서 제공되는 음식의 질도 매우 좋습니다. 게다가 매일 두어 시간 하는 운동까지 더해져 아이들은 모두 체력도 훌륭하고 건강합니다. 아이들은 체력이 좋기 때문에 수업시간에 집중도가 높습니다. 몸이 피곤하지 않고 에너지가 충분하기 때문입니다.

이 점은 우리나라 아이들에게 시사하는 바가 큽니다. 운동할 시간을 줄여 공부시간을 늘이는 것은 언뜻 이득인 것처럼 보이지만, 그 대가로 집중력을 손해 보아야 합니다. 집중력이 높은 아이들은 더 짧은 시간에 더 많은 내용을 더 잘 이해할 수 있습니다. 그리고 그 과정에서 스트레스도 덜 받습니다.

그렇기 때문에 비록 미국 보딩스쿨의 경우처럼 매일 방과 후 운동을 하지는 못한다 하더라도, 저녁이나 주말을 이용해서라도 강한 체력을 반드시 길러주어야 합니다. 게다가 몸이 허약하거나 쉽게 병에 걸리면 그 역시 공부에 방해가 됩니다. 치통을 견디면서 교과서의 내용을 이해하려는 경우를 생각해보면 간단합니다. 건강한 정신뿐만 아니라 공부를 잘하는 정신 역시 건강한 육체를 필요로 합니다.

또한 아이들은 운동 수업에 참여함으로써 팀정신을 배웁니다. 축구나 미식축구 또는 미국에만 있는 운동인 라크로스 모두 학생들에게 인기 종목이자 팀운동입니다. 같은 팀에 소속되어 승리라는 공동의 목표를 위해 협력하고 함께 노력해야 하는 경험은 교실에서나 기숙사에서는 경험할 수 없는 매우 적극적인 형태의 팀훈련입니다.

그런 경험을 통해 어떤 아이들은 리더십을 그리고 어떤 아이들은 협동심을 배웁니다. 이것들 모두 장차 아이들이 사회로 나가게 되면 요구되는 자질들입니다. 모든 회사는 크든 작든 팀입니다. 아이가 사회로 나가기 전에 얼마나 이러한 자질들에 대해 실제 경험을 가지고 있는지는, 그들이 조직의 리더와 팀원으로서 얼마나 훌륭한 성적을 낼 수 있는지에 있어 중요한 뿌리가 될 수 있는 소중한 경험입니다.

레슬링이나 펜싱처럼 혼자서 해야 하는 운동의 경우에도 아이들은 많은 것을 배웁니다. 아이는 독립심과 자신의 한계를 이겨내는 경험을 하게 되며 스스로 자신의 체력과 능력을 키우는 자립심을 기를 수 있습니다.

현명한 사람은 자신이 만나는 모든 사람을 통해서 배우는 사람이며, 강한 사람은 자기를 이기는 사람이라는 말이 있습니다. 이 세상에서 자신의 한계를 극복하고 노력으로 이겨내는 경험만큼 나중에 아이가 자라서 도움이 되는 자질도 없을 것입니다. 그렇게 자신의 한계를 극복하는 경험은 학창 시절을 보내는 모든 아이들에세 금넝어리와도 같은 소중한 경험입니다. 그런 경험을 통해서 그들은 자신을 가로막고 있는 장애물을 넘거나 자신의 한계를 극복하는 열쇠가 다름 아닌 자신에게 있다는 중요한 사실을 깨닫게 되기 때문입니다.

사실 모든 운동은 바로 아이에게 그런 깨달음의 기회를 제공하는 매우 훌륭한 방법입니다. 한국의 아이들도 이런 자질을 운동을 통해 기를 수 있습니다. 매일 저녁 시간 조금씩 거리를 늘려가며 달리기를 한다던가 태권도장이나 헬스장에 등록하여 일주일에 3일이라도 규칙적으로 운동을 할 수 있다면, 미국의 사립학교 아이들에 못지않는 운동효과와 그에 따른 정신력 개발을 기대할 수 있습니다.

체육의 중요성은 아이가 어른이 되어서도 여전히 중요합니다. 직장을 마친 후 헬스장을 찾거나 담배나 술을 하지 않는 어른들을 보면 어릴 적 운동을 했던 경우가 많습니다. 따라서 어릴 적부터 운동에 취미를 붙이는 경험은 그 혜택을 단지 어릴 때에만 누리는 것이 아닌, 장차 평생 동안 아이 자신의 신체를 건강하게 유지할 수 있는 소중한 습관을 길러주는 것입니다.

무슨 운동이든 그건 중요치 않습니다. 부지런하게 몸을 움직일 수 있고 꾸준히 훈련하는 만큼 실력이 늘어가는 재미를 느낄 수 있는 운동이면, 그게 어떤 운동이든 아이의 신체와 정신 모두에게 큰 도움이 될 수 있습니다.

어릴 적부터 배우는 에세이의 중요성

3

글쓰기로 평가되는 지성

미국으로 처음 공부하러 갔을 때 한 가지 어려웠던 점은 바로 에세이를 쓰는 것이었습니다. 학교에서는 수업마다 한 학기에 두세 번 시험을 봅니다. 그런데 한국의 시험과 다른 점이 있다면, 시험에서 요구하는 답 중에 '제시된 1번부터 4번의 답 가운데 하나를 고르시오'라는 객관식 문제만큼이나 짧은 에세이로 답해야 하는 주관식 에세이가 많았다는 점입니다. 자신의 생각을 조리 있게 정리하여 설득력 있는 근거와 함께 글로 표현하는 것은 미국의 아이들이 아주 어릴 적부터 훈련받는 것 중 하나입니다.

말로 하는 것은 아무래도 글로 쓰는 것보다 훨씬 더 쉽습니다. 그래서 이미 영어로 말하는 것에 꽤 익숙해진 고등학교 때에도 여전히 에세이를 쓰는 것은 어려운 도전이었습니다.

미국의 공립학교에서는 한국의 학교들처럼 객관식 시험을 보는 곳이 많이 있습니다. 한 학급에 학생이 40여 명 또는 그 이상이 되기 때문에, 학생들의 시험 답안 에세이를 모두 읽고 검토하고 채점해야 하는 것이 교사들에게 부담이 되기 때문입니다.

하지만 사립학교의 경우 한 수업에 학생이 10명 내외이며 그보다 적은 경우도 있습니다. 또한 교사들 대부분이 자신의 전공에서 석사급 이상의 학력을 가진 사람들로 본인들이 이미 에세이를 쓰고 또 평가하는 문화에 익숙한 사람들입니다. 이 때문에 사립학교에서는 학생들로부터 시험의 답안으로 에세이를 요구하는 경우가 많습니다. 그리고 이것은 장차 학생들이 대학교 입학을 위한 준비하는 데에도 큰 역할을 합니다.

미국의 대학교 입시에서 입학 여부를 가르는 가장 중요한 요소 가운데 하나가 바로 에세이입니다. 학교 성적이나 미국의 수능시험인 SAT는 입학사정관들에게 학생이 얼마나 열심히 공부하였는가에 대한 객관적인 정보를 제공하기는 하지만, 학생 개인에 대한 관심사나 성격 그리고 사고방식에 대해서는 아무것도 말해주지 않습니다.

또한 이들 성적들은 일종의 기술을 반복적으로 훈련하면 충분히 좋은 성적을 얻을 수 있는 것이기 때문에 예비 입학생의 지성과 창의력을 판단하기엔 부족함이 있습니다. 따라서 대학의 입학사정관들은 학생의 에세이에 큰 비중을 둡니다.

많은 대학들이 받아주는 표준화된 공동 지원서의 에세이가 있는가 하면, 일부 학교들은 그와 함께 자기 학교만의 고유 에세이 토픽을 제시합니다. 따라서 대학교 입학지원서를 작성하는 12학년 학생의 경우, 많게는 20개 이상의 에세이를 써야만 합니다. 그것도 600단어 내외로 짧게 써야 하기 때문에 더욱 어렵습니다. 보통 지원서에서 요구하는 에세이 토픽은 학생이 살아 온 이야기나 학생만의 특별한 경험, 어려움을 극복했던 사례, 학생이 가지고 있는 가치관에 대한 설명 등 비교적 밀도가 높은 주제들이기 때문에 그 많은 이야기를 간결하고 조리 있게 글로 담아내는 것은 쉽지 않기 때문입니다.

사립학교에서 교육을 받은 아이들은 아무래도 이런 에세이 작문에 이미 경험이 많은 편입니다. 그래서 그들은 대학 진학에도 유리하고 또한 대학에 가서도 유리합니다. 왜냐하면 미국의 대학교 평가 과정 가운데 많은 부분이 수업을 듣고 에세이를 쓰는 것으로 이루어져 있기 때문입니다.

언젠가 한국의 한 방송국에서 미국 하버드 대학의 졸업생들에게 '그들이 가장 원하는 것이 무엇인가?'라는 질문을 한 적이 있습니다. 그들의 대답은 놀랍게도 성공이나 부, 명성이 아니었습니다. 그것은 바로 '글을 잘 쓰는 능력'이었습니다.

미국에서는 사회에 나가서도 글을 써야 하는 경우가 많습니다. 또한 아직도 사람들이 일상에서 메모나 손편지를 많이 쓰고 있습니다. 말이라는 도구를 훌륭히 잘 다룰 수 있다는 것은 그들에게 있어 탁월한 지성을 증명하는 가장 명확한 지표 중 하나이기 때문입니다.

이 때문에 미국에서는 글을 잘 쓰는 사람들이 존경받고, 또 많은 사람들이 자신도 글을 잘 쓰고 싶어 합니다. 참고로 세계 최고의 투자자인 워렌 버핏이 존경받는 이유는 그저 그가 많은 돈을 벌어서가 아닙니다. 그는 글을 아주 잘 씁니다. 워렌 버핏이 매년 작성하여 자신의 투자 회사인 버크셔 헤서웨이의 주주들에게 보내는 연말 보고서의 글은 수준이 뛰어나기로 유명합니다. 그래서 워렌 버핏은 단지 돈을 많이 벌어서가 아닌 뛰어난 지성으로서 존경을 받고 있습니다.

글쓰는 기회를 늘리는 방법

이제 이야기를 우리나라 아이들에게로 가져와 보겠습니다. 한국의 학생들은 글을 써볼 기회가 별로 없습니다. 글 쓰는 능력은 어느 날 갑자기 얻게 되거나 가질 수 있는 것이 아닌, 오랜 기간에 걸쳐 꾸준히 많은 책을 읽고 또 많이 써보아야만 비로소 길러지는 능력입니다.

하지만 한국의 학생들은 많이 읽을 기회도, 또 많이 써볼 기회도 부족한 것 같습니다. 그럼에도 한국 학생들에게 있어 글쓰기의 중요성은 나날이 높아지고 있습니다. 그들은 대학교 진학을 준비하며 논술시험을 보아야 하고, 직장에 들어가기 위한 지원서에 자기소개를 설득력 있고 품위 있는 문장들로 제시해야만 하며, 또한 직장 안에 들어가서도 수많은 보고서와 제안서를 작성해야만 합니다. 글쓰기 능력은 오늘날 아이들의 학업 성취, 나아가 사회생활에 있어 매우 중요한 경쟁력입니다.

하지만 우리나라 학생들의 경우, 특히 요즘 학생들은 거의 대부분 펜이 아닌 손가락으로 글을 씁니다. 대부분 키보드나 스마트폰으로 글을 쓰기 때문입니다. 그렇게 쓰는 글은 길어봐야 100자 또는 그 안팎입니다. 글의 호흡이 짧습니다.

게다가 자신이 쓰는 글의 퀄리티에 대한 욕심이 별로 없기 때문에 이모티콘을 남발하고, 문장의 끝마무리 또한 성의 있게 이루어지지 않습니다. 그래서 어느 날 갑자기 그들이 제대로 된 글을 써야 할 때가 오면 그 실력이 모두 탄로 나게 되는 것입니다.

글을 쓴다는 것은 우선 머릿속에서 생각을 정리하여 마치 집을 짓듯 논리라는 뼈대 위에 생각과 의미를 건설하는 예술입니다. 그런 능력은 사고력과 밀접한 관계가 있습니다. 생각을 더 잘할수록 글도 더 조리 있게 더 잘 쓸 수 있습니다.

반대로 생각의 힘이 부족하면 글도 빈약하고 인상적인 의미도 담지 못하게 됩니다. 좋은 소식은 글쓰기 능력은 누구나 꾸준히 노력하면 기를 수 있다는 것이고, 좋지 않은 소식은 노력하지 않으면 그나마 있던 능력마저 퇴화되어 버린다는 것입니다. 그렇기 때문에 비록 학교나 가정에서 글쓰기를 요구하는 기회가 부족하지만, 아이들은 일부러라도 글을 쓰는 기회를 만들어 지속적으로 글쓰기 능력을 훈련하고 키워가야 하는 것입니다.

글을 잘 쓸 수 있는 방법은 사실 아주 간단합니다. 2가지를 하면 됩니다. 하나는 많이 읽는 것이고, 다른 하나는 많이 써보는 것입니다. 읽는 것은 인풋이고 쓰는 것은 아웃풋입니다. 둘 중 어느 하나가 부족해도 좋은 글은 나오지 않습니다.

아이들은 많은 책을 읽으며 우선 많은 생각과 좋은 문장들을 접하게 됩니다. 교육은 기본적으로 모방입니다. 그 다음이 가공이고 창조입니다. 참고할 만한 재료가 많을수록 아이들은 더 많은 어휘와 표현들을 자유자재로 사용할 수가 있습니다. 그래야 좋은 문장이 나옵니다.

또한 다양한 표현법과 기술들을 배우게 되어 단순히 의미를 전달만 하는 것이 아닌, 같은 생각을 더 감동적이고 설득력 있게 같은 의미를 전달할 수 있게 되는 것입니다. 이 모든 과정은 앞서도 이야기했듯 아이의 사고력을 발전시킵니다. 책을 많이 읽을수록 아이의 정신적 재산이 늘어가고, 그 재산은 좋은 글이 되어 표현됩니다.

많이 쓰는 문제는 조금 더 복잡한 문제입니다. 아이들에게는 무엇을 쓸 기회가 별로 없기 때문입니다. 그럴 땐 기회를 인위적으로 만들어야 합니다. 한 가지 제안할 수 있는 좋은 방법은 바로 독서 블로그를 운영하는 것입니다. 이 방법은 사실 한 개의 돌로 네 마리의 새를 잡는 것과 같은 효과를 낼 수 있습니다.

우선 아이로 하여금 더 많은 책을 읽도록 그 토대를 마련해줄 수 있습니다. 책을 한 권 읽고 잊어버리는 것이 아니라, 꾸준히 블로그에 독후감을 남김으로써 자신이 무슨 책을 얼마나 읽어왔는지를 돌아볼 수 있도록 해주기 때문에 아이가 독서에 재미를 붙일 수 있게 해줍니다.

또한 자신이 읽은 것을 되짚어 보는 과정에서 아이의 사고력이 개발되고 깊어집니다. 자신이 책을 읽고 느낀 것을 생각한 후, 그 생각의 결과를 글로 풀어내는 과정에서 당연히 작문실력도 좋아집니다. 그리고 이렇게 차곡차곡 쌓아 온 독서 블로그는 나중에 아이가 고등학교나 대학교에 지원할 때 아이의 지성과 성실함 그리고 그동안의 사고의 흐름을 보여줄 수 있는 아주 훌륭한 증거가 되어 줄 수 있습니다.

이런 증거는 단기간 내에 만들 수 없는 것이기에 더욱 가치가 높습니다. 요즘 아이들은 스펙을 쌓기 위해 먼 나라로 봉사활동을 떠나기도 하고 영어가 아닌 다른 어려운 언어를 배우기도 하는 것 같은데, 제가 생각할 때 잘 길러진 글쓰기 능력이야말로 오늘날 매우 희귀해진 스펙 중의 스펙입니다.

또한 자신의 생각을 언제나 깔끔하고 논리적으로 정리하고 그것을 다른 사람들에게 글로써 품위 있고 설득력 있게 전달할 수 있는 능력은 아이가 자신의 삶과 사회에서 성공을 거두는 데 있어 가장 강력한 무기가 되어 줄 것이라고 생각합니다.

토론하는 아이들

4

모두가 참여하는 수업

미국 사립학교의 수업 분위기와 한국 학교 수업 분위기의 가장 두드러진 차이는 바로 학생들의 참여도가 아닐까 싶습니다. 한국식 수업의 경우 교사는 가르치고 학생들은 필기를 하거나 가만히 앉아 수업 내용을 듣는 것이 일반적인 풍경입니다. 하지만 미국 사립학교의 경우 학생들의 참여도가 상당합니다. 그들에게 있어 수업이란 교사와 학생들이 함께 만들어가는 경험입니다.

교사의 역할은 단순히 지식을 가르치는 것이 아닌, 학생들이 스스로 그 지식을 가지고 평가하고, 검증하고, 새로운 질문을 만들어 낼 수 있도록 지성의 흐름을 리드하는 것에 가깝습니다. 그렇기 때문에 수업 시간은 종종 매우 시끄럽고 활기가 넘칩니다.

한국에서는 교사가 특정 학생을 지정하면 그 학생이 마지못해 한두 마디 발표를 하는데 반해, 이곳에서는 서로 의견을 발표하기 위한 작은 발언권 쟁탈전이 벌어지고는 합니다. 물론 그 이유는 우선 교사가 일방적으로 수업 내용을 전달하지 않고 수업 중간중간마다 학생들의 의견을 묻기 때문입니다.

"에이미는 이 점에 대해 어떻게 생각하니?"

"내가 방금 한 이야기에 대해 다른 의견이 있는 사람?"

이렇게 교사들은 수업이 활기를 가질 수 있도록, 수업의 주제가 학생들과 교사 사이에서 그리고 학생들 사이에서 자유롭게 다루어지며 진화할 수 있도록 능숙하게 수업을 이끌어 갑니다.

물론 이런 수업방식에 더 능숙한 교사도 있고, 특히 나이가 지긋하신 라틴어나 역사학 교사들의 경우에는 한국에서처럼 조용히 꽤 지루하게 수업을 진행하는 경우도 있습니다. 하지만 전반적으로 대부분의 수업에서 학생들은 자신들을 단순히 수업을 청강하는 입장이 아닌 적극적으로 참여하는 입장으로 이해하고 있습니다.

이렇게 수업이 진행되다 보면 종종 우리가 토론이라고 부르는 형태의 다중 대화 형식을 띠는 상황이 전개됩니다. 한 학생이 의견을 내놓으면 다른 학생이 그것을 반박하고, 그러면 또 다른 학생들이 그 2가지 의견 중 하나를 지원하며 자연스럽게 편이 갈리며 각자 의견을 주고받으면서 학구적인 토론의 장이 열리는 것입니다.

학생들이 토론을 하게 되면 이로운 점이 많습니다. 우선 서로 의견을 주고받는 과정에서 수업의 주제에 대해 매우 깊이 파고들 수 있게 되며, 다른 학생들로부터의 반박 의견을 염두에 두어야 하기 때문에 자신의 의견을 보완하기 위해 논리적으로 생각을 정리하고 신중하게 발언하는 훈련이 됩니다. 또한 발언 기회가 늘어나기 때문에 말하는 능력 역시 함께 길러지며, 자신이 참여하여 도출된 수업 내용의 결과에 대한 애착 또한 늘어가서 결과적으로 수업 내용에 대한 이해력이 높아집니다.

많은 사립학교에서는 토론의 이런 긍정적인 학습효과를 극대화하기 위해 '하크네스 수업 방식'이라는 것을 채택하고 있습니다. 원래는 필립스 아카데미에서 최초로 시도된 수업 방식인데, 그 효과가 탁월하여 오늘날에는 아주 많은 학교에서 활용을 하고 있습니다.

하크네스 수업방식의 가장 큰 특징은 원탁 테이블입니다. 학생들과 교사가 테이블에 둘러 앉아 하나의 주제를 가지고 자유롭게 '토론'하며 수업을 진행하는 방식입니다. 물론 학생들에게도 그렇지만 하크네스 수업은 교사들에게 결코 만만하게 볼 시간이 아닙니다. 왜냐하면 학생들이 토론을 하는 도중 주제는 어느 방향으로든 확장될 수 있기 때문에, 학생은 물론 교사도 그 모든 가능성에 대비하여 미리부터 주제에 대해 철저한 예습을 해와야 하기 때문입니다.

유대인들의 교육 문화에는 '하부루타'라는 것이 있습니다. 그것은 2명의 학생에게 하나의 주제를 던져주고 그들이 서로 토론을 할 수 있도록 유도하는 방식입니다. 이 과정에서 학생들은 주제에 대한 이해력과 자신의 의견을 강화하는 논리력 그리고 수사력 등을 효과적으로 기를 수 있게 됩니다. 하크네스 수업 방식은 말하자면 2명이 아닌 다수가 참여하는 하부루타라고 할 수 있습니다.

하크네스 테이블에 앉게 되는 학생들 모두는 자신이 이 수업을 만들어 가는 당사자라는 책임감을 가지고 있습니다. 그렇기 때문에 예습 없이 수업에 앉을 정도의 무모한 용기를 보여주는 학생은 거의 없습니다. 그랬다간, 망신은 물론 수업 전체의 질을 떨어뜨리게 되는 주범이 되기 때문에 학생 모두가 예습으로 철저히 무장을 한 채로 테이블에 앉습니다.

품위 있게 토론하는 법

●●●

꼭 하크네스 수업 방식이 아니더라도 미국 사립학교에서는 이런 토론식 수업방식에 참여하며 학생들이 배우게 되는 것은 바로 품위 있게 토론하는 태도입니다. 토론이란 보통 2가지 또는 그 이상의 서로 다른 의견이 충돌하는 현장입니다. 자료의 타당성과 논리력으로 상대방의 의견과 싸우는 것이지만, 때론 감정이 개입되기도 하고 의도하지 않게 상대방을 인격적으로 깎

아내리는 발언을 하는 경우도 발생합니다.

많은 토론의 경험을 거치면서 학생들은 서로의 품위를 손상시키지 않으면서도, 이성과 논리라는 문화적 도구를 사용해서 최선의 답을 함께 만들어내는 과정을 배웁니다. 이 과정에서 겸손과 함께 협력심이 길러지며, 비록 나의 의견과 다르더라도 상대방의 의견에 인내심을 가지고 귀를 기울이고, 상대방 말의 타당성과 나의 의견의 부족함을 비교하는 성숙한 지성인의 태도를 배우게 됩니다.

다시 말하면 토론이란 나와는 다른 의견을 가지고 있는 상대를 지성인으로 존중하는 경험을 배우는 것이며, 그와 협력을 통해 서로의 의견이 가진 장점과 단점들을 분석하여 최선의 답을 함께 만들어가는 과정의 가치를 배우는 것입니다.

이러한 그들의 모습은 미국 국회의사당의 모습이나 대선 때 공화당과 민주당의 대선주자들이 보여주는 수준 높은 토론 장면에서 자주 볼 수 있습니다. 아주 특별한 경우를 제외하고는 미국의 국회의원들이나 각 당의 대선주자들은 모두 동부의 사립학교 출신들입니다.

수업에서 이처럼 자연스러운 토론이 이루어질 수 있는 이유는 교사와 학생들 사이의 가까운 관계에서 찾아 볼 수도 있습니다. 앞서 소개한 칩스 사감과 저와의 관계에서도 알 수 있듯, 교사들은 분명한 권위를 가지고 있지만 그 권위로 벽을 만들지는 않습니다. 오히려 학생들과 마치 친구처럼 가깝게 허울 없이 지냅니다.

그 대표적인 예가 바로 수업 후 있는 면담시간인데, 모든 교사들은 자신이 교무실에 있는 시간을 면담시간으로 지정하고, 그 시간 동안 학생들이 편하게 방문하여 수업 내용에 대한 추가 질문을 하거나 아니면 기타 주제에 대해 대화를 나눕니다. 학생들은 이 면담시간을 매우 적극적으로 활용하며 교사들도 성실히 그 시간에 임합니다.

이런 경험은 학생들이 대학생이 될 때에도 많은 도움이 되는데, 미국의 대학교에서는 교수의 면담시간을 잘 활용하는 것이 좋은 성적을 받는데 있어 반드시 필요한 요소 중 하나입니다.

학생들은 교수를 방문하여 미리 작성한 기말 리포트의 보완점에 대해 의논하거나, 수업 중 이해하기 어려웠던 내용에 대한 추가 설명을 구합니다. 교수들 역시 학생들의 방문에 익숙하기 때문에 귀찮아하지 않고 성실하게 도움을 제공하며, 아무래도 그렇게 적극적으로 학업에 임하는 학생에게는 좋은 인상을 받을 수밖에 없고, 때로는 더 후한 학점을 주게 됩니다.

진짜 교육은 좋은 대화를 통해 이루어집니다. 미국 사립학교 수업의 토론이나 교사와의 면담 경험들도, 바로 가르치는 사람과 배우는 사람 사이의 대화를 통해 더 유익한 교육 결과를 이끌어내기 위한 훈련인 것입니다.

인생은 저글링

엄마들도 어릴 적에 또는 TV에서 광대가 여러 개의 공을 허공으로 던지며 묘기를 부리는 모습을 본 적이 있을 겁니다. 그것을 저글링이라고 부릅니다. 저는 광대가 저글링하는 모습을 볼 때면 우리의 삶이 떠오릅니다. 삶도 저글링처럼 절대로 떨어뜨려서는 안 되는 몇 개의 공을 허공을 던지고 또 받으며, 아슬아슬하게 곡예를 부리는 것과 같기 때문입니다.

하지만 광대가 던지는 그 공은 고무로 만들어져 있어 땅에 떨어져도 다시 튀어 오르지만, 삶의 저글링에서 우리가 다루는 공은 유리로 만들어져 있습니다. 건강, 가족, 사랑, 우정 그리고 재정적 안정은 실수로 한번 떨어뜨렸다가는 깨져버려 종종 다시는 회복될 수 없는 상태가 되어버리기도 하기 때문입니다.

인생이라는 저글링은 무엇 한 가지만을 잘한다고 성공할 수 있는 묘기가 아닙니다. 나를 둘러싼 여러 가지 환경적 요소들과 개인의 자질과 여러 선택들 그리고 우연의 힘이 더해져 정말 아슬아슬하게 한 번에 하루씩 이어나가는 말 그대로 묘기입니다.

제가 이 책의 여러 곳에서 아이의 인성에 대해 반복적으로 강조하는 이유는, 인성이 특히 떨어뜨리기 쉽거나 깨지기 쉬운 유리공이라서가 아닙니다. 인성은 유리공이 아닙니다. 인성은 곡예를 부리고 있는 광대 자신입니다. 아무리 좋은 유리공을 가지고 있더라도, 광대가 필요한 실력을 가지고 있지 못하면 언젠가 유리공은 땅에 떨어지고 깨질 것입니다.

아이의 삶과 행복에 있어 인성의 중요성은 아무리 강조해도 지나치지 않습니다. 만약 아이가 안정적인 인성을 가지고 있다면 아이는 단순히 더 좋은 성적을 받는 것뿐만이 아닌, 학교생활은 물론 자신의 삶을 지혜롭게 운영하여 일과 삶 모두에서 성공적이고 행복한 인간으로 자라날 수 있을 것입니다.

또한 인생의 행로에서 필연적으로 그리고 반복적으로 마주쳐야 하는 다양한 고난에도 아이는 잘 견뎌낼 것입니다. 인성은 아이 삶에 있어 척추와도 같은 것입니다. 성형수술로 아무리 겉모습을 예쁘게 해도 척추가 바로 서지 못한 사람은 아름다울 수도 없을 뿐더러 건강하지 못하기 때문에 결코 행복할 수 없습니다.

사람은 심장이 건강해야 피가 건강해집니다. 그러면 피부는 고와지고 눈은 맑아지며 얼굴이 더 예뻐집니다. 다시 말하면 안이 건강해야 겉도 아름답고 건강해지는 것입니다. 아이의 인생도 마찬가지입니다.

우선 아이의 내면이 튼튼하게 바로 서야 아이의 학업, 진로, 인간관계, 사랑 그리고 일 등 아이가 살면서 겪게 되는 모든 일들을 순조롭고 성공적으로 다룰 수 있습니다. 머리 모양을 바꾸거나 새 옷을 입으면 그 효과가 즉각적으로 확인되지만, 훌륭한 인성을 가지는 것의 혜택은 그렇게 쉽게 눈에 띄지 않습니다.

하지만 만약 아이의 삶을 전체적으로 조망할 수 있는 기회가 있다면 그것이 아이 삶의 행복에 가장 절대적인 역할을 하는 요소임을 확인할 수 있을 것입니다. 그렇기 때문에 엄마는 아이의 삶을 고려할 때, 인내심과 지혜를 가지고 아이에 대한 시선을 조금 더 길게 그리고 전체적으로 가질 필요가 있습니다.

인성은 하루아침에 완성될 수도 없는 것이지만, 대신 한 번 자리를 잡으면 평생 아이의 삶을 지배합니다. 그래서 제대로 자리 잡힐 수만 있다면, 그만한 투자도 없습니다. 그래서 인성은 아이의 행복을 바라는 엄마라면 반드시 욕심내어야 할, 아이에게 가장 필요한 능력입니다.

이 책을 시작하며 우리는 신이 내주었다는 제안에 대해 잠깐 고민해보았습니다. 엄마는 돈(높은 연봉을 주는 직장)과 인성(안정적인 인격) 그리고 대학(명문대 졸업장) 가운데 오직 2가지만을 선택해야만 합니다.

그건 결코 쉽지 않은 문제입니다. 왜냐하면 그 3가지 모두 아이의 행복에 있어 큰 영향을 미치는 것들이기 때문에 그 어느 것도 결코 쉽게 포기할 수 있는 것이 아니기 때문입니다. 엄마가 해야 할 일은 비록 어렵겠지만 그 3가지의 우선순위를 세우는 일입니다. 어느 것이 아이 삶의 행복에 있어 더 필요한지 말입니다.

어쩌면 독자분들 가운데 이미 눈치를 채신 분들이 있겠습니다만, 이 문제의 핵심은 과연 '대학'을 그 2가지 선택에 포함시키느냐 마느냐에 대한 고민입니다. 저는 그럼으로써 엄마들이 자신의 인생 중반부와 아이의 유년기 거의 전부를 희생해가며 좇고 있는 그 '대학'이라는 목표의 가치에 대해 진지하게 고민해볼 수 있는 기회를 제공하고자 했습니다.

우선 돈은 선택해야 합니다. 우리는 자본주의라는 곳에서 살고 있기 때문이며, 자본주의에서 돈은 공기와도 같은 것이기 때문입니다. 그리고 인성의 중요성은 이 책의 여러 곳에서 설명하였기 때문에 추가로 설명하지는 않겠습니다만, 그저 아이의 삶이 바로 서기 위해서는 인성이라는 척추가 반드시 필요하다는 말만 다시 강조하고 싶습니다.

그런데 대학에 있어서는 문제가 미묘해집니다. 정확히 무엇 때문에 오늘날 이토록 많은 사람들이(사실 거의 전부가) 그것에 그토록 집착하는지 명확히 짚어낼 수가 없기 때문입니다. 만약 더 나은 교육 때문에 그것을 원한다면, 그건 이미 인성을 선택하였기 때문에 충족이 됩니다. 그리고 만약 좋은 직장을 갖기 위해서라면 그래서 안정적인 경제력을 확보하기 위함이라면, 그것 역시 이미 돈(높은 연봉을 주는 직장)을 선택했기 때문에 충족이 됩니다.

남은 것은 자부심입니다. 앞서 설명한 것처럼 그것이 뽐내기 위한 우월감을 위한 자부심이라면 차라리 그건 아이에게 주어지지 않는 편이 더 낫습니다. 그리고 만약 그것이 열심히 노력한 결과에 대한 자부심이라면,

훌륭한 성품과 만족스러운 연봉을 보장해주는 좋은 직장을 다니며 열심히 자기 일을 하는 아이일 경우 그런 건강한 자부심을 누릴 수 있는 기회는 명문대 입학이 아니라도 얼마든지 있을 것입니다.

그렇기 때문에 대학이라는 목표는 마치 돈처럼 모든 것을 제공해줄 수 있을 것 같은 환상을 품게 하지만, 그 어느 것 하나도 명확히 제공해주지 않는 마치 신기루와 같은 목표입니다.

철학자 헨리 소로우는 '무엇의 가치는 그것을 얻기 위해 우리 삶의 얼마만큼을 희생해야 하는가?'에 달려 있다고 말한 적이 있습니다. 물론 좋은 대학에 입학하고 졸업장을 손에 쥐는 것은 거절할 이유가 없는 고마운 일이지만, 12년의 세월을 스트레스로 채우고 필요한 인성교육을 뒤로 미루며 아이가 삶과 세상 그리고 자신에 대해 배울 기회를 앗아가며 추구할 만한 가치는 가지고 있지 않다는 것입니다.

그렇기 때문에 엄마의 선택은 이제 명확해집니다. 엄마는 신에게 대답합니다. 훌륭한 인성과 경제적 안정을 선택하겠다고 말입니다. 그렇다고 대학을 포기하는 것은 아닙니다. 어쩌면 대학 대신 다른 2가지를 선택함으로써 오히려 더 쉽게 그것을 손에 넣게 될 수도 있습니다. 인성이 바로 잡힌 아이는 공부도 열심히 할 것이기 때문입니다. 그저 만약 아이가 좋은 대학교에 들어가지 못하더라도, 이미 선택한 2가지가 아이의 행복에 충분한 것을 제공할 수 있을 것이기에 그리 아쉬워하지 않는다는 것뿐입니다.

그 부담이 사라지면 엄마와 아이의 삶은 훨씬 더 여유로워지고 편해질 수 있습니다. 대학은 12년의 세월을 희생하며 반드시 가져야만 하는 필사의 목표가 아니라 없어도 괜찮은, 그러나 있으면 고마운 보너스인 것입니다. 왜냐하면 엄마의 목표는 애초부터 아이의 행복이었고 그 목표는 엄마의 선택으로 인해 이미 충분히 만족될 수 있기 때문에, 대학은 보다 편안한 마음으로 추구될 수 있는 즐거운 목표가 될 수 있는 것입니다.

끝으로, 아이를 기르며 엄마가 꼭 기억해주었으면 하는 한 가지를 말하고 싶습니다. 인간이 가장 행복을 느끼는 때는 바로 자신이 누군가로부터 무조건적인 사랑을 받고 있다고 느낄 때라고 합니다. 마치 엄마의 자궁 안 그 아늑한 우주 속에서 세상에 나오기를 기다리고 있을 때처럼, 누군가로부터 사랑받고 있다는 느낌은 우리가 행복이라고 부르는 그것에 가장 가까운 느낌입니다.

어느 날 아침 엄마는 일어나 깨닫게 될 것입니다. 문득 이제 자신이 아이에게 아무것도 해줄 것이 없는 나이가 되었다는 사실을 말입니다. 인간에게 제일 소중한 재산은 시간입니다. 그러면서도 제일 낭비되는 것 또한 시간입니다.

지금 이 글을 읽고 계신 엄마에겐 아직 시간이 많이 남아 있습니다. TV나 신문 또는 사람들의 말을 그저 믿는 것이 아닌, 엄마 자신이 철학자가 되어 진정 내 아이의 행복을 위해 무엇이 가장 필요한지, 내가 줄 수 있는 가장 가치 있고 소중한 것은 무엇인지 고민해주십시오. 그리고 아무리 길다 해도 너무나도 짧을, 남은 시간 동안 아낌없이 그것을 아이에게 주십시오. 진심을 담아, 세상의 모든 엄마들과 그들의 분신인 아이들의 삶에 웃음과 행복이 가득하길 기원합니다.

아이와 함께하는
엄마 철학

초판 1쇄 펴낸 날 | 2015년 7월 15일

지은이 | 이바로
펴낸이 | 이금석
기획 · 편집 | 박수진
디자인 | 김경미
마케팅 | 곽순식
경영 지원 | 현란
펴낸 곳 | 도서출판 무한
등록일 | 1993년 4월 2일
등록번호 | 제3-468호
주소 | 서울 마포구 서교동 469-19
전화 | 02)322-6144
팩스 | 02)325-6143
홈페이지 | www.muhan-book.co.kr
e-mail | muhanbook7@naver.com
가격 13,000원
ISBN 978-89-5601-390-9 (03370)